U0136172

蘭臺出版社

思想文化系列 01

中國人弱者意識與日本人強者意識

仁蘇羅 著

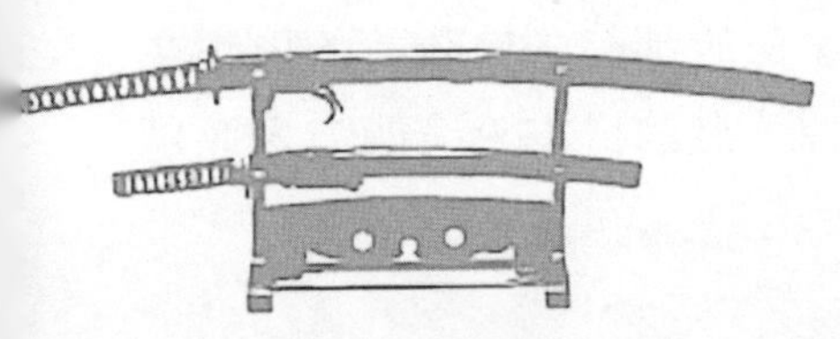

序

隨著2008年奧運、2010年世博成功舉辦，以及中國經濟體快速發展成為世界第二，中國人民族信心不斷高漲的形勢下，許多人可能一看書名便會誤解而產生反感，更有甚者，會將本人斥為賣國賊、漢奸。但不管誤解也好，憤怒也罷，最後還是用了這個名字。這倒不是因為想借此炒作、吸引眼球，形成注意力經濟效應，而是本人覺得相比以前絕大多數學者研究的中國人自大幼稚、虛榮無知等等觀點，以及日本人忠誠團結、勤勞嗜血等表層思想性格，「弱者意識」和「強者意識」的表述更加中庸，更加接近本質、更加完善。當然這兩個詞語包含了許多觀點，只不過是為了簡練才如此定義，後面會詳細深入分析，而且這兩個詞也不是像許多人直觀感受地那樣：前者完全是貶義或者完全是褒義。其實「弱者意識」中也包含了吃苦耐勞等優點，而「強者意識」中也包含了瞋恨憤怒等缺點，當然都是相對而言的。

平和中庸地說，雖然不能斷定日本民族（**以整個民族相比較，不探討個別的人**）的思想性格是世界上最深邃、最高尚的，但確實可以說是最複雜、最微妙、最矛盾的。西方、中國包括日本本土學者從近代以來一直在研究日本人的民族性，但直到現在，大多數的中國人、西方人等還是很難理解日本人的許多言行。

雖然許多學者認為每個國家民族都有各自獨特的思想文化，但絕對地說，其實追根溯源，無論日本人、西方人還是中國人，其思想性格都可以回歸到幾個根本性的思想原點，因爲人心（**具體看《大佛頂如來密因修證了義諸菩薩萬行首楞嚴經》中「心」的含義**）都是相同的，人性都是相通的。地球上人類思想性格的最初起源和最終歸屬都是一致的，比如大多數中國人、日本人和西方人都把友愛、堅強不屈、勇敢、忠誠、團結等看作美德，相反地則把殘暴、自大、自私、嫉妒等看作惡德。其實這些就是許多西方學者在苦苦尋找而茫然無所得的「普世價值」或「普世文明」。不管中國人還是日本人、美國英國還是南美洲國家、伊斯蘭世界還是西方世界，都由於貪瞋癡我慢等劣根性，導致絕大多數人（**包括中國人、日本人、西方人等**）在現實生活中無法做到自己認爲高尚的「普世價值」。近代西方國家侵略別國，也並不是因爲本性兇殘，喜歡殺人，只是因爲貪欲等物質欲望，只要欲望能夠得到滿足，他們並不會去殺戮。近年來美國等國家攻打佔領阿富汗、伊拉克等國家也仍舊如此，表面上打著反對恐怖主義、捍衛人權等口號，但本質也是爲了物質利益。

近現代以來，包括現在的民族性研究手法，大都是沿續西方民族性研究學者的手法。關於中國人的典型如明恩傅的《中國人的性格》這本魯迅青年留學時深受影響，死時仍竭力推薦的著作，其中的內容還是過於極端片面，其寫作手法往往先列舉一個性格，然後便刻意收集個別的事例來佐證，而忽視或故意無視反面的事例。且其各章的性格甚至還有自相矛盾的地方，如第11章說麻木不仁而第20章又說仁慈行善，到第21章卻說缺乏同情等等。

關於日本人的典型如三宅雪嶺所寫的《真善美的日本人》和《僞惡醜的日本人》，前部分讚揚日本人忠、誠等優秀

品質，後部分批評知識水準低，自私自利、崇洋媚外等不足可說是典型的自我矛盾。另外如南博的《日本人論：從明治維新到現代》等日本人論的綜合性書籍中，許多學者的觀點也都相互矛盾。

近代以來，乃至現在的絕大多數民族性研究書籍，另一顯著不足，就是以偏概全：將部分人的性格籠統地強加於所有人，沒有相對明確地指出哪些是「典型代表部分」。其實作者只要從自身出發，設身處地地思考，就連作為同一個主體的自己，許多時候也會產生矛盾和思想衝突，而且隨著年齡的變化，自身思想也會產生一定的變化，因此何況是一個民族國家的所有人，其思想必然也存在著顯著的不同，其思想也必然會出現相當的變化。因此某些作者將部分人的思想性格來代表全體人的觀點，亦明顯體現了其思想的不成熟。當然像《醜陋的中國人》、《厚黑學》等特意選取數千年中，體現民族劣根性的個別事件的民族論，更是體現了作者極端的幼稚和無知，照這樣的寫作手法每個民族和國家都可以列舉出數以萬計的劣根性事例，那所有國家民族都是醜陋卑劣了，這顯然沒有一個國家民族會贊同。

同樣地，研究日本民族性的西方和日本學者也是如此。典型的像《菊與刀》，雖然本尼迪克特對於日本的民族性提出了許多深刻的觀點，但對處於和自身環境不同文化圈，最明顯的是對日本影響較深的儒道佛思想的不熟悉，導致其對日本產生了不少的誤解（本書將在後面對此書進行詳細分析闡述）。此外如《武士道》，新渡戶稻造也存在以偏概全的明顯缺陷，典型的如將少數武士的高尚品格片面地加於所有武士，乃至所有日本人身上。

爲了避免傳統民族性論著（包括中國人論、日本人論、西方人論等）以部分代表整體，以及部分性格自相矛盾的典型缺陷，本書大致將日本民族分成上、中上、中中、中下、下這五個階層。這樣的分類在日本20世紀70年代早已出現，但當時包括近年大熱的《下流社會》等批判類書籍，對於這些階層的劃分標準主要是經濟收入和物質生活，而本書則從思想道德及素質能力來進行定位的，像佛教中根據思想層次分成小乘四果、辟支佛、大乘十住（地）菩薩、佛。此外，等級思想佔據統治地位的春秋戰國時代也有類似的觀念，比較詳細的可以說是道家的《文子》：「昔者，中黃子曰：「天有五方，地有五行，聲有五音，物有五味，色有五章，人有五位，故天地之間有二十五人也。上五有神人、真人、道人、至人、聖人，次五有德人、賢人、智人、善人、辯人，中五有公人、忠人、信人、義人、禮人，次五有士人、工人、虞人、農人、商人，下五有眾人、奴人、愚人、肉人、小人。」[1]儒家代表人物孔子也說過：「中人以上，可以語上也；中人以下，不可以語上也。」

雖然不能否認人生來平等，享受平等的人權，但人在思想道德、學識能力上還是有著顯著的差別（**當然除非其達到佛的境界則能一切平等**），一味鼓吹絕對平等的人只能說明其思想幼稚。因此這樣五大階層的分類，也不算是歧視吧。

當然因爲日本人包含的範圍太大，即便細化爲上、中上、中中、中下、下五層（**與日本人相對應，中國人與西方人也**

1　雖然學術界對此書的成書年代有一定爭論，如其內容和《老子》一樣採用記述體裁，與先秦傳統的問答體裁不符，但就其中的思想而言還是相當符合道家思想，也吻合春秋戰國時代的時代背景。

同樣地可大致分成五個階層），但如果要鑽鑽牛角尖，自然還可以分地更詳細、更準確，且像「上」之上還有佛、菩薩，「下」之下還有一些先天的智障群體。而且如前所說，許多人的思想是動態發展的，各種階層也在不斷變化，或上升或倒退，所以要詳細分析自古以來每個人的思想發展歷程，實非人力所堪，有興趣的可以自己再深入研究。再者因爲囊括了太多的人，而很難做出符合每一個人的結論觀點，因此本書大多數地方都加上了「大多數、一些、部分」等數量詞，如有未加之處，也是出於疏漏。

再深入比較分析這五個階層，可以說其中的中間階層（中上、中中、中下）特別是中中階層對一個國家民族起到了關鍵性的主導作用。

首先比較明確地指明日本中間階層，古代以傳統武士爲代表，近代以軍人武士爲代表，二戰後以社員武士爲代表。再進一步，古代傳統武士中，以宮本武藏爲代表的極少數劍豪爲中上階層，以弁慶爲代表的小部分英勇的將領爲中中階層，而大多數普通武士爲中下階層。近代軍人武士中，以山本五十六、兒玉源太郎爲代表的極少數軍人爲中上階層，以少數具備一定才能和勇氣的中層軍官如石原莞爾、大島浩等爲代表的軍人武士，屬於中中階層，而大多數普通士兵爲中下階層。二戰後的社員武士中，以松下幸之助、盛田昭夫、本田宗一郎、前田勝之助等爲代表的極少數企業家爲中上階層，以技術研發（SONY為例是木原信敏、鹿井信雄、河野文男、吉田進等人）和行銷部門（SONY爲例是大賀典雄、卯木肇、黑木靖夫、岩城賢等人）的社員爲代表的小部分中層社員爲中中階層。二戰後迅速發展壯大的SONY是二戰後日本經濟崛起的其中一個典型（當然SONY近十年來的衰弱也是日本經濟低迷的典型），這類人在其它許多行業有高國際競爭力的大會社以及中小會社中，乃至只有一兩人的拉麵店壽司店也廣泛存在，NHK《プロジェクトX》節目中有非常形象生動的介紹，而且不但是會社，其它領域也存在這類高素質人才。而以那些從事倒茶打掃等低端工作的社員爲代表的普通社員爲中下階層。

當然和前面的傳統武士和軍人武士一樣，這樣的劃分並不是以級別爲標準，極少數的低級武士、軍人、社員也可能是中中階層甚至是中上階層，而高級的武士、軍人、社員也可能是中下階層。例如古代傳統武士的織田信長，名義上的級別是頂級武士也就是藩主，但是思想層次屬於中中階層，再例如近代軍人武士的東條英機名義上屬於頂級軍官，牟田口廉也名義上屬於中級軍官，但這兩人的思想層次屬於中下階層，當然二戰後許多會社的社長，名義上屬於頂級的社員武士，但是其中也有一部分思想能力層次低下，屬於中下階層，反而不如一部分名義上級別低但思想層次高的中中階層。

而且上面也只是列舉了典型代表，除了傳統武士、軍人武士、社員武士外，其他行業、領域的日本人也大致屬於中間階層，只是沒有這樣具有代表性罷了。例如古代傳統武士的新井白石、佐久間象山，雖然名義是傳統武士，但主要是學習和教授儒學、和學、漢學及洋學等內容而不是武術，本質上更接近文士，但其思想層次也屬於中上階層，高於大多數古代武士。近代軍人武士以外，實業界的澀澤榮一和學術界的井上哲次郎思想層次也屬於中上階層，高於大多數軍人武士。二戰後除了典型代表的社員武士外，金融官僚界的榊原英資也屬於中上階層，而佐橋滋則屬於中中階層官僚的典型，他們和前面提到的中上階層、中中階層的社員武士一樣是二戰後日本重新快速崛起的關鍵，對於日本的貢獻遠遠超過其他行業的日本人，如小說家、明星藝人、律師、醫生等。當然日本的動畫漫畫界、思想學術界、文學體育界等領域也存在少數的中上階層和許多的中中階層，他們也為日本崛起做出了貢獻。

傳統武士、軍人武士、社員武士等，雖然處於不同的時代和環境，而表面上衣著、髮型、職業等也都不同，但是本質一樣。簡單地說，就是三者都具有「強者意識」思想——積極上進、努力學習，使自己成為強者，具備一定的能力，最終實現自己的人生信念，體現自己的人生價值。例如古代傳統武士不斷修行，提高自己的武藝和修養，近代軍人武士學習西方的軍事技術和文化，提高自己的能力和修養，雖然前者學習的是武藝和儒學等內容；後者學習的是西方的軍事技術和文化等內容，但這只是表面內容的不同，本質一樣都是在「強者意識」主導下的自強（**自我強大**）。二戰後的社員武士也一樣，雖然學習的內容主要是歐美等世界一流（**也就是最強**）企業的技術和管理，表面上和傳統武士、軍人武士學習的內容不同，但本質一樣，都是使自己逐漸變強，增強工作能力，從而使得自己的會社不斷強大，而能夠和世界上最厲害的同行企業競爭並戰勝對手。

雖然極少數的上層和相當少數的中上層思想素質、能力知識很高，但因為數量太少在許多時候很難左右一個國家、一個民族的大局。中國就是最好的例子，漢以後各個被北方民族顛覆政權的朝代，以及近代以來被西方列強和日本侵略的清朝，也存在一些上層和中上層，但還是無力改變國家大局，無法決定國家、民族的實力和走勢。當然上層和少數中上層的思想也早已超脫了國家、民族主義（**本質也是「強者意識」思想**），並不在意國家和民族的局勢。當然這種超脫思想和許多中下、下層自私無知而對國家民族漠不關心有本質上的區別。

其中一定數量的中中階層，上承中上階層，下啓中下階層，扮演了國家民族的中流砥柱角色，因此本書對日本民族，包括中國人的分析，主要以中中階層爲重點對象。相比較而言，近代中日之所以出現如此巨大的差距，關鍵就是在於中中階層。即便日本上層和中上層在整體的思想素質、能力知識上並不比中國占優勢，許多方面甚至還落後，但正是憑藉了相當數量的強而有力的中中階層（**典型代表是部分高素質的「軍人武士」**）實現了近代以來的兩次大崛起，也使得日本現在在許多領域仍優於中國乃至美、英等西方強國（**現實如此，並不是自卑，不願意承認現實的人才是真正的自卑和自負**）。當然中中階層的「強者意識」思想中的缺陷也造成日本民族差點滅亡，典型的如錯誤地發動對美國的戰爭（**為了保持中立，在此不舉例日本發動對中國的侵略戰爭**），可以說日本「成也中中階層，敗也中中階層」。

平和中庸地說，要求一個國家、一個民族中的所有人都達到很高的思想道德水準是不可能、也不實際的。其實只要存在一定數量的高素質的中中階層，這個國家民族的實力就已經非常強大了，日本民族就是典型代表。

當然深入分析日本，由於中間階層的中層「強者意識」也存在明顯的不足，其政治、經濟、社會等絕大多數領域都存在著和中國類似的表面問題（**換句話說也就是「潛規則」**）。但是「一俊遮百醜」，日本近代以來的兩次崛起，第一次依靠軍人武士不畏犧牲戰勝俄國，第二次是依靠社員武士在二戰後

努力發奮學習，並超越西方國際一流企業的技術和管理，在強勢崛起的大背景下，中下、下層乃至中上、中中階層的許多問題缺陷也被掩蓋住了，如近代軍隊中對新兵的虐待壓迫、戰爭時期的各種燒殺搶姦；二戰後作為日本經濟崛起的支柱的製造業會社做假帳、商業賄賂、偷竊技術情報等。而中國在國力衰弱，國家民族遭受侵略蹂躪的大背景下，也是「一醜遮百俊」，中國人被視為劣等人而遭受歧視，許多幼稚的西方學者甚至片面地貶低中國古代歷史和文明，而國內少數無知的文人和疑古學者也自以為高深地極端批判（**客觀地批判除外**），導致中國人許多優點和偉大成就被抹殺。

一些有識之士早已發現中日兩國國民的思想性格以文人、武士為典型代表，不過雖然點出了重點，但這樣還是像顯得有點極端片面，用文人、武士代表的中間階層（**少數屬於中上階層，部分屬於中中階層，部分屬於中下階層**）來代表整體國民，使得許多的觀點理論存在明顯的缺陷。而且深入分析中日民族性，其實並沒有像「文人、武士」這兩個詞相差得那麼明顯，也只是因為思想上，或者說人性中的幾個重要的差異而已。比如許多中國文人的幼稚自大、意志薄弱、偏激虛榮等典型的「弱者意識」思想在日本部分中下、中中階層武士（**中間階層典型代表**）也不是絕對不存在，許多日本武士的自強拼搏、重武力（**本質上說實力更準確**）、意志力頑強等典型的優點，也是中國歷史上及現在少數中上、中中階層的文人所具備的。

其實就日本武士和中國文人某些典型的思想性格來說，可以追溯歷史還原到文人和武士的現實原型中。下面簡要分析一下。

對於日本武士而言，區分強弱高下主要是依靠武力。

不像許多中國武俠小說中描述的那些光怪陸離的招數，日本雖然存在許多武術流派，但日本人大都用快、准、狠來評介武藝的高強，這比較真實客觀。現實的武士角鬥中，生死勝負只在一瞬間，因此武士對於思想心理、意志力的要求特別高，不盲目輕敵自大，能沉得住氣把握稍縱即失的機會，在關鍵的時刻揮刀才能取得勝利（**當然此外，體力、運氣等也是無法迴避的因素，但不是關鍵性的**）。日本武士修習禪宗主要也並不是爲了領悟佛、菩薩的高尚思想，而是爲了提高自身的「強者意識」思想、磨練自己的意志力。自古以來，幾乎所有日本著名的武士都具有相當高的思想水準和相當強的意志力，很少出現中國武俠小說中所描述的武藝高強，但思想幼稚的人。當然這樣的武士畢竟是少數，大多數的武士（**主要屬於中中、中下階層**）由於思想素質不足，受自身瞋性、等級意識等影響，往往存在爭強好勝、好勇鬥狠的缺陷，而出現許多無意義的打鬥、殺戮。

而就中國文人而言，反映其實力（**或者說文學水準**）的主要表現手段自然是其文章，雖然大多數文人都認爲自己的文章才華超群、與眾不同，且缺少自知之明地認爲自己的文章天下第一，但對於大多數文章來說，其實沒有那麼明顯的優劣之分。舉個最簡單的例子，比如說「這朵花真美麗啊」和「這朵花太非常漂亮」，本質上沒有多少的區別，但寫前一句的文人就會認爲前一句好，而寫後一句的文人則會認爲後一句好。此外，許多文人爲了體現自己的水準，故意使用一些冷僻的字詞，這縱然可以一定程度上反映其知識豐富，但並不能反映其思想達到了高層次。典型的像魏晉時期的許多「賦」，表面上

的字詞非常華麗，但其中的思想無法和佛道儒中的高尚思想相比，當然有些故意拿這些東西來炫耀自負的文人，其思想層次更是低下。就其他領域來說，典型的如經濟學，某些主流經濟學家（**本質和文人一樣，大多數屬於中中階層**）會故意用一些高等數學公式以及圖表來體現自己文章的深刻和正確，也陷入了同樣的窠臼。

從某種意義上說，文人自以爲天下第一的幼稚自大思想也是把自己當作強者，因此也可以算是一種「強者意識」，但由於沒有達到真正的思想境界和實力，因此是一種變質的「強者意識」，只能算是「弱者意識」。當然再細分一下，先秦的諸子百家，雖然許多表面上也類似文人，但許多人不僅「會說」而且「能行」，他們只有在具備超越別人的實力後才去批評別人的缺陷。

另外相對於日本的「武士」來說，中國的「文人」的定義比較模糊，如果廣泛一點，那寫點文章的人都可以算是文人，這樣幾乎所有人都屬於文人的範疇了，因此本書所指的「文人」，接近大眾印象中的文人性質。就魏晉以來的中國來說，具體以詩（詞）人爲典型代表，當然也包括朝廷中的許多文臣乃至武將兵卒；就近代以來的中國而言，主要指以許多小說家爲代表的文人，也包括政治領域中大多數官僚及經濟領域中各種企業裡的中高層員工。而且像古代的武將兵士一樣，近代以來許多軍人以及理工科出身的人，其實本質上也和文人一樣，基本屬於中間階層，當然更沒有男女老幼的區分。

同樣對日本而言，中間階層典型代表的武士的「強者意識」思想在古代相當部分的「商、農、工」中也存在，並不因爲身份的不同而有明顯的思想差別。而近代以來，雖然武士階層名義上消失了，但其「強者意識」思想在軍人，二戰後的企業員工中仍然存在。

前面簡要地闡述了本書的理論和特色，下面再談談近年來中日民眾之間爲何會產生「不和」的思潮。

深入分析近些年來在許多中國年輕人中出現的反日思潮，其實主要原因並不是中日兩國的歷史糾葛，因爲如果是因爲歷史原因，那早前的80、90年代也應該早就爆發反日風潮了，但爲何在2000年以來爆發，其中主要是因爲自我主義、個人主義（**直白一點說是自尊心、自信心**）。而導致反日思潮的直接原因是部分在華的日本人極端侮辱中國、中國人的事件，如西北大學事件、電臺網路上的侮辱文章等。就間接因素而言，當時高速發展的網路產生了巨大的推動作用。現在許多自尊心萌發的中國人，特別是尚未成熟的青年很難接受這樣明顯的侮辱，因此產生了嚴重的反日心理。

其實這可以從心理學「自我認同」的角度來分析，曾經有個心理學者做過一個實驗，抽選幾十個學生做一個對抗性遊戲，其中故意將這些學生中關係比較好的幾對朋友拆分到不同的小組中，隨著遊戲對抗性的不斷加強以及心理學者故意不時的誤判，兩個小組的肢體對抗越來越激烈，最後甚至發生了鬥毆，原先的好友也反目，甚至也爲了自己的小組而打起架來。這個試驗說明只要是自我意識稍微覺醒的人，特別是思想不成熟的年輕人，其思想中總是更關注自己，說地好聽點是自重，說地不好聽點就是自私。

舉這個例子是說明許多中國青少年反日，主要是因爲這些日本人所侮辱的中國人中，包括了自己以及和自己關係密切

的親人、朋友等，比如使用支那人[2]這一侮辱性的字眼來代替中國人，自己以及和自己關係密切的親人、朋友等就受到了侮辱，而如果那些日本人罵某個和自己無關的中國人「八嘎」的話，其他的中國人根本就不會引起反感仇視。

因此這種思想只能算是幼稚的、不純粹的民族國家主義，不過這種思想至少比許多不關心國家民族、崇洋媚外的市儈（**這類人和宋、明、清包括近代的中下階層本質相同**）要好多了。但之所以說其幼稚，不純粹是因爲這些青年的思維無法客觀認識日本人的優點和缺點，只要是關於日本、日本人的一律口誅筆伐，有些寫了一些讚揚日本人優點的人，更是從祖宗十八代到個人人格上辱罵一番。日本確實對中國犯下滔天大罪，這是事實，但日本人長期以來，特別是近代、二戰後的崛起的背後必然有其優點，如果連這種事實（**當然日本侵略中國、南京大屠殺等也是事實**）也無法面對，只能說是幼稚，而且這些人也無法在自身所處的領域超越日本人，或真正強於日本人，只能一時圖點口快而已。如果按照本書的分類，這些青少年大多數屬於中下階層，當然日本人包括西方人中也存在這類幼稚偏激、盲目自大的中下階層。

雖然有點極端，但再換句話說如果真的憎恨日本人，那把日本人的優點學過來再打敗他們（**比如韓國在一些領域就是**

---

2 其實最初這個詞只是根據英語的音譯，沒有多少的感情色彩，但隨著當時中國屢次手受到列強羞辱，在某些中國文人的影響下，這個詞也漸漸批上了貶義色彩。幾年前，這個詞也一度成為中國青年反日的其中一個重要原因，雖然現在確實有不少日本人仍舊在用它稱呼中國人，但也有許多日本人（如許多電視臺、報紙的播音員等）也已經改口稱「中國人」了，當然再回顧一下歷史，日本稱支那也不過一百多年，而我們把日本稱作同樣具有貶義的「倭」已經一千多年，當然雙方都有一定的責任，彼此都應該首先站在尊重對方的角度，不使用這樣的蔑稱。

如此），就像其對中國一樣，不是更打擊日本人，更能解恨嗎？所以不管是中庸對待日本還是仇視日本，首要的都是學習掌握目前（**準確地說是近代以來**）日本人領先中國人的長處。

對於中日（**小到個人中到企業大到國家**）之間產生的矛盾，雙方都存在一定的不足，雖然其中有著政治經濟利益的衝突，但其中很大程度上也是在於自身的思想心態和對自己的定位。許多人都把自己的地位放置於別人之上，因此各種問題矛盾就出現了，同時也只顧著找別人的缺點，而不反省自己存在的問題，最終導致彼此的矛盾無法解決。

受過一點中等教育的中國人，都可以從歷史教科書上瞭解一點中日之間的歷史糾葛，中國人從以往被日本人稱爲天朝上國而倍受尊敬（**準確地說，日本政府高層在唐朝安史之亂後就沒有了多少的崇拜感，明代以來甚至一度產生輕視的感覺，而大多數民間普通的日本人直到清朝前期還是十分尊敬中國人**），到近代以來開始被輕視而不願爲伍，直至甲午一戰後完全顛倒了以前的觀念、地位，被大多數日本人蔑視爲劣等民族，支那甚至有如豬狗一般的畜生，許多中國人的心理落差有如雲泥，覺得古代中國人在許多方面幫助過日本人，但日本人近代以來恩將仇報地對中國進行侵略，日本人欠了中國人還不清的債。因此許多中國人內心隱伏著一種對日本人潛意識的仇視，只要稍微激化一下就會爆發出來。而從另一方面來說，許多國人因爲自己五千年的歷史以及過去數千年對日本的優越心態（**但許多不捫心自問自身是否真正繼承甚至超越了中國古人的優點**），總是有種「小日本」的觀念。

而憑藉近代以來，日本在軍事、經濟、科技等許多領域超越中國的成就，再加上近代以來中國各領域的名人如章太

炎、魯迅、周恩來、陳天華、鄒容、黃興、蔡鍔、蔣介石、陳獨秀、李大釗、郭沫若、鬱達夫、李叔同等都曾經在日本拜師求學，大多數日本人早已把日本定位在中國之上，對於大多數日本人，特別是中間階層來說，因爲等級意識的影響，受到弱於自己（**準確地說是自己認為他人或者地位低於自己，因為某些日本人也無法真正瞭解某些思想、實力強於自己的人，所以錯誤把他們定位於自己之下**）的人的輕視或者無禮對待，是最無法忍受的，因此非但不會尊敬中國人，反而要求作爲下級的中國人服從並尊敬日本人。

雙方都自認爲對方要服從且尊敬自己，那各種的矛盾衝突自然就出現了。如果中國和美國替換一下，那大多數日本人會把自己定位在中國人之下，或者視中國人的地位等同於日本人，兩者的許多矛盾可能就不會發生，當然中國不但沒有美國那樣的實力，還大大落後於日本，上面的話幾乎是癡人說夢。

而且需要特別指出的是，現在大多數的普通日本人都是在戰後出生的，許多已經對戰爭沒有多少概念，所以他們並未負有戰爭的罪惡感，也不認爲自己要像中國等受害國道歉，不覺得欠中國人什麼，同時也沒有戰爭的榮譽信仰，而未將「大東亞共榮圈」當作自己的生活信念、存在價値。此外，現在佔據日本人口大多數的新、新新人類因爲對中國沒有多少興趣，所以也無所謂歧視不歧視。

當然日本人裡，特別是中中、中下階層中也存在一定的明顯歧視中國人的人群，典型的便是那些出入境官員。另外許多日本人，特別是因爲商務等原因在中國生活過的日本人，對中國人的鄙視多是因爲許多中國人言行中表現出來的幼稚自大、沒有精神信念、過分勢利、蠅營狗苟於金錢等劣根性，而不是先天地仇視中國人，像西藏、雲南等一些少數民族，雖然物質財富比一般東南沿海、北方的省市低很多，但許多日本人對前者比對後者尊重許多。

當然不可能要求所有日本人都對中國有好感，即便在日本國內，特別是現在，各階層之間也存在相當多的矛盾，比如許多存在市儈心理或者犯罪的中下、下層也受到了中上、中中階層的強烈批判。如果追溯到德川時代，一些言行粗魯無禮的平民早就被武士以侮辱的理由斬殺了，現在的法律自然對生命嚴格地保護，但從現在日本那些中中階層眼神中的憤怒來看，他們也像以前的武士一樣，一怒之下也恨不得將這些人斬殺（像近年來日本大熱的動漫作品《死亡筆記》、《地獄少女》就是典型反映，這在《動漫》一章中將詳細分析），這體現了日本中間階層，特別是中中階層最大的缺點——瞋，其直觀表像就是盛氣凌人的眼神。雖然一般人都有瞋怒的感情，但日本的中中階層與中國和西方相比，卻又更甚，做個簡單比較，比如受到某人無緣無故的侮辱，中國中中階層可能罵他幾句就平息了怒火，西方中中階層可能打他幾拳就平息了怒火，而日本中中階層（比如像前面所說的武士）則可能要殺了他才能平息怒火。對本族人尚且如此，自然更不用說對中國那些市儈的中下階層和自大的中中階層了。

其實說到歧視中國人，其他國家的國民如韓國人包括鼓吹平等的西方人中也存在無故輕視蔑視中國的現象。比如許多（並不是全部）韓國人對中國一知半解，甚至沒有去過中國，但一想到中國人就覺得很傻很窮，認爲中國人還都生活在20世紀80年代。此外2000年以來，許多韓國學者表現出極端國粹主義，認爲韓國文化和歷史都優於中國，如其隨意篡改歷史，把韓國列爲中國文明的發源地，把中國的端午節說成是起源於韓國等等。而許多幼稚的中國人，特別是許多癡迷韓國愛情劇的年輕女性（**大多屬於中下階層**）還盲目崇拜韓國人，如果這些人知道自己在所崇拜的韓國人眼裡，就如同自己所歧視的農民工（**這些女人大多城市人，和其他市儈一樣對農民工有著強烈的歧視**）一樣時，不知會有什麼感覺。此外大多數西方人雖然聲稱平等，但憑藉近代以來的世界主導地位，言行中一直對中國人等東方人表現出明顯的優越感，許多西方人對不斷發展變化的中國瞭解不足，許多近代中國的觀念到現在還沒有改變。這些也都體現了其自身思想幼稚，盲目自大。

當然與其氣憤部分日本人、韓國人包括西方人鄙視我們，對他們破口大罵，不如正視一下自己是否真的如他們所說的那樣，同時提高自身的思想素質，改正或減少自己的劣根性。

本書並非純粹的學術性著作，故其中許多與學術界的一般傳統觀點相差異的看法也不再詳細列舉史料來加以考證，當然由於篇幅有限，對其他的各種學者的相關理論及觀點也不再一一提及。相比較於其他書籍從宏觀入手，本書將更多地從微觀入手（**主要是從人的角度**），再發展到宏觀。當然由於跨越的時間太長、涉及的範圍太大，包含的人物太多，每一章、每一節甚至每一個觀點都可以寫成一本書，因此有些地方只能點到爲止，指明一下關鍵思想和主要思路。

此外本書的主要對象是普通讀者，寫作的主要目的也只是爲了讓大多數的國人更好地瞭解日本人以及以盎格魯薩克遜民族爲代表的西方人，並由此反過來重新認識中國人以及自己。當然如果有可能，也希望日本人能自己更清醒地瞭解一下自己以及中國人和西方人（不過或許本書在日本的影響將遠遠超過在中國的影響，對日本人的促進作用將遠遠超過對中國人），因此書中儘量使用平實的語言，並不想以一些學術術語來故作高深，而且沒有採用傳統學術著作的那種寫作手法，而是採用和《菊與刀》、《武士道》等類似的述評式文體。

受近代以來佔據世界主導地位的西方學術思想影響，爲了顯示自身的論據豐富以及不剽竊別人成果的客觀學術態度，絕大多數地學術書籍引用並摘錄了許多的他人的觀點，最後反而導致真正自身寫作的內容還不如摘編他人的內容多。雖然不排除前兩方面的必要性，但這樣的方式多少顯得幼稚，如果真的要真正客觀地引用他人的學術觀點，那自然還要追尋考證其本身觀點來源以及論據的正確性，這樣必然陷入無盡的螺旋迷圈中。而且對於民族論、國家論之類的書籍，其時間跨度之長、人物之多、各種情況之複雜，必然導致掛一漏萬，非人力所能完全一一顧及，而且生在人世總是會受許多因素的制約，有些東西也不能說地太白（當然並不想故弄玄虛以體現深奧）。

在本人之前，有些有識之士對於日本人的思想性格，包括經濟、政治等方面也早已有許多深刻見解，書中將儘量註名、引用或者分析。當然在儘量保護其學術成果的同時，如果有些類似觀點原先早已發表，有些論據材料早有搜集引用，而本人註明，敬請見諒。當然也歡迎各位專家讀者心平氣和地提出客觀的意見和建議，完善或糾正本人的不足或錯誤。

是爲序。

目錄 CONTCENTS

第一章　思想

本書之所以將思想放在第一章，是因爲希望以此來反映本書的一個關鍵主題，那就是思想（**和近代以來出現的「哲學」、「文明、文化」等新名詞差不多**）影響了政治、經濟、文化、歷史、社會風俗等其他方面，因爲政治、經濟、文化、歷史、社會風俗等最主要的主體都是人，而決定人的自然是其思想，包括所謂的理性邏輯或者感性情愫。當然「思想」也只是本人選取的一個現代人幾乎都知道的普通名稱，其本質和「佛」（法身佛）、「阿耨多羅三藐三菩提」、「道」、「理」、「太一、太極」、「良知」、「純粹經驗」、「絕對真理」（absolute truth）、「真主」等相同，如果按禪宗來說也和「庭前柏樹子」、「乾屎橛」的本質沒有什麼區別，因爲都是來源於同一個最初本源。

略論思想的重要性

就「思想」而言，可能許多人（**大多數的西方人和中國人**）認爲沒有多少意義，因爲太空太虛，不像科學技術那樣，能夠創造出有實用價值的物體。但也有許多人認爲思想是最重要的的，因爲不管學什麼具體的知識和技術，要想真正取得傑出的成就都需要認真、客觀、謙虛等思想作爲前提，就過程來說努力等思想又是必不可少的條件，而就結果來說，是受自私、功利等思想所左右，而不擇手段地爲自己謀取物質利益，還是受善愛等思想影響爲了國家民族或者人類謀幸福，也都取決於思想，因此無論從前提、過程還是結果，無不受思想所控制。

本書所論述的主要對象——日本人，特別是作爲日本中流砥柱的中上、中中階層無疑屬於後者。無論是古代全面學習中國唐朝，還是近代全盤求知西歐列強，乃至二戰後大力學習美國，都把思想學習放在了首位。因此要闡述介紹日本、日本人必然要將其思想放在最重要的位置（**沒有之一**）。

就思想和智慧能力而言，雖然不能說思想層次比較低下的人就一定沒有智慧能力，確實存在一部分有才華但貢高我慢的人，在文學藝術及其它社會科學領域特別明顯，相反也存在一部分擁有超過許多人的能力但比較幼稚木訥的人。不過進一步地說，智慧才華達到非常高層次的人，特別是自然科學及其它各種技藝領域的頂級專家，其思想絕大多數必然也是成熟的，因爲不管是物理化學等自然科學還是烹飪駕駛等其他技藝領域，其中都體現了平衡、相對等許多基本的思想（**哲學**）原理。對於一般人來說，只要智力有所開啓都會產生一定的善、愛思想，只不過由於一些貪、瞋、癡等不良思想影響而無法保持這種善、愛思想，而只有當智力達到非常高的層次，才會產生大善大愛的高尚思想。另外古今中外也有許多有天賦的人，由於不提升自身的思想，導致自身才華無法充分發揮最終淪落。

就思想和知識而言，不需要像某些學究那樣考證溯古，引用大量名言，可以簡單地以學生爲例來說明。許多學生特別是高三學生或者大學生，各方面的知識遠比社會上的成年人豐富，但許多人（**不是所有人**）因爲缺乏各種工作經驗、人生閱歷（**本質上也就是思想的不足**），許多時候表現得比後者幼稚，有關能力也遠不如後者。此外，自古以來就出現過大量知識豐富，但卻只會按照本本框框辦事或者紙上談兵，缺乏解決實際問題的能力，也沒有臨時應變能力的書呆子，主要也是因爲思想層次的低下。而相反地，有些人雖然沒有多少的知識，但由於閱歷經驗豐富，思想相對比較成熟、意志力比較頑強（**按現在的話來說是「情商」比較高**），也取得了許多書呆子無法取得的成功。由此可見思想和知識孰輕孰重。

當然並不是排斥知識的重要性，除了極少數的先天根性銳利的人（**不包括許多自負地自認為是天才的人**），對於絕大多數人，通過記憶所得的知識仍是思想智慧的基礎。

威爾杜蘭特認爲人類知識的重負太大了，已經不能爲人類的心靈所承受了，結果只剩下對越來越少的問題知道地越來越多的科學專門家，和對越來越多的問題知道地越來越少的哲學思想家。確實數千年以來，人類積累了太多的知識，準確深入地說是太多的人創造了大量的知識，讓現代人無法完全理解掌握，畢竟一天都只有二十四小時，就算全部用於學習也無力涉獵方方面面的知識，但其實許多時候只要從源頭的思想，以及人性的前提出發，將其作爲衡量和學習其他人類知識的方式、方法，許多知識往往可以融會貫通。

古語有云：「知人者智」、「智莫難於知人」，前一句話可見在古代先賢心中能完全瞭解人的人才是智者，而不認爲記憶背誦了多少書文理論的人是智者。而後一句話也指出要準確瞭解一個人是如何的困難，因此更惶論組成一個民族、一個國家的那麼多人。其實人類間的矛盾鬥爭絕大多數也是因爲彼此間的不了解而產生，普通百姓之間的「不知」導致爭執、打架，學者之間的「不知」導致高層次的「吵架」——學術爭論，國內統治者與被統治者之間的「不知」導致各種革命鎮壓等暴力衝突，不同國家統治集團間的「不知」導致爲了金錢等物質利益和等級地位等精神利益，而相互戰爭。

因爲思想的衰退，先秦以後大多數的中國文人片面地誤解了「知識」，忽視了先賢「知人者智」的定義，陷入以「識」代「智（知）」的迷惑，以爲博覽群書、記憶背誦的東西越豐富，思想智慧就越高深，其實許多人本質上只是多背誦記憶，且重複模仿先賢的思想和知識，並進行一定的改變而已，只比學舌的鸚鵡好了一點。典型的如宋以來的大多數文人學者，就其文辭的字母意義上來看似乎比先秦的道家、儒家學者要高出一層，但實質上自身的思想並沒有達到相應的境界。

略論中國和日本的真正民族（非少數學者）思想史

雖然現在有大量的思想史著作，但無論是近代梁啓超還是民國錢穆等權威學者所著的書，絕大多數思想史往往將少數人（**特別是著書立傳的學者**）的思想來片面地代表整個國家、整個民族的思想，因此陷入了「自迷迷人」的泥淖。

當然由於古代（**各個朝代**）沒有專門記述全部國民的著作，因此也很難精確地研究一個國家國民的思想或者說民族性，而且由於一個國家的全體國民數量太多，再加上數千年的歷史產生了許多代的國民，人數更是翻了許多倍，而且許多國民作爲個體而言，每個人從出生到死亡的思想又在不斷地動態變化，同時由於不是每一個國民都會把自己的思想通過文字書面表達出來，因此也沒有研究分析的可靠材料，一一介紹每個朝代、每個國民的思想非人力所堪，因此本書在序中早已說明，本書的重點是介紹分析對國家民族起主導作用的中間階層，特別是中中階層，從而儘量減少片面性（**因為肯定存在一**

定的片面，因此只能說盡量減少）。

與中國人包括西方人相比，綜觀日本人的思想歷史，相對來說更加單一原始，更具連貫統一性。再細分一下，西方人包括伊斯蘭教阿拉伯人的思想連續性也比中國人要完整許多。當然中國人的思想變遷也不是具體每個精確地時間而突然改變的，而是一種緩慢的變化，並最終產生了質變，最典型最直觀的變化就是春秋戰國時期尚武的中國人與宋明以來崇文的中國人的巨大差異。

日本的許多學者認爲近代以來的日本人已經與古代傳統的日本人相差了很多，而20世紀60年代以來的新人類、新新人類又與近代以來傳統的日本人產生了巨大的差別，但其實後兩代人和武家社會時期的日本人沒有本質區別，變化的只是一些表層思想而已，主導日本社會關鍵的中間階層，特別是中上、中中階層的「強者意識」思想始終沒有變化。下面簡要分析。

由於各種原因，日本的文明進程與中國相比，較爲遲緩，而且由於沒有確切文字記錄，因此很難準確分析，但是和中國相互對照的話，日本的繩文時代、彌生時代、古墳時代相當於中國的三皇五帝時代、夏朝、商朝，包括最大的邪馬臺國在內的各個國，本質就是一個一個的早期人類群居村落（**氏族政權**），和現在非洲仍存在的小土著群落一樣，生活範圍非常小，大多數民眾的思想保持在和動物天性差不多的早期人類性格，非常淳樸、簡單。

飛鳥、奈良時代，相當於中國的周代，大多數天皇和周代皇帝一樣，只在早期擁有實權，隨後逐漸成了一個象徵而沒有實際的權力，如蘇我、藤原、平、源氏等許多擁有大量土地和武士的貴族，他們把持並且爭奪著國家的實際控制權，通過婚嫁根據自身利益來控制天皇的繼位和廢立。少數天皇如後醍醐天皇想奪回實權，但基本都失敗了，實權在各個強大的擁有禦家人武士的藩國藩主（最強大的藩主成為幕府將軍）之間轉移。直到明治時代，天皇掌握了實權，有能力主導政府軍隊、司法等方面，當然二戰後又成爲了一個象徵。

和周代一樣，日本出現了第一次文明或者文化的興盛期，典型的就是聖德太子改革和大化改新，以及《古事記》、《日本書紀》、《萬葉集》等作爲文明載體的最早書籍的出現。

但深入分析日本中世之前的主導思想，也和大多數早期原始民族一樣，保持了原始的動物天性，具有太陽崇拜、月亮崇拜、鬼神崇拜等思想，本質屬於「強者意識」思想。雖然飛鳥、奈良、平安等時代，曾因爲幼稚地模仿當時的中國而在宮廷貴族中產生「崇文」（喜愛詩歌）風潮，和後來的「崇武」思想產生矛盾，但其實本質一樣，只是當時的日本因爲「白村江之戰」戰敗，而瞭解並崇拜強大的中國唐朝，日本貴族認爲崇拜中國人所崇拜的東西就是高尚（直白一點說就是「強」）的表現，而當時的唐宋貴族具有明顯的「崇文」（喜愛詩歌）風潮。這和近代包括二戰後的日本一樣，近代敗給英國等西歐國家後，全面學習西歐列強，二戰敗給美國後，全面學習美國。因此古代和近代、現代的思想都沒有變化。

但由於當時文字屬於高尚的東西，只在貴族中流行，大多數底層民眾不能使用，因此這種「崇文」思想只在少數貴族中流行，大多數底層普通的日本民眾的思想仍然保持之前的淳樸思想。

平安時代開始，日本逐漸進入武士時代，各個藩國無論形式上還是本質上就像中國春秋戰國時期的各個諸侯國，比如尾張國就像秦國，織田信長就像嬴政，如果沒有本能寺之變，織田信長就會像嬴政統一中國一樣統一日本，而且還會廢除天皇，像嬴政一樣自稱皇帝。其他許多藩主，雖然控制的藩國以及所屬的集團不一樣，但其思想層次本質都一樣，例如武田信玄、上杉謙信、伊達政宗、毛利元就、真田幸村等著名戰國武將，和平清盛、楠木正成等以前的著名武將，以及高杉晉作、桂小五郎、西鄉隆盛等近代的武士，其思想層次都一樣。以藩主為頂點的武士集團掌握了藩國的一切實權，沒有什麼「文臣」，各個部門都是武士控制。武士集團的「強者意識」思想更加明顯強化並成為主導，同時通過龐大數量的武士開始逐漸影響大多數底層的普通日本民眾。

戰國時代有個重大事件—16世紀基督教開始傳入日本—逐漸在底層生活貧困的普通日本民眾中傳播，但由於當時基督教國家缺乏強大的國力背景，傳播範圍和影響力非常有限，無法取代佛教和神道，而且不久便被嚴禁，許多日本天主教信徒甚至被屠殺（**典型如德川幕府平定島原之亂**）。直到近代，在歐美列強憑藉強大的軍事力量、經濟力量佔據世界主導地位的背景下，歐美人信仰的基督教christianity（**包含天主教catholic、新教protestantism等支派**）才被許多日本人大範圍接受而得到快速發展，當然其中也有盲目崇拜歐美強大的力量而產生的盲目信仰。

相對穩定的德川幕府時代是日本快速發展的時代，由於不再進行大規模戰爭，無論經濟上還是文化上都比以前取得了巨大的發展。其中特別明顯的是大多數普通國民（**主要屬於中下階層和下層**）的開化，通過武士階層（**寺子屋、私塾的老師大多數是武士），文字教學、儒家思想等文化教育逐漸普及，最明顯的就是市民文化的快速發展。

當然在和平時代中，也有許多武士（屬於中下階層）出現了懦弱、腐敗、自大等病症，這種現象在近代許多拜金商人，包括二戰後經濟高速發展時期，乃至現在的部分日本人中也一樣存在，根本原因是中下階層自身思想層次的缺陷，在劇烈動盪的時代，如果沒有高素質的中上階層和中中階層的主導影響，其思想就容易墮落。例如近代大多數普通日本國民在極端的軍國主義影響下，也變得狂熱極端。而如果有高素質的中上階層、中中階層的主導影響，也能夠發揮其能力作出貢獻，比如二戰後作爲精神載體的會社的大多數普通工人，都能夠努力勤奮地工作爲會社的強大作出了自己的貢獻。

由於一直存在的高素質的少數中上階層，特別是一定數量的中中階層，這些群體沒有成爲日本民族的主導階層，他們的思想也沒有成爲主流思想，所以日本一直是原來的那個日本。如本書序言所說，出身地位並不等於思想層次，德川幕府時期，許多的公家貴族和掌握幕府及藩政的高級別武士的思想層次，也和許多武士（屬於中下階層）一樣出現倒退，在面對西歐列強武力壓迫侵略的時候，就表現出懦弱無能，而高杉晉作、桂小五郎、伊藤博文、大久保利通等擁有高思想、高能力的低級別的武士（下士）則取而代之，通過革命推翻了幕府，掌握了國家政權，領導日本走向強國之路。

幕末到近代前期是日本一個劇烈動盪的時期，主要原因是歐美列強的全球性擴張，其依靠強大的軍事實力戰勝中國、日本、印度等其他國家。歐美列強成爲了世界主導，對於日本人產生了巨大的衝擊，以前由於中國的強大實力，而將漢學作

爲最高學問、最高文化的日本人開始出現了思想顛覆，從最高層的皇族到建立明治新政府而佔據政府主導的長州藩、薩摩藩武士，都積極學習西歐列強。早期學習蘭學，但瞭解到英國更加強大後又開始大力學習英國，由於德國在19世紀後半期崛起，又將重心轉向學習德國。對於大多數普通民眾，在福澤諭吉等積極宣導學習洋學的啓蒙思想家的影響下，也幾乎產生了全民捨棄漢學而學習洋學的風潮，當然由於思想層次的侷限，沒有真正認識到西歐列強的優點和缺點，導致日本出現了盲目崇拜西歐的風潮，就像以前盲目崇拜唐朝一樣，而對於當時的中國，則由於日清戰爭的勝利而產生嚴重的蔑視心理。上層模仿西歐的服裝、髮型等等，甚至還出現了「鹿鳴館外交」，幼稚地希望以此得到西歐列強的認同而得到平等地位，但西歐列強並沒有放棄既得利益，也沒有把弱小的日本當做和自己真正平等的強國，在日清戰爭特別是日俄戰爭的勝利後，西歐列強才認識到日本的強大軍事力量並開始重視日本，放棄了以前的不平等條約。由於政府大力提倡國家主義、民族主義，以及日本與西歐列強產生的利益衝突，對於盲目崇拜西歐列強的風潮有所回潮。特別是第二次世界大戰，日本加入三國同盟而與英美等國戰爭，國家民族主義達到了頂點，大多數日本人以前崇拜的偉大國家—英國—成了「鬼畜英美」，產生了敵視的心態。

隨著日本戰敗，美國成爲二戰後世界上軍事實力、經濟實力最強的國家，麥克阿瑟成爲了超越天皇的日本的「太上皇」，並改造日本，戰後的大多數日本人產生了盲目的崇拜美國的現象（**就像以前盲目崇拜唐朝一樣**），文化、經濟、政治等方面都以美國爲最高標準，當然中上階層、中中階層保持了比較清醒的心理，為了日本的重新強大和崛起，以企業為代表，主要在經濟上克服巨大的困難，並且努力學習美國的企業。而許多的日本人（**屬於中下階層**）則產生了盲目崇拜。由於日本經濟在60、70年代的快速發展，特別是80年代在大多數產業超越美國佔據世界主導地位的情形下，許多人又開始產生了日本第一的優越感，認為日本民族是世界上最優秀的民族，超越歐美國家，當然更不用說當時的中國等亞洲國家，但隨著泡沫經濟破裂，特別是亞洲金融危機後，日本經濟陷入長期低迷，大多數日本人又產生了明顯的失落感，隨著美國經濟的重新崛起，許多人又開始盲目崇拜美國。而對於改革開放後經濟快速起飛的中國，特別是GDP超越日本後的中國，大多數日本人產生了一種嫉妒（**中國經濟快速增長而日本經濟低迷**）和輕視（**雖然總量超越日本，但經濟實力、人均收入、生活品質等方面明顯落後日本**）並存的複雜心態，大多數日本人並沒有真正認識到美國和中國的優點和缺點，也沒有看待美國和中國的理性心態。

此外，古代的佛教、神道、儒家思想和近代以來的歐美思想文化，對日本人也產生了巨大的影響，但根本來說，這四大思想主流產生影響的原因，其實本源上也是一樣的。

日本的神道思想從近代以來，雖然曾因為日本人強烈的民族主義國家主義而被稱為日本獨一無二的本土思想，但其實本質和中國先秦時期的道家思想一樣，是一種早期人類（**日本人、中國人、歐洲人、非洲人等所有人類**）普遍存在的鬼神信仰，而鬼神信仰的本質其實就是「強者意識」思想，因為早期人類普遍相信鬼神具有遠遠超越人類的強大的力量，可以控制人類自身的生死存亡，因此產生了崇拜、敬畏的思想，因此本質和自然崇拜等一樣。當然根據不同國家的特別情況，日

本人、中國人、歐洲人、非洲人等所有人類心中的鬼神各有不同，例如日本有天照大神、月讀大神等，中國有玉皇大帝、廣成子等，歐洲有上帝等。而且進一步深入分析，每個國家的不同地區所信仰的鬼神又存在許多種類，例如日本有「八百萬眾神」，不同地區所祭祀的鬼神不同。

平和中庸地說，日本神道的思想理論層次還沒有達到佛教的高度，而且其思想理論也主要吸取佛教、中國道家思想理論而建立體系。嚴格地說，直到現在日本的神道思想也還是比較的原始雜亂，許多地方的神社供奉著各自信奉的不同神靈，本質就像先秦時期的中國一樣，而中國隨著東漢以來道教的逐漸發展，道教思想取代了先秦時期的道家思想，出現了巨大的區別。

就儒家思想而言，雖然許多的中國人、歐美人包括日本人都認爲儒家思想對日本的影響最大，但本書在《武士道》一章中將深入分析，儒家「仁、義、禮、忠、孝、誠、信」等主要思想都沒有取代日本中間階層特別是中中階層本質的「強者意識」思想，就像中國的春秋戰國時期一樣，這些儒家思想沒有取代當時中間階層的「強者意識」思想，因此也並沒有像後來中國中間階層的代表的許多腐儒文人那樣陷入「弱者意識」思想。

當然從另一方面說，「強者意識」思想本身就包含了「忠、孝、誠、信、義、禮」等表層思想，就儒家代表孔子來說，雖然表面上闡述了許多的上層乃至佛、菩薩思想，但本質上也屬於其所處時代的「強者意識」思想，最直觀證明就是其強烈的等級思想和忠君愛國思想。

日本佛教思想的引入，相對來說要晚一點。而且並不是直接從印度引入，而主要是間接從中國朝鮮引入。雖然和儒家思想文化一樣，佛教思想文化大大影響了日本人（大多數日本人葬禮都用佛教儀式），但近代日本著名佛教哲學家井上圓了認爲日本人之所以爲日本人的原因，最主要就是因爲佛教的觀點並不正確，和儒家思想一樣，佛教的思想也沒有取代中間階層的「強者意識」思想，以武士爲中間階層的典型代表的古代日本，其強烈的瞋性、等級思想並沒有受佛教高尚思想的感化，而禪宗思想甚至被許多武士錯誤地理解和應用，武士參禪是爲了在戰鬥時候能夠拋開雜念，增強自己的實力來戰勝（大多數情況是殺死）對手。而且即便是日本的佛教內部，大多數僧侶的本質思想仍然是和武士差不多的中間階層的「強者意識」思想，最典型的就是日蓮宗。

近代以來引入的歐美思想也是如此，雖然表面上使得日本產生了巨大變化，典型的就是服裝、髮型等模仿歐美人，並未從本質上影響日本人中間階層，當然歐美國家關鍵性的中間階層，本質上也是受「強者意識」影響，物質主義、實用主義、個人主義、功利主義、存在主義等所謂的西方思想只是些表層的思想而已，後面將詳細深入分析。

具體地說，作爲日本古代、近代、現代（二戰後）三個時代中間階層的典型代表——傳統武士、軍人武士和社員武士，三者相同的主導思想決定了三者本質相同。傳統武士自不必說，而軍人武士本身就是在新政府成立時由大多數原來的武士轉化而來，只不過換了個名稱，換了點武器、服裝等外在形式；社員武士本質也和前兩者相同，雖然和前兩者相比，企業員工（與過去相比，對應為整個武士階層）特別是以大型企業員工（對應為中上、中中武士階層）爲代表的社員武士在能力知

識、工作內容等表層上變化了許多，但在本質的思想方面，還是屬於中間階層的「強者意識」；細化比較一下，實力方面，受「強者意識」影響，他們通過頑強的意志力修行學習，使自身具備相當的實力，只不過過去是刀槍弓馬，而現在是技術經營等內容，兩者都通過自知之明不斷地自我鞭策，不斷地學習以提升自己的實力，對外則具備相當的知人之智，在商業談判和交往中佔據了一定的優勢。性格方面和前兩者一樣，極其重視名譽等精神利益，對於金錢等物質利益的抵抗力明顯比西方人和中國人（**就整體而言不探討個人**）要強，90年代前期的絕大多數員工不會金錢等出賣公司的技術情報，許多爲了個人、國家、民族的名譽可以犧牲生命等一切物質代價，90年代以來雖然有點淡化，但背叛公司出賣機密的例子還是遠比西方和中國少。

由於日本遠離大陸的島嶼型的地理位置，除了蒙古軍隊以外，古代日本沒有像中國那樣遭受頻繁地外族侵略戰爭，不可否認這是日本人保持思想一貫性的很大的原因，因爲平安時代以前的日本非常弱小，如果當時的日本處於像中國一樣的地理位置，那很有可能被強悍的遊牧民族侵略滅族了，即便是武家時代，典型的就是北條時宗時代，如果當時日本地理位置和中國一樣，那當時的日本軍隊也無法阻擋蒙古軍隊，而按照蒙古軍隊的習慣，戰勝後必定大量屠殺日本人甚至會將日本滅族。不過，地理位置並不是唯一的決定性因素，典型的例子就是近代以來的日本，由於軍事科技的發展，海洋已經無法阻止歐美列強的強大軍隊，但是由於中間階層特別是中中階層的「強者意識」，使得日本沒有像中國那樣的屈辱遭遇。

與日本相比，中國長遠的歷史上卻出現了幾個比較大的思想轉折，由於每個朝代涉及的人數太多，每個朝代或者說時代都可以找到許多具有忠誠仁義等高尚思想的人士，也可以找到許多具有奸詐卑劣等低下思想的人士，因此如果只列舉前者那就會誤以爲中國每個朝代都是開明盛世，國民的思想都很高尚；只列舉後者，就會誤認爲每個朝代都萬惡末世，國民的思想都很低劣。因此需要以一種中庸的心態和客觀的方式來看待。

此外，簡單地說，從夏朝到清朝中國大多數朝代前期政治都比較清明，而中後期則大多數腐敗墮落，有著明顯的相似性，所以不少有識之士認爲歷史驚人地相似。大多數朝代的前期相對政治清明，使國家能夠穩定發展，而中後期的政府軍隊等則往往出現大規模的腐敗，最終導致亡國。但絕大多數人沒有看到爲何歷史會驚人地相似，其實根本原因是因爲主導歷史的最關鍵主體是人（**具體身份表現為上至黃帝、中至文臣武將、下至普通平民**）而這些人的主導思想的驚人相似性導致歷史也相似的驚人，最典型的例子就是所有朝代滅亡前的皇帝，其自身思想往往是自大無知、殘暴無能，大多數文臣武將往往思想腐敗懦弱、幼稚自私，而大多數底層平民往往思想麻木蒙昧。但前面強調了是大多數朝代而不是所有，因此單純說「歷史驚人相似」比較片面，本書多次強調中國歷史以及主導中國歷史的中國人出現巨大轉折，直觀比較就可以看到，春秋戰國時期武勇的中國人和宋明清包括現在文弱的中國人就有明顯的巨大的差別，假如春秋戰國時期的中國人能夠一直持續保持存在，中國之後的歷史也絕不會出現五胡亂華、蒙清等異族統治的歷史，當然歷史沒有假如，一味假如設想只會淪爲自欺欺人。

由於時間篇幅有限，也爲了區別於傳統學院派學者重點

介紹各個朝代極其少數學者文人的思想史著作，在此不再詳細列舉明確的重點史料事例和重要人物思想言語，點到爲止，簡要整理說明。

大致地說，除了極少數上層外，夏、商包括周初期的民眾，其思想非常接近淳樸的自然動物天性，早期的自然崇拜（**太陽崇拜、月亮崇拜等**）、鬼神崇拜等思想本質上也是「強者意識」思想。簡單解釋一下，因爲太陽月亮強烈影響著當時古人的生存與生活，因此直白地說太陽月亮具有強大力量，而鬼神在古人眼中也具有決定他們生死存亡的強大力量，因此屬於「強者意識」思想。

而周朝中後期的春秋戰國時代，雖然被許多人稱爲人性不古的亂世，但以「士」（**包括民間的俠士也包括官方的武士**）爲典型代表的中間主導階層（**由於先秦儒家學者留下了許多的書籍，因此讓後代許多人產生誤解，認為他們是那個時代的主導階層，但其實並非如此，和日本武士類似的「士」才是當時真正的主導階層主流階層**）特別是中上、中中階層還是保持著高層次的上層「強者意識」思想，其中出現了許多的例子，如北郭騷報斗米之恩；介子推功成身退不思私利；祁黃羊「外舉不避仇，內舉不避子」的真正公正；弘演剖腹葬主公之肝；管子知人善用，人盡其財。役夫東郭垂察齊桓公；姬娘、趙威後、樂羊子妻、齊襄王后等女子之高尚的思想，另外還有許多販夫走卒等小人物也能在某些時候展現出高尚的義舉。

因爲殘暴的周厲王被國民流放，但國民並沒有推翻周朝，當後繼者治理，充分體現當時行政管理體制的民主清明和國民的思想水準。另外這一時期各個諸侯國家對於強大的北方遊牧民族的戰爭大多數都取得勝利，典型的是蒙恬帶領秦軍對強大的匈奴軍隊取得完全勝利。

雖然這個時代也存在許多的奸邪小人和不義之舉，但不可否認關鍵性的、相當數量的中上、中中階層保持著很高的思想水準，而百家爭鳴的思想盛世也正是建立在這些中上、中中階層基礎之上的。

當然先秦中國的中間階層也存在和日本中間階層類似的缺點，主要也是瞋性強烈，另外有些人也偏好女色或其他各種生理欲望。

雖然春秋戰國時代的整體民族思想素質與後世相比要高出很多，但當時的許多學者（**諸子**）也認爲比三皇五帝、周初要退化了許多，如《黃帝內經》首篇所記述的遵循天道而得以健康長壽的上古之人，而《文子・上禮》中典型代表了先秦知識份子（**包括道家儒家等**）對上古人的態度，認爲：「上古真人，呼吸陰陽，而群生莫不仰其德以和順。當此之時，領理隱密自成純樸，純樸未散，而萬物大優。及世之衰也，至伏羲氏，昧昧懋懋，皆欲離其童蒙之心，而覺悟乎天地之間，其德煩而不一。及至神農、黃帝，覈領天下，紀綱四時，和條陰陽，於是萬民莫不竦身而思，戴聽而視，故治而不和。下至夏、殷之世，嗜欲達於物，聰明誘於外，性命失其真。施及周室，澆醇散樸，離道以爲僞，險德以爲行，智巧萌生，狙學以擬聖，華誣以脅眾，琢飾詩書，以賈名譽，各欲以行其智僞，以容於世，而失大宗之本，故世有喪性命，衰漸所由來久矣。是故，至人之學也，欲以反性於無，游心於虛；世俗之學，擢德攓性，內愁五藏，暴行越知，以譊名聲於世，此至人所不爲也。擢德自見也，攓性絕生也，若夫至人定乎死生之意，通乎榮辱之理，舉世譽之而不益勸，舉世非之而不加沮，得至道之要也。」

道家不少有識之士都認爲，雖然春秋戰國時代的民眾智力有了一定的發展，但達不到神人、真人的大智，因此反而產生了貪、狡詐、虛僞等許多劣根性（**當然遠比後來的時代要好**），不如早期和動物一樣思想純樸自然的百姓（**比如現在許多非洲、南美洲的原始部落就是典型例子**），雖然蒙昧，但幾乎沒有狡詐、虛僞等劣根性，其生活方式也按照自然規律而定，很好地達到了「天人合一」的境界，因此道家才有了「絕聖棄智」、「聖人不死、大盜不止」之類的話，當然這些觀點比較偏激，本意是要回歸到原始的純樸天真自然等本性。而儒家之類典型如孔子，其認爲春秋戰國禮崩樂壞、民眾思想水準低，主要是因爲當時各諸侯強權，沒有嚴格遵守周初那樣的等級制度，喪失了忠君等思想而已。這兩大主要批判思想都比較片面，沒有注意到積極的一面，也就是當時存在一定數量的上層「強者意識」思想的中上、中中階層（**其實道家、儒家中絕大多數批判者本身也屬於這兩個階層，只是自己沒有發覺而已**）。

戰國百家爭鳴的思想盛世過後，除了佛教思想的傳入外，已經很少有新的思想，當然並不完全是後代思想倒退，可以說當時的思想家基本已經把「人之學」（**許多道家學者雖然宣揚玄虛神妙，但其中的文字思想也屬於「人之學」**）闡述到了一個頂峰，哪怕儒學復興的宋明、西方思想佔據主導地位的近現代社會都無法企及，某些自認爲標新立異的思想學說，幾乎大都可以在先秦找到原型。

秦、漢是一個過渡時期，雖然儒家一度在漢武帝時期獨尊，但時間很短，並沒有在漢代大多數時期的大多數人中佔據思想主導地位。漢初期在思想上延續春秋戰國的思想，各地鬼神祭祀等思想都和春秋戰國一樣，漢朝快速發展的讖緯之學也是鬼神信仰、自然崇拜等早期道家思想的延續。漢代學術主流爲訓詁注釋之學，《白虎通》、《春秋繁露》等爲典型的著述，這些也只不過是綜合、模仿、注釋先秦的思想而已，沒有多少新思想。當然這並不能說漢代中國人「思想平庸」，只是因爲當時作爲主流的道家思想太過博大精深，當時的人的思想無法完全超越，當然後世直到現在也是如此，雖然近代以來西方思想一度被奉爲權威，但也是因爲在其國力強盛的大背景下，以及當時許多中國學者沒有完整深入地瞭解西方思想，隨著100多年來的逐漸瞭解，才發現西方思想在絕大多數領域都落後於佛道儒等東方思想。

雖然由於外戚宦官等因素導致漢代許多皇帝素質比較低，但漢代總體上許多的文臣武將還是保持了相對比較高的素質，典型的證明就是漢武帝時期漢軍能夠戰勝強大的匈奴，當然和秦朝時期的完勝不同，漢朝僅是慘勝，但至少說明上至黃帝、中至文臣武將、下至普通兵士，許多人還是保留了一定的強者意識，這和宋明清中後期的絕大多數被弱者意識主導的腐敗無能懦弱幼稚的文臣武將有明顯的差別。

和漢朝一樣，魏晉的玄學、讖緯之學等是建立在早期道家思想的基礎上，雖然個別確實有真才實學，但大多數都是只是把道家的思想換了一些新的文辭而已，而且許多也沒有真正理解黃老爲代表的真正道家思想，其實東漢時張陵創立的「五斗米」道和張角創立的「太平道」等早期道教已經和原始道家思想出現了一定的偏差，而魏晉以來，由於許多人沒有正確理解佛教思想，把其中的某些形式引用到道教中（**許多收錄在《道藏》中的書籍就是明顯的例子**），導致偏差進一步拉大，如

漢人化玉皇大帝、三清真人之類，這些人格神都反映其主觀臆想，和早期道家樸素的神人、真人相違背了。如果老子當時在世，想必其非但不會贊同自己被奉爲太上老君，而且也不會認同這些人是正宗的道家子弟。另外早期佛教的初興，也是出於當時人愛好「神異之事」，而非因爲領會佛、大乘菩薩的高尚思想而尊崇佛教。

如前所說，雖然春秋戰國時期也出現了少數以腐儒爲代表的「弱者意識」思想中間階層，但尚未取代具有上層「強者意識」的以士爲代表的中間階層，而經過這個時期包括後來的南北朝時期，以文人爲代表的「弱者意識」思想（**自大、幼稚等**）的中間階層大量增加，自知之明嚴重倒退。同時雖然許多清談文人自吹「臨危一死報君王」，但絕大多數人由於思想層次低下和意志力不足，關鍵時刻往往貪生怕死。

魏晉南北朝時期戰亂頻繁生死難料，漢人的中間階層中出現大量「清談文人」式的人，既包括民間文人、朝廷文臣，也包括武將士兵，以清談玄學、隱遁世外作爲懦弱膽怯的藉口。而當時佛教的興盛與其說是他們崇拜大乘佛教的高深思想，不如說是崇拜小乘佛教中的各種神奇描述。

這樣結果導致戰爭不斷失敗，甚至被匈奴佔領首都、俘虜皇帝，後來還形成了「五胡亂華」被北方民族統治的局面。這是第一次中原地區的漢人被外族大規模統治和殘酷屠殺，例如北朝的齊國有2000萬人，到北周時人口僅900萬；南朝宋國有469萬人，到南陳國滅亡時只有200萬人，損失率達60%。和三國時期（**混戰使得人口只剩下十之一二**）、西晉時期（**典型是八王之亂導致人口只剩下不到一半**）一樣，殘酷的屠殺戰亂（**在此不具體描述當時悲慘生活**）等使得大多數漢人的思想出現大幅下降，特別是關鍵的中中階層（具體是文臣武將）思想出現大幅下降，與春秋戰國時期形成明顯對比。

唐朝需要特別對待，雖然唐朝特別是中後期也存在前朝和後朝的類似的問題，但唐朝人的開放、包容、自信等天朝大國心態還是獨樹一幟，和現在的美國相比較，不僅是在經濟、軍事政治統治力上佔據世界主導地位，思想上，其開放、開明的程度與現在的美國相比也有過之而無不及，甚至性思想也和現在的美國差不多，和宋朝有巨大區別。

魯迅在《致曹聚仁》中認爲：「中國學問，待重新整理者甚多，即如歷史，就該另編一部。古人告訴我們唐如何盛，明如何佳，其實唐室大有胡氣，明則無賴兒郎，此種物件，都須攄其華袞，示人本相，庶青年不再烏煙瘴氣，莫名其妙。」這種對於唐朝的看法比較片面，其實更客觀地說，是唐建立者本身思想性格就偏向北方民族，如南北朝、宋朝時期的一些入主中原的北方民族差不多，本質上說也更偏向「強者意識」思想，其某些不符古代中國傳統禮教的行爲是早期人類純樸自然地表現，並不能以古代中國禮教的價值標準來貶低評價。

唐朝可以說是中國國力強盛的代表，其「強者意識」思想具體表現爲不極端片面固執地推崇哪派思想，而是相對理性地根據其思想水準（直白一點是實力），哪種思想最高深，就熱衷學習哪種思想（某些日本學者認為唐朝像「老虎」，任何外來的思想、技藝等都可以「嚼碎、吸收」）。雖然早期出於統治考慮，比較偏向道家思想，但隨著佛教典籍的大規模流入，其明顯高於道家、儒家的思想立刻被許多有識之士認同和接受，因此成爲了主導思想。同時因爲佛教思想的大規模傳入，導致和漢朝時學習先秦典籍一樣，注釋佛經之學成爲主流，當然這並不能說唐朝和前面的漢朝一樣思想平庸。

從宋開始，大多數中國國民思想產生了明顯的質變，上至黃帝王公、中至文臣武將、下至普通士兵平民的「弱者意識」思想成爲主流，只有少數一些人如狄青、岳飛堅持不受到這種「弱者意識」的侵蝕，但由於人數太少無法主導和改變國家民族的命運，最典型的反映就是不斷遭受來自金朝、契丹、蒙古的各種戰敗屈辱和殘酷的屠殺壓迫。

由於宋太祖自身的經歷，將「偃武興文」作爲穩固自身統治的最根本也最重要的國策，從皇帝到大多數平民崇拜「文」貶低「武」，將「文」發展到了一個新的高度，宋詞即是典型代表，同時經濟上也取得巨大的成就，但這些成就都無法掩飾宋朝一直遭受北方民族的侵略屈辱的時代主流。

許多學者認爲，儒學在宋代進入了又一個黃金時期，但其實其中的許多儒學者，典型的如程顥、程頤和朱熹和現在許多只知道複製模仿的「剪刀漿糊」學者一樣，只不過是將佛教禪宗、老子、莊子等道家學者以及陳摶、邵雍、張載等少數先賢的思想進行稍微的文字改變而已。如「理、太極、氣」等字的本質和先秦道家的「道」和佛教的「心」「性」一樣，只不過換了個字而已。

大多數學者雖然聲稱獨尊儒學、孔子，強力貶低佛道思想，但其思想中還是明顯摻雜了佛道思想，相比先秦以孔子爲代表的儒家他們的核心思想更接近於佛教道家，只是這些人自知之明不足沒有發覺而已。

而且和學習禪宗一樣，雖然大多數腐儒（**這些人本質並非真正的儒者**）用各種華麗的辭藻來宣揚儒家「仁、義、善、信、誠、忠」等主要思想，但自身思想的劣根性和現實環境局勢，使自己許多時候在實際生活中卻無法做到，典型的便是宋長期受遼、金等北方民族的侵略，而大多數滿口忠義文人卻無法犧牲個人性命、財物等物質利益來保衛國家民族。

當然準確地說，儒家思想也只是表面或者部分主導，因爲許多人哪怕是自稱儒生的文人也做不到完全遵守儒家思想，比如先秦孔子爲代表的大多數儒者既重「文」也重「質」（**實力武力**），孔子本身就擅長射技，而且在許多方面向有技藝的人虛心學習，並不自以爲天下第一，其實這些腐儒—也可以說是文人—在實際生活中的所思所想、所言所行還是明顯受「弱者意識」思想主導。

宋朝禪宗的興盛也是一個反面例子。雖然禪宗表面上興盛，但因爲某些人長期以來的自大輕狂、意志薄弱等典型的「弱者意識」思想，導致了只糾纏於口頭上的「空寂」而不注重自己親證實修，沒有真正修行成佛便輕易妄論阿賴耶識、緣起性空，沒有修行成菩薩卻肆意宣揚大善大愛，沒有修成阿羅漢竟輕視小乘佛學。於是就陷入了「空言狂禪」和「默行邪禪」（**後面將深入分析**）的泥沼而無法自知，永明延壽智覺禪師在著作《宗鏡錄》中就有詳細的描述和深刻的批判。

對於「弱者意識」思想的逐漸蔓延並成爲主流思想，第一個關鍵因素，就是兩晉、南北朝、五代以來特別是元代長期遭受北方民族（**當時被認為是蠻族**）的侵略屠殺，爲了保護國家、家族以及自身的滅亡等，面對侵略屠殺有一點尚武勇敢思想（**本質也就是強者意識思想**）的國民都會以死抗爭，由於不斷地戰爭導致絕大多數有尚武勇敢的國民死亡，剩下來苟活的大都是一些懦弱膽怯沒有多少反抗意識的順民，可以想像，連面對亡國滅種的屈辱都不敢反抗的人，很少能夠產生「強者意識」思想。

最典型的就是元朝，除了大規模的屠殺外（**蒙古統治者曾經一度考慮滅亡漢族以及其他佔領地區的民族，但由於其人員有限、戰線太長疆域太大導致統治壓力增強以及需要可以剝削的下層勞動力等因素而被迫放棄**），將原來的漢人當作劣等國民，在任何時候、多個方面都用各種方式進行嚴酷壓迫。在基本的自尊都無法保留的情況下，一般人哪裡還可能產生多少的高尚思想。有學者認爲蒙古人學習漢人文化、使用漢字、任用漢人爲官等顯示被漢人同化（**漢化**），但其實是幼稚無知的自欺欺人，如果這些學者作爲大多數普通漢人生活在元代，經歷他們所經歷的屈辱壓迫，那估計頭腦會開竅。

元朝之後的中國人整體（**不探討個別**）思想素質出現了明顯的倒退，大多數皇帝大臣、學者文人乃至軍隊將士等中間階層的「弱者意識」思想佔據了主導地位，許多時候出現少數幾個賢臣良將，但他們的背後往往是大多數昏庸腐敗、軟弱無能的文臣武將，特別是大量的宦官心理更是極端變態。最典型的就是大多數戰爭失敗，本書並不是想歌頌戰爭的意義，更不是想崇拜戰爭的偉大，但平和中庸地說戰爭是反映一個國家民族思想層次的最重要標準之一，因爲絕大多數的普通人是不可能寫作說明自己的思想層次的（**當然許多人的自知之明不足也不可能公正客觀說明自己真正的思想層次**），因此涉及大多數人的戰爭能夠比較明顯反映大多數人的思想層次。

當然另一關鍵因素就是科舉制度。

雖然中國隋唐以來逐步建立完善的科舉考試是一個進步的制度、模式，使得一些有才能但沒有家族身份背景的普通人能夠成爲管理民眾的官僚，但由於科舉考試主要內容以文爲主，使得大多數青年都把時間和精力用於讀書寫作等文的方面，而缺少了武術練習，因此導致他們幾乎沒有任何武力，在面對侵略戰爭時，自然也就沒有反抗的戰鬥力。當然這其中各個朝代的統治者也是為了讓自己能夠輕易統治數量龐大的國民，而推行科舉制度。

同時許多時候由於科舉測試者自身思想的不足，無法辨別應試者是否真正具有如其所寫所說的高尚思想水準，還是只是鸚鵡學舌般的模仿先聖的高尚思想，考評的考官只根據其個人的標準關注表面文章的華麗、文辭的優美，使得許多書生為了迎合考官的喜好，把學習的重點投向了華而不實的文章，典型的就是八股文。隨著由此選拔出來的青年擔任中央和地方要職，文人官員在為了維護自己名利的立場下，自私無知地排擠並貶低了武將以及民間一般技藝的地位。另外因為文人官員多擔任地方長官，使得自身的「弱者意識」思想大大影響了當地的百姓（**大多數屬於下層和中下階層**），導致「弱者意識」思想進一步蔓延。

古代日本（**明治維新以前**）沒有學中國以文筆測試為主的科舉制度，近代以前包括近代以來一直採取世襲這一表面落後的制度，雖然不可否認地使許多思想高尚、有真正才華的人不能進入統治階層，導致了日本的落後，但也相當程度上地避免其民族性中滲透文人的「弱者意識」思想，即便學儒從文的也多是武士出身，但日本中、上階層在代代相承和自知之明的自省督促下，保持著一定的自身思想素質水準。

明朝的遭遇和宋朝一樣，首先最高階層，絕大多數（**不是全部**）的皇帝都非常自大自私、無能幼稚、沉迷個人物質享受（**本質就是「弱者意識」思想**）而不顧普通國民，除了明英宗等極個別例外。其次中間階層，絕大多數（**不是全部**）的文臣武將貪汙腐敗、懦弱無能、自大自私（**本質就是「弱者意識」思想**），除了於謙、張居正、王陽明、袁崇煥等極少數人除外。由於中間階層的「弱者意識」思想，導致底層的大多數普通國民士兵等缺乏戰鬥力，懦弱膽怯，只爲了滿足吃喝玩樂等低層次生活方式，典型就是「好死不如賴活」思想，即便死得在英勇，也不如下賤恥辱地生活。因此使得明朝和宋代一樣，不斷遭受各種戰敗屈辱和殘酷的屠殺壓迫。至於明清時期中下、下層代表的許多農民起義軍，其所作所爲許多時候是更加的下劣殘酷，出現大量的燒殺搶掠普通平民的行爲。

同時整體思想素質的倒退也使得「文」的一面較宋朝退步許多，小說的興起便是典型，其很大程度上是爲了適應思想素質下降的大多數普通民眾，因爲閱讀小說比詩詞歌賦更加簡單。此外哪怕像王陽明、洪應明等一流學者的《傳習錄》、《菜根談》等著作中，文詞也比之前要「白話」了不少。雖然有宋應星（《天工開物》）、徐光啓（《農政全書》）、李時珍（《本草綱目》）等少數實學人才，但數量太少，而且這些人也無法成爲當時的主流，大多數幼稚無能的腐儒佔據了主流。

雖然明朝（**包括之後的清朝**）在經濟規模方面提高到了新的高度，但這些無法掩蓋大多數國民思想層次的下降，而且之所以取得這樣的經濟發展，很大的程度是建立在戰亂平息、大量增加的人口勤勞開墾耕種農田等基礎之上，並不能說明明朝（**包括之後的清朝**）國民的思想素質能力高於前面朝代，其實就紡織業、陶瓷業等許多技術而言，甚至仍然落後於先秦的一些諸侯國家，如果春秋戰國時期，各諸侯國家能夠停止戰亂統一發展，那必然取得遠遠超過明朝清朝的經濟成就。

清朝滿族本來和之前如蒙古等遊牧民族一樣，和漢族有本質區別，將他們稱爲中國人是自欺欺人，因此將滿族的思想當做中國人的思想也如無本之木一樣存在本源問題，當然早期擁有強大武力的滿族「八旗子弟」在穩固統治後，也一樣沉迷於各種物質享受而逐漸腐化墮落，和明朝一樣，上至黃帝、中至文臣武將、下至普通國民士兵大多數被「弱者意識」思想主導。雖然表面遭遇不同（**宋明被北方民族侵略，清則被歐洲列強和日本侵略**），但本質一樣，都是由於自身「弱者意識」思想導致的悲慘但相同的結局。從鴉片戰爭開始，不斷戰敗簽訂喪權辱國的協議。戰敗了如此還能夠理解，但即便戰勝了也如此。典型的就是與法國的戰爭，鎮南關戰役使得法國陸軍損失慘重，臺灣戰役也使得法國遠東艦隊元氣大傷無力再戰，但取得勝利的清朝非但不向法國要求賠償（**這是國際戰爭的慣例**），仍然簽訂喪權辱國的協議，回顧歷史宋真宗時期也有如此事例，那就是雖然取得澶州之戰勝利，但卻簽定了屈辱的《澶淵之盟》，這比戰敗都無恥，這只能說明包括皇帝、大多數文臣武將在內的大多數人已經被「弱者意識」思想完全主導。大多數的平民和明朝時候一樣，軟弱膽怯沒有自主自強思想，最悲哀最典型的例子就是，一個清兵可以處刑幾十個上百個平民，即便知道自己會被殺也不敢起來反抗鬥爭，近千年以來積累的「弱者意識」思想已經深入骨髓。

和元代蒙古人一樣，許多人認爲滿族統治者學習漢人文化、使用漢字、任用漢人爲官等顯示被漢人同化（**漢化**），但其實是幼稚無知的自欺欺人。

作爲異族政權，對待漢人也同樣採取種族歧視和高壓政

策來維護滿族統治，從初期的「剃髮稱臣」，到中期的「文字獄」，再到後期爲了維護自身統治權力輕易割地賠款，而不顧及漢人利益，這些都是典型。

魯迅的雜文《隔膜》裏有一段話說：「滿洲人自己，就嚴分著主奴，大臣奏事，必稱『奴才』，而漢人卻稱『臣』就好。這並非因爲是『炎黃之冑』，特地優待，錫以佳名的，其實是所以別於滿人的『奴才』，其地位還下於『奴才』數等。」

從「文」的方面說，清代雖然繼承並進一步發展了漢唐的訓詁學，也從中衍生出考據學、考證學，還被許多人稱爲「經世實學」，但也完全是在瘋狂的文字獄的思想鎮壓下的產物，單純爲學問而學問了，雖然因爲這一學術方式的興盛而出現了許多的考證書文，但思想上沒有創新和升級。無法改變大多數中間階層，特別是中中、中下階層墮落至「弱者意識」思想的趨勢，也無力改變下層大多數普通民眾那種近乎麻木的蒙昧。而且許多考證者捨本逐末，一味侷限於書籍的實際成書年代、作者是否正確，忽略了書籍中的思想意義這一主要方面。

在軍事武力、科技工業的優勢下，西方思想在近代再度大規模傳入中國，雖然也有比日本多得多的儒學衛道士，但一些中國人也像日本一樣趨之若鶩，這主要是因爲在戰敗後感受到了西方國家的強大，許多文人腐儒雖然內心仍舊自負地認爲儒家思想是最高層次的，但也不得不開始關注學習西方。像明末清初時，通過傳教士第一次大幅度傳入的西方思想文明，等就因爲缺少這個宏觀背景，而只在少數有識之士中產生影響，未引起政府和大多數中間階層的重視。不過與日本不同的是，關鍵性的中中階層由於自身「弱者意識」思想層次的限制和意志力的薄弱，很少真正學習並掌握西方的科技、工業等重要技術，大多數人把個人物質利益遠遠放在國家民族利益之上。而下層對西方的感覺也比日本的下層麻木許多，不像日本下層在中間階層的引導下能夠學習一些西方的先進知識和技術，另外在文明習慣上也明顯不如，和現在許多中國人一樣，亂丟垃圾、隨地吐痰等，而且由於思想層次的低下，屢教不改。

清朝瓦解後的中國是一個各路軍閥混亂統治的時期，因爲西方包括日本等列強的存在，一直處於半分裂的狀態，當時的中華民國本質上就是以蔣介石爲代表的軍閥軍權政府，而國民黨成爲統治政黨後，也和之前的清朝、明朝等統治階層以及後來取得統治權的共產黨一樣，迅速由早期的相對清明廉潔墮落到中後期大多數有權官僚的普遍腐敗，而正是這種全面腐敗，才導致共產黨得到被嚴重壓迫的底層民眾的支持，因而迅速成長壯大並奪取國民黨的政權。雖然思想學術界由於西方以及日本學術思想的影響而產生了一個與春秋戰國時代百家爭鳴類似的激蕩期，許多學者直到現在仍然佔據思想學術領域的權威地位，但這些學者畢竟是極其少數的一些人，和之前分析的春秋戰國時期的學者一樣，這些少數人並不是國家民族的主導，無法改變中國被西方和日本等列強侵略羞辱的整體局面。而且絕大多數國民整體的思想仍和清朝差不多，其中雖然有包括一些學者在內的少數高素質爲國家民族不顧生死的中上階層，但關鍵性的中中階層的思想也和清末一樣，幾乎完全被「弱者意識」思想左右，典型代表是許多中央和地方政府的官員以及各據一方的軍閥將領，特別是個人私利重於國家民族的軍閥將領，表面統一導致中國無法真正萬眾一心地凝聚力量戰勝侵略者（**迫使日本投降的關鍵不是國民黨也不是共產黨而是**

美國）。作爲中下階層代表的許多商人以及各個城市的市儈流氓，則爾虞我詐貪生怕死，只想著坑蒙拐騙發國難財以及逃跑苟且偷生，而不是全民一心誓死抵抗。至於大多數的民眾作爲下層也和之前的明清以及之後直到現在一樣，處於懵懵懂懂的半開化狀態，直到連最基本的生存權也被剝奪後才參加革命運動。

新中國的成立，可以說使大部份中國人的思想精神爲之一新，並得到了大幅度的提高，凡是經歷過建國初期的人，都會對當時的良好風氣感慨至深，大量的國外學者專家不顧生命的威脅和金錢美女等物質誘惑，毅然回國爲新中國奮鬥；中央政府高層到地方政府絕大多數人都是真正全心全意爲人民服務，而不是口頭上的虛僞形式；普通的工人農民也是一心爲國家在生產勞動；因此不僅在政治軍事上還是在經濟文化上，取得了連西方人也刮目相看的巨大成就，是近代以來中國第一次真正的崛起。

但隨著「十年亂動」的發生，顛覆了之前良好的思想風氣，當然平和中庸地說，當時的「善、愛」還沒有達到佛法中所說地菩薩的「大善、大愛」，而是一種思想單純幼稚的「弱善、弱愛」，比如很容易受到許多陰險小人的欺騙愚弄，而且在近二十年的混亂時期後，這種思想風氣便大大喪失，不像菩薩那樣思想高尚、意志堅韌，不因外界而改變。

改革開放後到80年代末，西方思想的大幅度湧入，進一步顛覆了大多數中國人思想，在傳入的西方思想中，大大吸收了其中功利自私、物質享受等糟粕部分，卻很少關注追求實力、獨立自主、拼搏等精華部分，之前的思想風氣大大喪失。雖然以前不顧現實敵視、輕視西方方的思想十分幼稚片面，但這一時期盲目崇拜西方的思想更是極端無知。認爲西方哲學等思想文化領域完全領先佛道儒等中國傳統思想文化，自我貶低原先在軍事、經濟等方面的成就優勢，覺得西方人就是比中國人文明禮貌素質高、西方的月亮就比中國圓，《河殤》是其中的典型代表。

而90年代以來，隨著視野開闊，對西方國家、對世界的瞭解逐步增加，雖然大多數的中間階層比以前要相對成熟一些，但大多數中中、中下、下層由於思想幼稚，無法中庸地對待西方人的物質主義、實用主義等思想，反而漸漸陷入了比西方人更加物質、功利、勢利的「弱者意識」思想。

90年代中後期，特別是2000年以來，這種嚴重的功利、勢利、自私、自大、浮躁等「弱者意識」思想成爲了大多數中中、中下階層的主導思想，其思想層次還不如建國初期的那種「弱善、弱愛」，大多數中中、中下、下層爲國家民族奮鬥的思想嚴重喪失（只有少數人還在孤獨、頑強的堅持這種信念），主要的表現是政治領域出現普遍性的貪汙腐敗行爲，經濟領域出現普遍性的投機倒把、坑蒙拐騙等卑劣行爲，社會上出現大量無恥無德行爲。雖然從某種角度來說，這種「一切向錢看」的心態（包括一定的智慧和努力）也很大程度上促進了經濟的發展，提高了許多人的物質生活水準。但在這種思想作用下，許多（不是所有）企業依靠賣廉價資源、賣環境、賣廉價勞動力等粗放方式發展，而不是依靠提升自身技術、改善經營管理來發展，很大程度上導致中國經濟結構升級緩慢、自主創新乏力，許多關鍵領域無法趕上和超越日本、美國等發達國家。

此外物質水準的提高也導致物質享受主義嚴重，典型的像廣東許多先富裕起來的人，把大部分精力放在吃喝玩樂上，炒作「藏獒熱」、「普洱熱」等來炫耀自己的財富和地位，思想層次始終停留在「弱者意識」思想，很少去提高自身的思想素質，許多中下、下層人民連基本的文明禮貌都嚴重喪失了。雖然一直強調「以人為本」、「精神文明、物質文明兩手抓」，但大多流於表面形式，沒有認識到作為關鍵點的思想**（除了極少數天才外，大多數民族的大多數人的先天智力都差不多）**，因此也淪為空言，沒有起到多少實質作用。

每個時代總是會有每個時代的權威，因為無法與先前、後世縱向比較，許多權威在繼承先代的時候往往受自身的思想智慧能力及社會環境局勢等影響，並未真正完全徹底地理解並繼承初創者的思想，反而用自己的思想學說來取代，俗話說「智過於師，方堪傳授」，說明古代自知知人的學者，只有遇到思想才智比自己高深，根性敏銳的人，才能夠把自己的所有學識相授，因為只有這樣才能完全理解自己的思想學識，不被迷惑，更進一步繼承發揚自己的思想學識。而許多時代的權威，思想並未達到相應的高度，導致自己沒有完全瞭解先代**（那些沽名釣譽的更不必提）**，而產生的誤解又大大的影響下一代，許多代以後，教義與創建初期產生巨大的偏差。像佛學注重親身修證，卻出現了許多肆意空談的禪宗子弟；佛宣導一乘之學，但後代卻出現了多種宗派，而且各宗派包括宗派內部派系產生了各種相互打壓的行為。早期道家注重出世淡泊，後期的道學者卻爭執於與佛教爭奪宗教權威地位，早期道家思想中樸素的真人、神人等成了漢化的玉皇大帝、三清真人。儒家宗師孔子強調而且親自行動廣學各種知識技藝、不恥下問，而後世的腐儒文人卻依仗儒學來欺世盜名、爭權奪利，獨自尊大不聽取善意批評，幼稚自大不願學習其他學派思想理論和一般工農等技藝。

本人並不是權威，更不會幼稚希望別人把自己的話當作真理，而且本人也自知並且在書中指明自己的思想觀點存在一定的不足和錯誤，畢竟本書以下包括其他各個章節的內容範圍涉及面太廣而無法完整分析評述，不過不管是批判還是贊同，希望首先能以平和中庸的態度來對待，而不要先抱著某些不理性情緒再來評價書中的內容，當然連佛都不能倖免，更何況本人，無論被批判成主觀唯心論者還是神棍都早已在預料之中。

第二章　《武士道》與強者意識

毋庸置疑，不管日本民族還是外國的學者，都已經把「武士道」作爲概括日本人性格最典型的辭彙，從歷史上來看，「武士道」一詞並不是自武家政權或者武士階層誕生以來就有的，而是由近代著名的日本學者新渡戶稻造博士在其著作《武士道——日本之魂》（《Bushido——The Soul of Japan》）中首次相對於歐洲的「騎士道」而創造出來的，雖然更早的時候曾有「士道」、「兵之道」等詞語，但「武士道」在隨後被絕大多數的外國人包括日本人認同爲最合適的詞語，新渡戶稻造也名躁一時，直到現在日本人還相當的尊敬，將其作爲5000日元的人物頭像就是明證。當然福澤諭吉作爲一萬日元的頭像更明顯地表明了日本政府的用意（後面將詳細分析福澤諭吉）。既然如此，首先便來分析一下《武士道》一書。

雖然《武士道》一書因爲其中對日本武士的過分讚美而被認爲缺乏客觀嚴謹，在絕大多數西方學者（包括中國學者）心中的地位遠不如《菊與刀》，當然這其中很大程度上也是因爲同是西方文化圈的認同感，導致西方學者容易理解本尼迪克特的思想和語言。雖然也不排除《武士道》中確實有對日本武士過高的思想道德描述，而且和西方學者的民族性論著一樣以偏概全，將部分武士的高尚品格擴展到整個武士階層，乃至整個日本民族，而沒有進行深入的層次劃分，但就總體上來說，還是比本尼迪克特爲代表的西方學者以及戴季陶、周作人等爲代表的中國學者所分析的日本民族性的思想觀點要深入、準確一些。

由於此書的本身內容並非自成一完整的體系，而是延續西方學者研究分析民族性格的手法，採用一章一個典型性格的手法來闡述分析。因此這裡也根據其每章的內容來相應地剖析，其間也穿插部分《菊與刀》等著作的相關描述。

第一章為引論，故不再詳細論述。

新渡戶稻造關於武士道起源的認識存在錯誤

第二章中作者認為武士道起源為佛教（**特別是禪宗**）和神道並不十分妥當。如本書《思想》一章中敘述，武士之所以主動接受禪宗也不是因為真心信仰高深的佛法或者更準確地說是禪宗教義，他們修禪主要是為了能更好地鍛煉自己的「強者意識」思想、意志力，也就是對自己的「心」的磨練，從而增強自己的實力，在戰鬥中更加勇猛，以更好、更準、更狠地擊敗對手。其本質恰恰違反了佛教中「大善大愛」的精神，詳細內容前面已經分析。

此外作者認為神道給予「武士道」對君主的忠誠，對祖先的尊敬以及孝順虔敬等思想，這也存在一定的片面，如前一章所分析，早期日本神道只是簡單的鬼神、靈魂信仰，後來借助中國的佛教、道家等思想才逐漸形成體系，其中愛國和忠君的思想並不明顯，只是明治政府成立以來，由於當時的國內外局勢，神道思想中的愛國和忠君思想才成為主流，而且對於日本人「忠君」思想，後面將詳細分析，與其說來自神道，不如說武士受自身「強者意識」思想影響更巨大。

作者後面認為孔子和孟子的思想對武士道影響也非常巨大，也有一定的片面性，雖然不可否認儒家特別是其代表人物孔子和孟子的理論對日本武士乃至整個日本民族影響巨大，其

中的許多倫理準則被奉爲標準，但這主要是因爲背後有古代中國強大的國力作爲堅強的後盾。到了近代，中國國力衰弱被西方列強侵略和蹂躪，西方列強成爲世界的主導強國後，日本人又把西方的思想理論取代了儒學，學習瞭解西方思想理論的人受到尊敬，而那些儒學者被認爲迂腐、頑固。當然在漸漸熟悉西方的思想理論，瞭解到其存在的缺陷後，又漸漸回歸到儒學。具體過程參閱前面內容。

而且縱觀武士的具體生活，武藝修行永遠放在學習儒家聖賢書籍之上，不然就不是武士而是文士了，如作者所說：「中國的孔孟之道成爲日本青少年的啓蒙書籍和成年人處理問題的依據，但僅僅精通這些儒家典籍，並不能獲得人們普遍的尊敬。」相比較而言，武士的武藝也就是實力更加重要。

而且許多武士學習儒家或者禪宗典籍，並不單純是爲了修身，提高自己的思想層次，而是爲了迎合當時社會上的主流觀念，也就是認爲既有武藝（**實力**）又學習儒學經典之人，比那些只有武藝的人更加「強」。這裡要指出的是，許多武士爲了贏得尊敬的舉動，並不是完全是淺薄的表現，只有許多中下階層的武士才如此，當然自我意識稍微覺醒的人，總會有一些表現欲望，希望獲得別人的認同乃至敬佩，大多數日本人如此，大多數中國人、西方人也一樣。

但是思想層次比較高的中上、中中階層並不願意這樣虛僞幼稚地賣弄，比如他們會在以強大的實力擊敗對方後表現出若無其事的樣子，或在戰爭中立下赫赫戰功卻不受封賞而隱居山野。

此外作者也沒有詳細講述作爲武士道主體的武士產生、發展的客觀背景，沒有用歷史的眼光、從整體的角度來分析日本武士，因此產生了本書前面所寫的缺陷—以偏概全地用少數武士的高尚品格來代替整個武士階層。當然這也可能由於作者寫作時的思考疏忽或與當時有關史料不全等因素有關。

日本人的「義理」到底是什麼意思

首先，作者在這一章中將「義」定義爲武士道中最關鍵的準則，但後面卻說「支撐整個武士道的三個支點是智、仁、勇」，表現出明顯的自相矛盾，這本質上也是因爲作者自己也沒有明白「武士道」思想的根本。

作者並沒有準確地爲「義」下一個定義，當然他也無法下一個完全準確的定義，即便「義」的權威學者孟子也只是打了一個「人路」的比喻，而且從作者所引用的兩位武士對「義」的不同觀點也可以證明兩人不盡相同。當然就作者所議論的「武士準則中最重要的準則」而言，雖然很難找到一個最準確的詞，但相比較「義」而言，「思想」更爲準確，所謂的「義」、「仁」、「勇」、「信念」等都包含在其中，而且不同人的思想層次不同，對「義」的理解也不相同，有些中中、中下階層所認爲的「義舉」，在上層眼中可能是幼稚盲目、自欺欺人的行爲，其他許多方面如「誠」、「忠」、「信」也是如此。

許多人特別是中國人不理解日本人衡量是非的標準，平和中庸地說，在一般情況下，日本人很大程度上是由「義理」來支配。不過作者認爲「義理」就是責任的觀點存在一定的片面，那日本人內心中的「義理」到底是什麼呢？

當代日本學者正村俊之在《秘密和恥辱——日本社會的交流結構》中舉例了一些日本學者的「意氣品格說」、「好意

的交換說」、「交際說」、「道義規範說」等主要的觀點。相比較而言，本人比較贊同「道義規範說」的觀點，不過還是與其有所不同，雖然本書序中曾說沒有絕對準確的定義，在此也姑且描述一下，日本人的「義理」可以認爲是：一般情況下，不同時代的日本人受當代主導思想、四周環境等影響而公開或在潛意識中認同的爲人處世的價值準則、行爲規範。

其實「義理」很早就出現在《禮記·禮器》：「忠信，禮之本也；義理，禮之文也。」先秦時通常都將其看作普世的價值準則、行爲規範，和日本人的看法完全相同。

但開頭本人特意點明了「一般情況下」，其實「義理」也並不是絕對的準則，對中間階層特別是中中階層的日本人來說，更具主導地位的是「強者意識」思想。

具體舉例來說，典型的例子可以說是四十七義士。[1] 四十七義士在自身的「強者意識」思想主導下，爲了爲主君報仇的信念，可以做出拋棄名譽、賣掉妻兒來吃喝玩樂等違背一般的「義理」的行爲，但這並不是說他們完全不遵守「義理」，在最終爲主君報仇後，四十七義士又做出切腹這樣符合「義理」的行爲。

近代也一樣，像那些明治、昭和時期極端的愛國刺客，如血盟團之類的組織，只要自身覺得是爲了國家民族，就可以進行各種違背「義理」的極端行爲，而當時許多民眾都報以同情和諒解，如許多軍人武士爲了戰爭勝利這一信念可以實施細菌戰、殘忍屠殺平民等違反一般「義理」的行爲。

二戰後也一樣，許多社員武士爲了企業發展強大，可以

---

1 有日本學者考證認為當時有一人逃走，只有四十六人。

去偷竊技術情報或者依靠政府特別政府保護等違反一般「義理」（**也就是公平競爭**）的行爲。

另外就情愛方面來說也一樣，只要是真心相愛的，中中階層的日本人即便亂倫（**日本人稱為「禁斷」**），如母子戀、兄妹戀等也不在乎。

因此對於中間階層特別是中中階層的日本人來說，自身的「強者意識」思想、信念比一般的「義理」更據主導地位，在「強者意識」思想作用下，爲了自己的信念，就可以做出違反一般「義理」的行爲。

爲了高尚信念而表現的勇敢才是日本人眼中「真正的勇敢」確實如作者一開始所說，由於相對其他民族，日本民族特別是中中階層不怕死的人非常多，因此那些普通的不畏死亡的勇敢很少能夠被別人讚頌，此外有些人（**大多數屬於中下階層**）爲了沒有意義的事情而死的「犬死」甚至會被人嘲笑，當然即便如此，這種日本人也比中國包括西方大多數高喊「誓死報國」的口號，但真正在生死之際就會畏懼不前的人要好許多。

當然深入分析，處於中下階層的大多數武士沒有達到「死的覺悟」也很正常，畢竟對一般人來說肯定會有死亡的恐懼，但其在中上、中中階層的武士身體力行地指導下，關鍵時刻也會不顧生死。像二戰中的日軍，首先站起來號召衝鋒的都是中下級別的軍官（**大多數屬於中中階層**），導致其死亡率要遠比普通士兵高得多，而普通士兵（**大多數屬於中下階層**）也會勇敢地不顧性命地衝鋒陷陣。而魏晉以來的中國中中階層由於自身思想層次下降，關鍵時刻往往無法勇敢地犧牲生命等物質代價，而要求普通士兵（**大多數屬於中下階層**）衝在最前面，後者自然也很少勇敢的戰鬥，而且在戰鬥中越是怕死反而死得越快、死得越多，因此無論是宋、明末期的軍隊，還是清末期、近代軍閥的軍隊，由於大多數（**不是所有**）將領和士兵貪生怕死，導致戰鬥力非常低下，其結局自然也非常悲慘。

當然日本中上、中中階層的勇敢不是單純的匹夫之勇，而是真正的勇敢，爲了保護國家民族或者提高自身實力，必要的時候也會忍受一切屈辱，如本尼迪克特在《菊與刀》描述：

「在歷史上的其他地方，日本人也曾有某些舉動使西方人迷惑不解。……薩摩藩是攘夷運動的根據地，薩摩武士的傲慢、好戰在日本聞名，英國派了遠征軍進行報復，炮轟薩摩藩重要港口鹿兒島。雖然日本人在德川時代也在不斷製造武器，但都是仿造舊式的葡萄牙槍炮。所以薩摩武士當然不是英國軍隊的對手。但這次襲擊卻導致了驚人的意外結局，薩摩藩武士並沒有要誓死報復，反而主動和英軍改善關係。他們親眼看到了敵人強大的實力，於是就主動向敵人請教學習。

這並不是一個單一的事例。與薩摩藩同樣以好鬥和激烈排外而著稱的另一個藩是長州藩。……它從要塞向通過下關海峽的西方商船開炮，由於日本的炮彈品質低劣，外國商船並沒有受損害。爲了懲罰長州藩，西歐各國組織聯合艦隊迅速擊毀了要塞，並索取300萬美元的賠償金，然而這次襲擊卻導致了與薩摩藩同樣奇妙的結局。諾曼論述薩摩事件和長州事件時寫道：「這些曾經作爲排外攘夷急先鋒的藩發生了巨變，不管這背後的動機多麼複雜，這種行爲表明了他們的現實主義和冷靜態度，人們對此只能表示敬意。」

這些例子證明了日本中上、中中階層的武士在必要的時候，即便受到了失敗的侮辱，但爲了本藩乃至整個日本的未來，也會甘願低頭，不像許多中下階層的武士，一旦受到侮辱就盲目地以死相拼。

另外日本中上、中中階層的武士在看到明顯的力量差距時，會敬佩強大的對手，勇敢地承認自己的缺陷和不足，當然更主要的還是不惜代價學習對方的優點，增強自身的實力，使自己也變得強大。同樣二戰後直到現在，許多日本的企業會拼盡全力和對手競爭，但在明顯不如對方時，也會低頭甚至卑躬屈膝地向對方學習。

由於中國先秦時期也存在高思想素質的中上、中中階層，這樣的例子也非常多。

就勇敢和不怕死亡來說，可以回顧一下歷史。

江戶前期由佐賀鍋島藩士山本常朝口述，由一位禪僧整理編纂的《葉隱》一書保存了有關武士道思想的許多記錄，被公認爲比較典型描述「武士道」思想的書籍。其第一卷即稱：「所謂士道，就是看破死亡。」這一思想被許多武士奉爲準則。

具體分析來說，就是武士一直在自己心裏告誡自己，把死亡看作和吃飯穿衣一樣普通的事情，從而拋棄對死亡的恐懼，加強勇氣，鍛煉自身的意志力和決心，藉此在戰鬥中發揮完全的實力。不像許多中國文人武俠小說中虛構的神奇武功，在現實中，許多人都因爲恐懼而無法發揮真正的力量，像一些沒打過架的人在第一次打架時會感到手腳發軟。而且因爲刀劍的鋒利，生死只在一招間、一瞬間，誰能沉得住氣在最關鍵的時刻眼疾手快地出手才能獲勝，因此武士通過對於「死」的覺悟，也就是時刻把自己當作已經死亡來拋開對死的恐懼，從而增強勇氣、磨練意志力，這點和參禪異曲同工。

另外談到日本人的勇敢和不怕死亡，許多外國人可能會聯想到許多古代日本武士，包括一戰、二戰等戰爭中的日本軍人的剖腹行爲。在一般的西方人包括中國人看來，就連一般的死亡也很難做到，這樣痛苦的死亡方式實在太殘忍了，但這樣的行爲也從反面證明了日本武士、軍人的勇敢。

當然在剖腹時所表現出來的從容、無畏、視死如歸，並不是思想層次達到上層的看破死亡和更上層佛、菩薩的超脫死亡，不過也不是完全地虛僞作秀，爲了獲得稱讚（**許多武士剖腹時都沒有大量的普通民眾在場，並不是純粹為了取得別人的稱讚**），而是通過這種死亡方式來表現自身的「強者意識」思想，而且大多數武士憑藉堅強的意志力支撐，才能夠在剖腹的時候表現出面無懼色。

當然日本的許多中下、下層鍛鍊勇敢的方式也體現了其思想層次的低下，比如古代和平時期一些墮落懦弱的武士拿沒有反抗能力的乞丐試刀[2]，現在許多日本青少年通過欺凌HOMELESS（流浪漢）或者闖鬼屋等方式來鍛鍊勇氣。

本書多次強調日本中下、下層在思想層次、實力以及意志力等方面都明顯不如中上、中中階層，許多的中國人、西方人等外國人因爲沒有深入瞭解日本人，而沒有區分這兩部分人，因此就產生了日本人「懦弱、勇敢、暴虐、善良、誠實、虛僞」等片面並且矛盾的觀點，其實只要設身處地地思考一下，西方包括中國等國家的國民也都有不同思想層次、素質能力的人，日本自然也一樣，許多人連自身民族的民族性都沒有比較準確的瞭解，更沒多少能力和資格去評論別的民族了。

---

[2] 日本武士的習俗，新刀要沾過血之後才被認為為真正的刀，才能更好地發揮威力，也稱為「過斬」。

「瞋」性是以武士為代表的日本中間階層的典型缺陷

雖然作者在《仁——惻隱之心》中引用了大量的名人名言來描述「仁」，從而來體現日本武士「武士道」精神的高尚，但這太過主觀片面，本尼迪克特這方面的描述相對新渡戶稻造來說要客觀許多。本尼迪克特說到：「7世紀以來，日本從中國引進了許多倫理觀念，如『忠』、『孝』等。但是中國人從來不把這些倫理觀念看成是無條件的，中國的『忠』、『孝』之上還有更高的道德，那就是『仁』，英文對應的辭彙大概是『慈善』、『博愛』，……統治者不『仁』就會遭到反叛和起義，人們是否對皇帝盡『忠』，前提是看他是否實行『仁政』。地方官員和其他領袖也都把『仁』放在第一位。在整個中國倫理體系中，它是判斷一個人的品德和行爲的最高標準。」

「仁」這一中國倫理的最高點從未被日本接受。日本學者朝河貫一在論及兩個國家的差異時寫道：「在日本，這個觀點與統治制度相矛盾，即使在學術領域也不曾被完全接受。」「仁」被排斥在日本的美德之外，對中國的領袖而言，至少要在表面上「仁」，但在日本絕對是無關緊要的事情。

另外本尼迪克特還列舉了某些日本人誤解「仁義」的例子，她指出：「仁義」缺乏地位，這個詞逐漸被用於描述流氓之間的感情。德川時代有許多以殺人越貨爲生的單刀惡棍（**傳統武士是佩帶雙刀的，只有無賴才會佩單刀**），彼此之間會互道「仁義」，一個惡棍遭到追捕，如果請求另一個惡棍窩藏他，對方因爲害怕報復就伸出了援手，這就叫「行仁義」。到現代社會，「仁義」與違法行爲的關聯變得更加緊密。比如報紙上說：「下層勞工至今仍然在行仁義，必須嚴懲他們。員警應該禁止那些至今仍盛行於日本各個角落裏的仁義。」顯然這裡的「仁義」已經與中國「仁義」沒有任何關係，它指的是強盜的榮譽。」

當然準確地說，本尼迪克特也存在一定的片面，在先秦中國，「仁」並不是最高的思想，從高到低的一般順序是「道、德、仁、義、禮、智、忠、信」，而在儒家思想佔據統治地位後，「仁」的地位才大大提高。

日本統治者爲了維護自身統治而沒有在社會文化中把「仁」宣揚成高尚的道德，更關鍵的是日本中間階層特別是中中階層的瞋性，造成日本社會對「仁」的崇敬程度遠不如「誠」、「忠」等思想，相反地「仁」還容易被看成是意志薄弱的弱者表現，如許多在戰場上（**如同情敵人而放走對方**）或工作上（**如同情身世悲慘的罪人而不嚴格按照法律法規處罰**）的行爲非但很少會被認爲仁慈、善良，還會被主君懲罰剖腹。而許多武士徹底消滅敵人包括受傷的人，反而會被認爲意志堅強，直白一點就是強者。

武士的主要職責就是爲主君戰鬥，打敗敵人，如果把「仁」作爲最高行爲準則，同情愛護所有人包括敵人，那武士也就沒有了存在的價值。

正如作者書中仙臺藩主伊達正宗說：「過於義則固，過於仁則懦」，以及「我們被警告不要沉迷於沒有原則的慈愛」。作爲典型武士的伊達正宗的話，和福澤（**兩人都屬於典型的中中階層**）對於自己導致不幸的「愚民」的蔑視一樣。當然中國先秦時期的士也具有日本武士的這種思想，本質是思想同屬於「強者意識」思想。

近代以來的軍人武士也是如此，雖然不是說他們完全沒有仁愛，但許多屠殺和暴力行爲都表現了他們的瞋性。

二戰後直到現在的社員武士也是如此，爲了自己企業的強大而努力工作，很少同情那些被自己企業淘汰的公司，以及因此而陷入困境甚至自殺的人。

雖然「瞋」性是武士爲代表的日本中間階層的典型缺陷，但本尼迪克特所認爲日本人的「仁義」非常低賤卑鄙的觀點也存在嚴重的誤解，並不是說日本人包括武士沒有一點的善、愛，對於一般人來說是善惡、愛瞋交叉的，能夠每時每刻絕對瞋、惡的人也和每時每刻絕對善、愛的人一樣了不起，就如佛經中所說：「龍象蹴踏，非驢所堪」。

像古代日本武士的決鬥，如果負者求饒，勝者並不會因爲瞋怒而趕盡殺絕，但因爲「強者意識」思想的主導，絕大多數武士在戰敗後會剖腹自殺，與其說想以死來逃避別人的恥笑，不如說以死來獲得勝利者的幾許敬意，直白一點說也就是被對方認爲是「強者」。

另外在遇到明顯的弱者如不會走路的嬰孩、受傷的小動物、柔弱的植物等時，中間階層也會表現出一定的仁慈、善愛，一言一行都十分地溫柔。

日本民族和阿修羅族

日本的大眾影視、小說特別是動漫文化作品中，有大量對於阿修羅的描述，而且其中大多對阿修羅保持敬佩，很多時候用阿修羅來形容那些強大、堅毅但冷酷的武士，很少有貶低侮辱，這關鍵是因爲阿修羅強大的實力。

佛經中詳細深刻地描述了阿修羅，這裡不詳細例舉，而且說多了反而導致許多人懷疑，因此只點一下關於阿修羅典型思想的內容：《大日經》：「云何阿修羅心？謂樂處生死。」現代在西方比較著名的《西藏生死書》指出阿修羅一族的主要性格特徵便是「瞋」，可以說十分的貼切。當然其他佛經中也說明天龍鬼神等也無法克制或者消除「瞋」性，只不過沒有阿修羅那麼明顯，同樣西方《聖經》中的上帝和伊斯蘭世界《古蘭經》中的真主也會對違背他的人發怒並嚴厲懲罰，也體現了一定的「瞋」。

日本民族（**準確地說是中間階層，特別是中中階層**）這一典型性格也不是說有怎樣的特別，非常的普通和普遍，不論古代還是現代，無論東方還是西方民族國家，都存在一定的「瞋」，只有一定以上的菩薩才能完全沒有「瞋」（**沒有「瞋」和一般人故意忍耐克制、無視瞋性有著本質的區別**）。但相對於美國等西方國家民族典型缺陷的貪（**如迷戀金錢、沉迷於食色等物質享受**）等缺陷，日本民族準確地說是中間階層，特別是中中階層的「瞋」更具代表性。

作者講述了一個故事，大概內容是：有個法號蓮生的和尚，曾經是一個武藝高強的武士，在一場戰爭中遇到一位年輕的敵方武士，看到少年武士武藝也非常高強後，決定與其一決高下，他追上少年武士，但當他報出名號，少年武士才發覺自己面前的就是那位天下聞名的武士，在欽佩稱讚一番後，主動卸甲服輸，但爲了不辱武士之名而希望蓮生讓自己光榮地一死，蓮生看到對方還是個尚未成年的少年時也產生了不忍之心，但此時己方的武士已經快追上來了，因此爲避免少年武士死在無名之輩的刀下，而滿足了少年的要求，使其光榮地死在自己的刀下。蓮生被少年武士感動，此後不久也毅然決然地出家，放棄了武士的盛名。雖然其不再是武士，但反而受到了更多的敬佩，成爲世之楷模。

看過《武士道》的人大都知道這個故事的內容，但因爲作者沒有明確點出其中的細節，雖然日本中間階層能很好地理解其中的思想，但絕大多數中國、西方人卻很難理解個中之意，在此便點明一下。首先，蓮生擁有強大的實力，具備了最關鍵最基本的受到敬佩的強大的力量。其次，少年敬佩蓮生的實力，而寧願主動服輸，當然其本身也具有相當的實力並不是因爲無能懦弱，甘願死在蓮生刀下，也表明其不是貪生怕死，典型地突出了武士不懼死亡的高尚品格。第三，導致蓮生被感化的主要原因，是少年武士稱讚蓮生，並且自知之明地主動服輸而不是無禮地挑釁更不是無知自大地羞辱輕視蓮生，使蓮生感覺有所愧疚，當然這並不是說其虛榮，他的實力確實比少年武士高一些。而如果當時少年武士和一般的武士那樣堅決與蓮生戰鬥，蓮生就不會產生不忍之心，相反地也將不顧生死，堅強地戰至最後。第四，少年武士在最後一刻從容面對死亡，進一步衝擊了蓮生的思想，導致其決定出家。當然如果當時少年武士和蓮生大戰三百回合，在充分體現強大實力後還是敗於蓮生，蓮生雖然會尊重這個少年武士，但卻不會被他感化而出家。

蓮生的善愛思想可以說典型地代表了日本中中階層的善愛思想，現在許多中中階層也一樣，比如某人雖然犯了明顯的錯誤，但如果他能夠主動地真心地承認，並願意付出任何代價來承擔責任，大多數中中階層往往會原諒他，甚至安慰同情他。但如果這個人沒有自知之明，犯了明顯的錯誤後仍然不願意承認，甚至幼稚自大地認爲自己沒有錯誤，那絕大多數中中階層就會非常氣憤，甚至恨不得殺了他。

雖然這種善愛思想建立在弱勢的一方一定的自知之明（**主動承認錯誤、承擔責任**）的前提下，和大乘佛教沒有條件的「大善大愛」思想有著巨大的差距，但至少比許多「空談善愛」但心胸狹窄的中國、西方中中、中下階層好一點。

「大和」民族近代以來各種「不和」行為

「仁」的含義很大程度上與「和」相同，而日本民族又自稱「大和民族」，因此再來探討一下日本人的「和」。

中國人、西方人等外國人對於日常生活中的禮儀周全的日本人，很容易理解「和」的描述，但對於日本歷史上內外戰爭特別是最近的二戰中的各種屠殺行爲，又很容易理解「瞋」的概括。但這兩種看似相反的性格其實並不矛盾。之前在蓮生的例子中已經詳細地描述，在此不再分析，而是列舉一些現實日本社會中的事例來加以說明。

雖然在近代以前的日本也存在著許多的「刺殺」行爲，但近代以來，因爲社會的劇烈變動，這種行爲更加明顯。開國初期，便出現許多刺殺西洋人的行爲，內部也一樣，各種勢力相互爲了自以爲正確的思想信念而採取極端的刺殺行動。

特別是二戰前期，各種極端的「刺殺」行爲更是氾濫，1930年11月，浜口雄幸首相在東京火車站的月臺上遇刺重傷，刺客是一個極端民族主義組織的成員。由此開始了一段長達兩年，被日本政治家稱爲「沒頭腦」的愛國主義時期。在此期間，極端的民族主義分子企圖通過暗殺反戰的政府高層來「淨化」日本。1932年初，由一些貧困農民和漁民組成了「血盟團」，領導是井上日召，他原來是一個神道的神職人員，共有十幾位政界和財界高層死於這一組織之手。2月，反對軍事擴張的藏相井上准之助被槍殺。3月，三井財團的總裁團琢磨被暗殺。這兩次謀殺導致這個組織的成員被全部逮捕。5月，就在「血盟團」進行審判時，一個由幾名陸軍和海軍年輕軍官組成的小集團在右翼軍人、國民的支持下發動軍事政變，雖然最終失敗了，但他們刺殺了犬養毅首相，因爲他批評了日本對滿洲的侵略。

凡是反對日本發動戰爭的人全部成爲了刺殺的目標。1936年2月藏相高橋是清被槍擊刀砍至死，鴿派的陸軍總司令渡邊錠太郎將軍和掌璽大臣齋藤實也被刺殺。

這部分人的這些極端刺殺是日本中間階層特別是中中階層「瞋」性的典型體現，雖然當時也有部分日本人士反對侵略中國以及發動戰爭，但無法起到決定性作用。從某些意義上來說，天皇也存在這樣的情況，雖然有決定權利，但如果不是因爲美軍用原子彈展現了日軍無法戰勝的強大力量，即便天皇下令也很難阻止那些中中階層的軍官繼續戰鬥。稍後將在政治部分進行具體分析。

戰敗後，所引進的西方法律體系始刺殺的行爲少了許多，但與之前的右翼相反，出現了各種極端團體如左翼、暴力團等，如20世紀60年代，日本的極端左翼採取「革命的暴力行動」佔領了安田禮堂，並在國會周圍以及新宿、六本木、銀座等地，焚燒警車、襲擊員警。20世紀70年代左翼典型代表的JRA（日本紅軍）也做出了許多的極端行爲。[3]

和西方及中國等不同，大多數日本的左翼和右翼都一樣的極端激進，從本質上來說日本的左翼和右翼都屬於中間階層特別是中中階層，這些行爲也反映了中中階層「強者意識」思

---

[3] 2006年2月23日，東京地方法院下達了一項判決：判處日本赤軍原最高領袖重信房子20年有期徒刑。

想中的瞋性，關於左翼和右翼的具體行爲將在政治部分詳細分析，在此不再贅述。

隨著左翼風潮的退落，可以說20世紀80年代這種極端行爲少了許多，但隨著80年代末以來股市、房市等泡沫經濟的破裂以及更致命的亞洲金融危機的打擊，許多日本企業不是大量破產倒閉就是裁員縮產，由此也導致二戰後「會社信念」這一維護日本社會穩定的支柱思想（**本質也屬於「強者意識」思想**）大受衝擊，許多日本人特別是中下階層思想素質大幅度衰退，由此便出現了大量的犯罪等行爲，其中許多屬於中下階層的青少年的犯罪現象更加明顯。

日本警視廳於2002年8月發佈的調查報告指出，同年上半年日本犯罪案件發生率與2001年同比上升15.9%，達到1,288,400餘起，其中被捕的青少年犯人的數目是61,400人，是過去3年的最高峰。

在過去的10年中，日本的犯罪率增加50%，日本警視廳的統計表明，日本的暴力犯罪犯案率目前是日本過去23年的最高峰，尤其近幾年兇殺、強姦、綁架等暴力犯罪大量增長。

就青少年來說，據日本《朝日新聞》報導，日本文部科學省公佈了一項小學生暴力事件調查。結果顯示，2004年由小學生製造的校內暴力事件多達1890件，比上次調查增加了18.1%，小學生暴力事件之多達到了歷史最高水準，而在中學特別是高中，男生中出現的校內暴力更是遠在小學生之上。而根據2009年底的總結調查，2008年日本有明確統計的中小學暴力行爲比2007年增加了13%，達到了59618件，是過去紀錄中最多的一次。

而除了犯罪外，表現在成人方面還有嚴重的家庭暴力，日本警視廳公佈2007年日本家庭暴力統計數據，其中向警察局報案或諮詢的就高達2.01萬件，總數比06年增長了15.1%，其中女性受害者占98.6%。而且還有許多婦女出於家庭影響考慮，忍氣吞聲地承受著暴力，因此實際數量要遠遠超過上面的數字。

另外日本厚生勞動省的統計（**快報值**）顯示，2007年度日本全國兒童諮詢所處理的虐待兒童事件繼06年度後再次刷新了歷史紀錄，達到40618起，比06年增加了3295起。據日本共同社報導，自從1990年度開始這項統計以來，日本全國兒童諮詢所處理的虐待事件數量逐年遞增，最初僅有1101起，99年突破1萬起，之後僅8年就超過了4萬起。而且03年7月至06年12月受虐死亡的兒童共有192人，也呈現了上升趨勢。

以上事例都一定程度地反映了日本中間階層的「瞋性」，具體來說大多數中上、中中階層憑藉自身比較高的思想和意志力可以比較好地克制「瞋性」（**當然只是相對的比較好**），但大多數中下階層和少數中中階層則很難控制，如前面所列舉的日本嚴重的家庭暴力、校園暴力等，主要行爲人大多數都屬於中下階層。

當然即便近十幾年來日本的犯罪和家庭暴力增加了許多，但總體治安情況相比同時期的西方和中國等國家還是要好一些。

禮是「強者意識」思想的外在表現

說到「禮」，如果要描述一下日本人各種具體的禮儀，光是這本書恐怕也不夠，其細微繁雜程度遠甚於近代以來自稱文明國家的西方列強。綜觀歷史，日本的各種禮儀可以和「禮

儀三千」的先秦中國相媲美，但平和中庸地說，無論禮儀如何的完備，兩者都擺脫不了「瞋」或者說「剛強、熾盛」的本性。而且平和中庸地說，禮儀這種表觀行爲也是思想的反映，所謂禮可以說是人類爲了追求高尚而克制自身下劣的行爲，其本質爲是爲了讓別人和自己認同自身是「強者」，也受「強者意識」思想主導。

作者引用了日本古代著名武士伊達正宗的話：「禮之過甚，與諂無異」同時自己在書中也明確地說「如果沒有更高尚的道德，而只有一般的禮儀，那只不過是虛禮而已」、「雖然我尊重禮的地位，但並不將其看作是最高尚的德行，還有比禮更爲高尚的德行，如果仔細分析，就會發現禮與它們的微妙聯繫」

確實如作者所說，雖然日本人日常生活中十分重視禮儀，但也並不是絕對遵守禮儀，對於大多數日本人來說，當自己行禮後，而對方卻沒有相應地行禮，或者說表現地無禮，那就會非常氣憤，忘了禮節。從反面舉例，日本人許多時候在更主導的「強者意識」思想、信念和堅韌的意志力作用下，就可以做出許多一般義理上認爲是無禮的舉動，從歧視中國人等亞洲人到戰爭中故意屠殺無辜的平民，從二戰後商業競爭中許多商業間諜的「偷竊」行爲到成人電影中許多極端的表演內容等等都是如此，但爲了戰爭勝利、爲了企業壯大贏利、爲了提升產品的競爭力（**直白一點也就是強於別人**）就可以做出上述「無禮」之舉，因此和文字語言等本質類似，禮也只是人類思想的外在表現而已。

另外比如絕大多數日本人很在乎形象，每天都要換西裝、洗澡等等，但爲了一定的目的信念或者工作要求，也可以忍受滿身污穢。此外某些日本人如許多日本男人在醉酒的時候，不像平時那樣有意志力約束，也會做出許多無禮的舉動，如在大街上大吵大鬧，甚至當眾小便。像中國人一般認為「酒後吐真言」，醉酒後的言行都是內心真實的反映，不像平時那樣假裝禮貌、「戴著許多面具」。但日本人卻不大在意醉酒後的言行，比較寬容上面所說的那些行為，甚至體貼地認為這是因為這些人工作太過辛苦。這也可以說是許多日本人自欺欺人的方面之一吧。

而且現在日本人的許多禮儀成了習慣性的動作言語，和下意識的神經反射差不多，比較典型的是說「對不起」，許多日本人動不動就說對不起，不問自己是對是錯，因此某些日本學者就對此進行了批判，他們認為這樣非但不是一種有禮的表現，其實更是一種幼稚無知的象徵。當然相對於目前大多數的幼稚自大等「弱者意識」的中國人來說，更應該向那些把「對不起」當口頭禪的日本人學習，當自己確實犯了錯誤的時候，勇敢地說一些「對不起」，不要被變質的名譽觀念——面子所支配，覺得向別人道歉就丟了面子。

另外在商業上的禮儀，如服務行業中的微笑服務，很多時候並不是出於禮儀，或者發自內心的微笑，而是一種職業要求、職業行為，當然再深入分析，其實日本人的職業精神也屬於「強者意識」。簡單地說，部分人（**多為中下、下層**）是為了生存而工作，部分人（**多為中上、中中階層**）是為了自己的信念而工作，但微笑服務、連夜加班等都是為了做好自己的工作，使自己能勝任或者超額完成工作，直白一點就是使自己成為有作用、貢獻的「強者」，而不是只會拿工資、拖企業後腿、給別人添麻煩的「弱者」。

而中國的許多行業，特別是壟斷性行業的許多服務工作人員，連職業性的微笑都不具備，更不必說禮儀性的微笑和發自內心的微笑了，其無法自知職業性的微笑是自己拿了工資後應該做的工作內容之一，即便工作單位會因爲自己服務態度差而受到損失也不在乎。這部分人也是中國中下階層的典型代表之一。

而中中階層（**具體如許多的文人小說家、政府官員、企業的中上級別幹部等**）雖然禮儀方面要好很多，但客觀地說，虛禮的成分很多。比如表面上表示自己落後，要像強者學習，但真實內心卻仍然自大，沒有真正下決心學習，而且許多人即便學習也沒有頑強的毅力和刻苦的努力。

回想先秦時期彬彬有禮的古人，再看看現在占人口大多數的中下、下層中國人，真的讓人感慨萬千，思想素質竟出現了這樣巨大的倒退，也難怪中國人被許多的日本人、西方人輕視鄙視了。

當然90年代以來特別是2000年以後，許多日本人的禮儀水準也在下降，本質原因是許多中下、下層的思想素質倒退。

另外要指出的是，還有一個重要的細節導致了大多數普通日本人也十分重視禮儀，那就是德川幕府時，武士受到庶民的不敬和言辭侮辱，認爲其無禮時，可任意斬殺，而不用負法律責任。雖然這一細節被許多的中國、西方研究日本的學者包括大多數日本學者所忽視，但可以說這一細節產生的影響比許多佛教、神道、儒家的經典都要深刻，雖然一方面很大程度上導致了一些武士濫殺無辜，因爲許多行爲並非無禮，只是由於那些武士過分敏感，但另一方面也提升了農、工、商等平民階層的禮儀言行。稍微設身處地地想像一下就可以理解，如果因爲自己一時的無禮舉動會被斬殺，而且責任不在對方而在自己，那肯定時刻注重禮儀，因此在當時即便是下層的日本人，言行舉止也非常有禮貌，這樣的表現延續到了現在。

而且再做一個設想，對於目前中國大多數中下、下層隨地吐痰、罵娘等不文明行爲，如果政府規定做出這些不文明行爲的人以死罪論處，那估計殺過幾千人後，這些不文明的行爲能馬上糾正，比宣傳強調千萬遍禮教理論有實效地多，當然這種極端的方法在現在無法實行，這裡只是想說明一下上面的細節對日本人產生的重要影響。

細節性分析武士具體事例來剖析日本特色的「誠」

日本人所說的「誠」或者「至誠」，不是現在中文中簡單的「誠實」、「真誠」，和中國古代儒學學者對「誠」的定義已經產生了相當的偏差，如孔子所定義的：「誠者，天之道也；誠之者，人之道也。誠者，不勉而中，不思而得，從容中道，聖人也。誠之者，擇善而固執之者也。」

日本人的「誠」可以說明顯受到「強者意識」思想的影響，許多時候它的含義已經和忠、信、義等重合，但又不完全等同於這些思想，許多時候符合義理，但許多時候也可以違背義理。對於「日本式的誠」，與其下一個理論定義，不如從一般日本人都認同爲「誠」的人物事件上來進行細節化分析。

第一、四十七武士

當主君被人陷害後，這些武士出於「誠」（**和忠、信、義等重合**）的思想，爲了報仇可以做出說謊、賣掉妻兒、沉溺酒色這些喪失名譽的事情。同時在報仇時不顧生死地勇敢戰鬥，在報仇後爲了武士的尊嚴而剖腹自殺。

細節化分析，正是因爲之前那些反常的行爲，雖然這些武士暫時被別人誤解爲喪失武士品德的懦夫，但在最終成功報仇後，一般的日本人感覺到他們相比那些直接復仇的普通武士願意暫時付出喪失名譽、被人恥笑等代價，因此具備了更堅定的信念、更堅強的意志力、忍耐力等崇高品格，因此更明顯地表現出了他們的「誠」。許多直接復仇的普通武士可能只是因爲一時的衝動而復仇，或者爲了不被別人恥笑而復仇，他們的思想、行爲就未達到「誠」的高度。

第二、新選組

雖然作爲幕府的一部分，看似違背歷史的潮流，但這些人爲了自己的信念而不顧生死地英勇戰鬥，他們也和維新志士一樣爲了保衛國家民族，而不是爲了爭奪金錢權利等低級欲望，只是由於方式方法不同，因此爲了各自的信念而相互戰鬥。新選組中許多武士所體現的出來一些高尚思想品格、強大的實力，也讓許多的日本民眾並不因爲他們站在歷史潮流的反面而仇視他們，仍把他們看作「誠的志士」。

對於一般的誠實，如作者所說「武士注重承諾，並不是直接寫在紙上，而是口頭承諾。如果寫了契約來保證實行諾言，那麼就是對武士名譽和身份的侮辱。」

不過這種誠實也是建立在武士自省的基礎上，比如武士和商人的商業交易，並沒有明確的書面約束，主要依靠自知之明來維持誠實。當然從歷史來看，大多數武士確實比較好地保持了誠實，武士發生失信、無賴的事件也較少，因爲大多數中上、中中階層的武士寧可自殺也不願意失信受辱，因此很少爲了金錢而失信受辱，《菊與刀》中也描述許多日本人（包括武士和平民）由於無法還清債務，而選擇自殺來挽救自己的名譽。

這從反面體現了中上、中中階層武士確實有較高的思想道德水準，當然90年代特別是2000年以來，日本人失信、欺詐行爲也大大增加，但相比較而言，仍比中國人要好很多，90年代特別是2000年以來，許多中國中中階層雖然也輕言「誠信」，但由於自身思想層次不足和意志力薄弱，現實中失信的情況比日本中中階層多很多，至於中下階層那就更不用說了，許多人甚至連失信的羞恥感都沒有了，更不必說以自殺這樣巨大的代價來維護「誠信」了。

日本人強烈的名譽觀有時候反而誤入歧途

《名譽》一章可以說比《禮》一章更加直接反映了日本中間階層的「強者意識」，各種的禮儀大多數時候就是爲了獲得名譽，當然獲得名譽的本質就是被別人認同爲強者。但需要指出的是，雖然中間階層非常重視名譽，但並不是故意炫耀名譽，讓所有人都崇拜自己，大多數中上、中中階層有時候做出了巨大的貢獻，但寧願隱姓埋名，當然這不是說他們像佛、菩薩那樣完全看破名譽，而是感受到了自己的人生價值，換句話說，也就是自己認同了自己的名譽（**這不是自大，確實有這樣的實力**），這樣已經足夠了，不一定非要得到別人稱讚。而許多中國和西方的中中階層則比較膚淺，非常希望得到別人的崇拜和讚揚，不願意做默默無聞的無名英雄。

之所以說名譽思想是表面思想，和在《禮》中所論述的一樣，在更具主導的「強者意識」、更加強烈的信念和堅韌的意志力下，日本中間階層特別是中中階層就可以做出許多一般義理上認爲是有損名譽的舉動，前面已經詳細分析。

當然從更高的思想角度來評價，因爲自身思想的受限，日本中上、中中階層的武士，包括先秦中國的俠士，許多都爲了所謂「榮譽、尊嚴」的義舉（**為了「虛名」而做出一些極端行為**）也陷入「虛榮、幼稚」的境地。比如古代許多武士和近代的軍人爲了榮譽而斬殺敵人，雖然也是爲了主君或者國家民族，而不是因爲自己兇殘嗜殺，但從佛教思想來看，也非常的幼稚甚至罪惡。

另外如作者敘述：「可恥是對犯錯的少年最嚴重的責罵，由於一些極其瑣碎的事情，甚至只是想像中的一點侮辱，易怒的武士就會拔刀相向」、「一個商人不經意提醒一個武士他身上有蝨子而被殺」、「有些人一不注意跨過武士放在床鋪上的刀而被斬殺」等例子，也表現許多中下階層武士的變質名譽思想，無法忍受被等級低於自己的平民指出自己的缺點，即便這些意見十分公正。而且如果對方提出自己的缺點時口氣比較重，語言比較直白，他們也很難接受。

近代大多數日本人也是如此，由於當時中國包括亞洲遭受到了西方列強的蹂躪，黃種人受到了嚴重的歧視，因此許多日本人，特別是以軍人武士爲代表的中間階層，在變質的名譽觀作用下，恥於被西方人認爲自己和中國人包括其他亞洲人同一種類，因此曾經一度出現了「脫亞入歐」的狂潮，在服裝等外在方面極力表現得像西方人，當然隨著極端民族主義的發展，盲目崇拜西方人的現象有所緩和。

二戰後，許多企業中屬於中下階層的員工，也無法客觀地對待別人的批評，改正自身的錯誤。如果必須提出批評，大多數日本人也會採用非常委婉、微妙的方式，從而保護對方的名譽。當然思想層次比較高的部分中上、中中階層來說，如果自己真的存在缺點，或者犯了錯誤而對別人造成了麻煩，即便面對直接的嚴厲的指責也會誠心地接受，並願意承擔相應的責任，哪怕要付出生命等代價。

日本人「忠」的傳統觀點存在片面性

許多學者特別是西方學者認爲作者存在「過高的道德熱情」而出現許多的主觀描述，「忠」便是其中一個典型方面，對於「忠」而言，本尼迪克特要客觀地多，明確地指出日本歷史上也出現過許多的不忠之事，武家社會也一樣，典型的是日本歷史上戰國時期出現的一段「下克上」（**非主家親屬的家族內大老代替原來主家**）風潮：在應仁之亂以前，無論把持朝政的公卿，還是統治地方的大名，基本上還是出自平、源、藤原三個家族，但細川家族的三好長慶卻奪取了主家的地位和勢力，成立了三好家，這是第一個並非上三族的成員，卻成爲大名的人。從此以後，許多各地的強力豪族武士紛紛脫離主君，依靠實力而不是血統來取得地位。典型的有尼子經久、北條早雲和齋藤道三。（**當然中國先秦特別是戰國時期也有類似家臣叛逆事件，典型的便是三家分晉。**）

武士（**中間階層**）的「忠」（**另外族人對「一族」、村人對「一村」的忠心也是如此**）雖然沒有像日本學者描述的那樣完美，但也並不是像許多西方人和中國人想像的那樣虛僞不實和單純淺顯，綜觀日本歷史包括先秦中國的許多「忠」的思想，深入地說是爲了「自己的存在」或者因爲「自己的認同」，本質是出於自己的思想，當然再進一步說是自己的「強者意識」思想。此外除了自身思想的內部因素外，與外部的因素也就是自身所處時代的社會（**具體為絕大多數人**）主導思想也有很大關係，如受日本社會自古以來主導思想的「強者意識」，一般民眾都會敬佩不惜性命忠於主君的武士。對於許多武士特別是中下及部分中中武士有很直接的作用，爲了得到別人的尊敬而犧牲自己的性命去「盡忠」，當然這並不是說這些武士都是貪慕虛榮的人，但確實很在乎別人對自己的看法，現在相應階層的日本人也一樣。這點相應階層的西方人倒是要淡泊許多，這也可以說是其自我思想、個人主義中比較好的一面。

具體地分析武士忠君思想，首先要明確「君」的概念，這也可以從另一方面瞭解日本武士的「忠」。這裡的「君」並不是單純的天皇，對於大多數中世武士來說多爲自己所屬藩國的藩主大名，對於大多數近代軍人來說主要是天皇，而對於二戰後的會社員工來說多是上司。而且再進一步明確，中上、中中階層的武士、軍人、會社員工忠的「君」是和自己關係最緊密，得到自己認同、尊敬的人（**直白一點說就是強者**），而並不是職位最高的人。當自己認同尊敬的「君」和最高領導相互衝突時，往往是追隨前者而不是後者，哪怕後者的地位更高，在名義上更接近「君」。當然在大多數時候，前者往往也有自己認同尊敬的「君」，從而通過縱向結構，層層遞進直至最高君主。

再進一步分析，日本人的忠誠的思想信念，首先需要將其明確區分爲中上、中中階層和中下、下層兩部分來說明。

就舉《菊與刀》中的例子，弁慶就是中中階層典型代表，他自身擁有強大的實力，一般時候即便遇到明顯強於自己的對手都會頑強戰鬥，哪怕被殺也不願低頭，不會屈服。但義經具備遠超越弁慶的實力，輕易將弁慶打敗後，義經非但沒有侮辱他也沒有殺他，更是沒有勝利者的傲慢架子而屈身用言行感化他，使得弁慶的心被真正感動，產生了盡忠報恩的思想信念，同時在堅強的意志力作用下，哪怕到死也不放棄這個信念。當然有些主君像義經那樣具備比忠於自己的下屬更強大的實力，但也有些主君沒有更強大的力量，不過許多中中階層的武士在受其思想感動下也會誓死盡忠，如當他們貧困或者身處險境時施以知遇之恩。而先秦時期如豫讓等俠士至死不渝的忠心也是因爲受到主公的知遇之恩，其忠心的程度比日本的武士有過之而無不及。

另外近代以來的中中階層的軍人武士也是如此，本質和古時那些中中階層的傳統武士一樣，將忠於天皇、建立大東亞榮圈等作爲自己的真正信念，因此才願意不惜犧牲生命等一切物質代價，死亡的時候仍然大喊「天皇萬歲」。

著名動漫作品《死神》中有一個事例，一個叫更木劍八的人物擊敗了一個隊長，從而取代他成爲隊長，那個隊長原來的下屬雖然名義上已經是自己的下屬，但他仍然忠於原來的隊長，因爲他曾經受到他的恩情，從內心認同他爲自己的「主君」，因此他寧願脫離自己的小隊甚至投靠敵人來採取報復行爲，更木劍八將他比作「藤」，指出他只有借助纏繞「樹」（也就是強大的主人）才能活下去。而現實中許多中中階層對於自己認同尊敬的「君」的至死不渝的忠心也是如此。

這可以從反面舉出一個例子來說明武士對主君的「忠」的本質，德川家康有個家臣武士，因爲被德川嘲笑是個會被魚骨頭卡死的傢伙而感覺自己受到了侮辱，於是發誓要進行報復，挽回自己的名譽，於是他背叛德川，投奔敵人，幫助敵人攻打德川。[4]這個例子很明顯，說明許多武士在自己的名譽受

---

4 先秦中國也有類似的例子，《戰國策》中山君饗都士篇：中山國君宴請名士，大夫司馬子期也在場，因為惟獨沒有分羊羹給他，一氣投楚國，勸楚王攻打中山，最終導致中山君亡國。

侮辱時，也會選擇放棄「忠」，當然那些面對侮辱仍忠心不二的武士更會得到敬佩，當然和晉以來中國的許多君主不一樣，日本的主君也很少隨意侮辱自己的武士，德川只是一時失態才說錯話，因此這樣的背叛很少。

而且有些主君（**中國先秦時代也有許多例子**）還抬高自己的武士降低自己身份，如用請求而不是命令的口吻來給武士委派任務，從而使其感動，甘願失去生命也要完全這個任務。因爲在嚴格的等級制度下，上級能向下級如此謙卑，非常了不起，下屬的武士往往會加倍努力完成任務。在二戰後日本經濟飛速發展時期直到現在，許多企業的領導也廣泛採用這種方法，採取拜託的口氣來給下屬佈置任務，即便沒有巨大的物質報酬甚至有生命危險，下屬也會在所不辭。

當然在90年代中後期以來及現在，許多日本人主要是中下、下層自我意識膨脹甚至變得極端，甚至比西方人和中國人更自我或者說自私，這也是日本人「強者意識」思想中容易極端這一不良方面導致，沒有自己願意盡忠的對象。但客觀地講，中上、中中階層還是沒有多少變化，遇到真正值得尊敬、獲得認同的人，還是甘願效忠並願意爲其獻出性命。

就中上階層來說，由於思想層次比較高，大多數人很少（**不是沒有**）有個人崇拜思想（**當然也有一些忠的是對自己有知遇之恩的人**），但他們並不像中國許多文人那樣自以爲是，他們也具備強烈的「忠」，不過準確地說，他們忠的與其說是主君，不如說是自己的國家和民族。

另一類雖然沒有前者的感人經歷，但是大多數的主流，這類武士以中下、下層爲主。

由於歷史等許多傳統，大多數武士出身便有歸屬的主君，在社會主流思想主導下，大多數武士都會跟隨主君戰鬥，很少會背叛。像前面談到的義經，雖然有超過自己哥哥的強大實力和人格魅力，但由於沒有一定數量的家臣武士而最終導致其失敗自殺。同樣近代以來，許多中下、下層對明治、昭和天皇的忠心也一樣。大多數人一生下來就被家庭社會以及學校教育要忠誠於天皇，而且對於中下階層軍人來說，政府也經常發放一些「禦賜」的煙酒等讓他們產生盡忠、報恩心理。二戰後，也有許多屬於中下、下層的會社員工是出於工資福利等因素而爲企業努力工作，並非像中上、中中階層那樣出於自己的思想和信念。

就中國來說，春秋戰國時期絕大多數中間階層的忠心，也基本可以和日本的中間階層相對應。雖然當時許多人也存在背叛的行爲，但還是存在一定數量的忠心之士。而魏晉以來，因爲中間階層特別是中中、中下自大幼稚等「弱者意識」的逐漸盛行，並佔據思想主導地位，絕大多數中間階層自身思想層次大大下降，忠誠之士極其稀少，信義之舉非常難得。文人典型的自負輕狂、自我第一等思想逐漸蔓延到將士大臣以及農工商等各種人群，大多數人不再發自內心真正忠心地追隨別人，大多數下屬對上級的服從只是勢利（**或者說是勢權**）的行爲，一旦上司倒臺就立刻轉變態度，有些甚至落井下石。

戴季陶《日本論》中認爲武士忠於主君就是因爲雇傭關係，概括得比較表面也比較片面，對於許多中下階層的武士來說確實如此，如北條氏抗元後無土地分給有功武士，破壞了潛規則，許多武士鬧事。但這顯然不能概括中上、中中階層。

雖然不像中國晉以來的大多數文人那樣會用華麗的言辭來表現忠誠，但日本的武士憑藉實際的行動，比中國那些只說不做、多說少做的文人要高尚許多，如四十七義士不但很完美地詮釋了「誠」，也完美地詮釋了「忠」，其他菅原道真的舊臣源藏報恩的故事。**（中國的先秦時期也有類似故事，比如晉國趙氏門客程嬰夫婦將自己的兒子替代趙氏孤兒）**

日本人對於「忠」的敬佩，包括對「誠、勇、信、義」等思想的敬佩，從本質上來說，敬佩的對象與其說是行爲主體，不如說是這種思想本身，比如古代許多日本武士對於許多表現出「忠」的敵方武士也會產生相當的敬意，近代一些日本軍隊將領非常敬佩楊靖宇等中國抗日名將，但並不會因爲敬佩對方而放棄戰鬥，爲了更主導的自身信念還是會竭盡全力與敬佩的對手戰鬥。

當然以平和中庸的心態來分析，許多的忠誠之士的思想和動機也並沒有達到上層思想境界，很多時候，那些忠誠之舉並沒有真正促使整個日本民族、日本社會的和諧健康發展，典型的就是二戰，雖然許多日本軍人忠誠地、不顧個人生死地作戰，但反而幾乎將日本引向滅亡。

下面再分析一下《菊與刀》中「忠」的段落：

1、「當日本在1945年8月14日投降時，全世界都無法相信他的行爲。許多瞭解日本的西方人士都認爲日本不可能投降。他們堅持認爲，幻想那些分佈在亞洲和太平洋諸島上的日軍放下武器是天真的。日軍的許多地方部隊還沒遭受過失敗，而且他們還相信自己的戰爭是正義的。日本本土也到處充滿了誓死頑抗之輩。先鋒部隊只能是小部隊，而且如果前進至艦炮火力圈之外，就會非常冒險。在戰爭中日本人絕不會停止，他們是好戰之徒。這類美國分析家沒有考慮到「忠」的作用。天皇下了詔書，戰爭就結束了。在他的聲音尚未廣播之前，反對者們包圍了皇宮，試圖阻止停戰詔書的宣佈。但在詔書宣佈後，他們就主動接受了。不論是在滿洲、爪哇，各地的司令官沒有向東條那樣提出反對意見。我們的部隊在機場著陸後，受到了禮貌的歡迎。一個外國記者寫道：早晨著陸時他們還緊緊地握著手中的武器，到中午時就把武器放到了一邊，到了晚上便悠閒地去購買生活日用品了。日本人現在是用遵守和平的方式來使「陛下安心」，而在一個星期前，他們還付出自己的生命甚至用竹槍來擊退西方的野蠻人來使「陛下安心」呢！」

對於日本人準確地說是大多數普通的日本人（**中下、下階層**）投降前後如此之大的反差，並不是像作者所認爲的絕對「忠」於天皇的命令，這只是表層，其實質是由於天皇的投降詔書的頒佈，對於普通的日本人（**中下、下階層**）來說，可以名譽無損的不再打仗，他們開始對戰爭的狂熱也是因爲政府軍隊的廣泛宣傳，在日本形成了一個爲戰爭不惜一切的絕對價值觀和人生的衡量標準，厭惡戰爭、不爲國而戰就會被周圍其他人恥笑，無法在日本社會生存立足。這從戰後特別是90年代以來，許多老兵吐露討厭戰爭的真實內心可以佐證，包括十分著名的「神風特攻隊」，不少參與的飛行員在自己的日記中明顯地表露出對戰爭的厭惡（**也有一部分真正把日本高層所大肆宣揚的戰爭意義看作自身信念，從而去自殺襲擊的，在日本人看來這些才是真正的武士**）和對這次必死任務的恐懼（**只是沒有明顯的表露出來而已**），但在當時的社會主導思想下，他們如果不自殺攻擊不但自己的名譽地位沒有了，而且家人也將被其他日本人歧視排斥，自殺攻擊雖然失去了寶貴的生命，但其他就能夠保全了，這對把自己生命看作最珍貴的西方人是無法理解的。當然那些發佈出來照片上，隊員執行任務前安定自如的表情，也

是在其堅強的意志克制下所表現出來的。

而對於日本的大多數中中、中上階層（**中級、上級軍官**）來說，即便投降詔書下發，寧可剖腹自殺，也不願承認失敗投降；有些被美軍卡車拉著遊街、在趕赴刑場槍斃的途中，始終高昂著頭顱，表明自己毫不屈服、毫不害怕。

至於為何日本人在美軍登陸後很少去用武力反抗，對於大多數中下、下層來說主要是不想、不願意、害怕的原因。對於少數中中階層來說，因為天皇已經宣佈投降，自己再戰鬥會陷入不忠的境地，同時整個社會也形成了日本戰敗的思想共識，另一方面也是因為美軍具有強大的實力，產生了一定的敬畏，所以在多種因素的作用下，很少發生大規模的反抗，雖然由於一些美國士兵強姦日本婦女等引發了一定的公憤，但沒有形成大規模的回應。而大多數中上、中中階層在「強者意識」思想作用下，為了日本民族再次強盛的信念，暫時忍受各種屈辱，而不進行極端的武力報復，通過努力奮鬥，發展並壯大企業，來促使日本的重新崛起。

2、羅裏曾描述這麼一件事：在一次軍事演習中，一位軍官帶隊出發時下令，沒有他的允許不能喝水壺裏的水。日本軍隊的訓練強調能在困難的條件下，連續行軍五六十英里。這天，20個人由於口渴和疲勞而倒下，其中5人死亡。當打開他們的水壺檢查時，裏面的水一點都沒有被碰過。那位軍官下了命令，他的命令就是天皇的命令。

這個事例所發生的原因其實並不完全是因為日本士兵的「忠」，許多士兵不喝水並不是因為長官的命令或者天皇的命令，而是因為他們怕偷偷喝水會被別人看不起，直白點說也就是被認為是弱者。其他如70、80年代許多員工下班後仍然長時間加班，也是爲了不落後於同事，直白點說也就是被認爲是弱者。其他比如像比較特別的成人電影行業，許多導演和職業或者業餘女性演員爲了自己的作品不輸給別人，而做出許多明顯超過正常性行爲的極端動作。

武士的教育和訓練關鍵在於培養「強者意識」思想

關於武士教育，作者認爲：「武士教育所培養的最重要的是氣質。而獲得思考、知識、辯才等能力是次要的。」

這一觀點非常深刻，確實對於武士來說，強大的武力是基礎，但真正要從強大的武士進一步上升成爲偉大的武士，更重要的便是思想、人格品質（**也就是氣質**）的鍛煉。日本最偉大劍客之一的宮本武藏就說過：「一流的劍客必須有兩隻明亮的眼睛，一隻眼睛用來觀察外在世界，另一隻眼睛則用來觀察自己內心」。山鹿素行《士道》也說：「大凡武士之職，在於自省其身……」

武士關於思想、人格品質（**也就是氣質**）的鍛鍊很多時候表現爲「忍」的修行了，而「忍」很大程度上和下一章的「自我克制」重合，或者也可以說「自我克制」的主要表現就是「忍」，但平和中庸地說，日本中間階層特別是中中階層的「忍」並不是佛法中所闡述的「真正的忍」，後者是爲了克制並進一步消除我、瞋、慢等劣根性，而前者是利用忍耐積蓄力量，爲了在更合適更關鍵的時候爆發出更「強」的力量。

下面再分析一下《菊與刀》中描述武士忍耐的事例：

「關於武士的忍耐有很多著名故事。他們不能輸給饑餓，如果奉命不吃東西，他們即使非常饑餓，也要裝出剛剛吃完飯的樣子。俗話說：『幼鳥叫喊著渴求食物，但武士卻口含

牙籤。』在過去的戰爭中這種情形最大程度地表現在那些受傷的士兵中。沒有人輸給疼痛。日本人的態度就像回答拿破崙的那個少年士兵：『受傷了？不，陛下，我被打死了！』。武士臨死前不能顯露出絲毫痛苦的表情，他必須忍受任何痛苦。1899年去世的勝伯爵說過，他小時候睪丸被狗咬傷。他出生在一個武士家庭，但他的家庭已經窮得像乞丐一樣了。當醫生給他做手術時，父親用刀指著他的鼻子說：『如果你哭一聲，我就會用刀殺了你，至少這樣不會讓你感到恥辱。』」

作者將其歸結到「義理之圓」（**後面一節將詳細解釋這個名詞**）並不合適，其實這本質上是武士不願意因爲自己無法控制饑餓、疼痛等小事情而顯露自己的無能，被別人看成弱者。

另外後面所說「武士將自己的內心感情表現在臉上，被認爲是缺乏教養」、「在日本人看來，對陌生人大聲講述內心的感情，簡直是不可思議的」等話語也是如此，因爲這樣會被別人認爲自己思想淺薄，或者說容易被別人看穿，直白一點就是弱者，這些都是受自身的「強者意識」思想影響。當然進一步說，這主要指中中階層，屬於中下階層的武士也常常將喜怒表現在臉上。

就後面的例子來說，武士也並不是完全鐵石心腸，不願意向別人透露自己的內心情感，有時候只要對方先向自己講述真實的內心情感，獲得自己的認同後，許多武士（**特別是中中階層**）也會袒露自己的內心情感，彼此也將成爲摯友。

克己也是為了培養「強者意識」思想和意志力

克制自己本身就是武士的教育和訓練的一項主要內容，因此從縱向上來看，可以和上一章結合，從橫向上來看，又可以和《菊與刀》中「自我修行」一章結合，書中描述了日本人的克制和「自我修行」的例子主要有：克制睡眠，洗冷水澡、忍受饑餓、站在高柱子上等。爲了能夠進一步深入分析，本人將兩者聯繫起來。

作者認爲：「在武士道中『勇』的訓練要求武士在任何難以忍受的痛苦下一聲不吭，『禮』的教育又要求武士不能輕易表現自己的悲哀或痛苦，從而不影響到別人的快樂和寧靜。這兩方面相結合，最終形成了日本表面禁欲主義的國民性格。」

平和中庸地說，許多外國學者心中對於日本人的禁欲觀和縱欲觀都比較片面，舉一個簡單的例子，就是日本人的性。有些人根據古代武士的許多事例就認爲日本人對性是禁欲的，但有些人根據古代大量的妓院和現代大量的風俗店又認爲日本人對性是縱欲的，都存在一定的片面性，要真正理解日本人的性思想，需要和思想信念、意志力等因素結合起來思考分析。

一般來說，只要條件滿足，一般人對性都有相當的需求，日本人如此，西方人如此，中國等其他國家的人也是如此。因此不能說日本人特別是日本男人縱欲，當然「剛強、熾盛」的心性也一定程度上造成其對性的需求比較強烈，許多日本男性即便年齡很大也仍保持著頻繁的性生活。但與其他國家人不同的是，在思想信念、意志力作用下，日本中間階層特別是中上、中中階層在許多關鍵時刻可以很好地控制性欲，從而讓許多外國人產生了禁欲的片面觀點，在意志力方面，西方人明顯不如日本人，大多數人無論男女對性的熱衷（**說西方人縱欲或者性混亂也比較片面**）就是證據，而且許多人把性和愛情混淆。其實大多數西方人對性的熱衷本質也和吃美食等一樣屬於物質享受，是物質主義思想（**下層「強者意識」思想**）的反映而已。（**具體將在後面關於日本人的性與情中詳細論述**）

因此作者認爲日本人是「表面禁欲主義」比較正確，只不過沒有具體地分析，本尼迪克特認爲日本人的「自我修行」的內容大致可分爲獲得技藝以及比一般技藝更高級的專業能力，她所謂的「比一般技藝更高級的專業能力」點到了一定的本質，但沒有深入分析到思想信念、意志力等方面。

不僅性，其他許多方面（**如一方面非常講究食物的精美，另一方面也可以頑強地忍受饑餓**）也都可以按照上面的分析。

就前面所說「克制自己」很大程度上依靠堅強的意志力來支撐，下面來說說日本人的意志力。

大多數日本人特別是中間階層的日本人有一種「意志力迷信」，認爲無論學習何種知識技術、從事何種工作、執行何種任務，都需要意志力的支撐，比如沉著、冷靜等心態很大程度也需要意志力的支撐，事實上很多時候確實也是如此。許多古代日本傳統武士和近代軍人武士能夠不貪生怕死、英勇戰鬥，二戰後的社員武士能夠不顧身體疲勞、長時期高強度工作很大程度就是依靠意志力，當然思想信念更具主導作用，不過後者和意志力相互影響。

而以大多數中國文人爲例，如果有堅強的意志力支撐，就可以很大程度上克服自身自大輕狂等「弱者意識」，最直接的就是屬於中中、中下階層的清末軍隊將士，如果有一定的意志力支撐，在第一次鴉片戰爭中不貪生怕死地英勇作戰（**當時中國的人力、物力佔據明顯優勢，武器的差距也並沒有想像中那麼大**），那中國的近代史可能就會完全改寫。當然再回顧歷史，從魏晉以來，許多時候的中國也是一樣，如果大多數軍隊，有堅強的意志力支撐，那中國也不至於總是付出慘重的代價。

不過雖然意志力確實非常重要，但日本式的意志力和佛教中所描述的那種「定力」還是有本質上的區別，也就是在於思想層次的差距，日本中間階層「強者意識」思想與上層的道家或者說佛教小乘思想尚有一定的距離，更不用說上層之上的大乘菩薩思想和最上層的佛的思想了，因此日本中間階層特別是中中階層雖然在許多時候意志力非常頑強，甚至面對死亡也不退縮，但大多數時候還是無法克制自身的「瞋」性。

自殺和復仇是中中階層思想極端的體現

說到自殺，不可否認，日本的自殺人數無疑是世界上最高的國家之一，21世紀以來，每年都高達3萬人左右。一方面是因爲大多數日本人擁有鬼神靈魂信仰（**本質也是「強者意識」思想**）。如作者所說「切腹之所以在我國國民的心目中沒有一點不合理的感覺，……乃是由於認爲這裡是靈魂和情感的歸宿之處。」

另一方面也是「強者意識」思想主導的緣故，許多失敗（**古代戰爭失敗、現代經商失敗包括自己達不到目標等**）的日本人往往會選擇自殺，表面上是爲了名譽，爲了不因名譽受損而被恥笑，本質是不讓別人認爲自己是弱者。典型的是古代日本武士戰敗或者任務未完成後進行切腹，被認爲是榮譽的死法，可以洗脫失敗的恥辱，被重新尊重認同爲強者，像瀧善三郎和左近三兄弟的切腹都是如此。而且這種最痛苦的死法被認爲是最高貴的，很大程度上也是由於這樣的死法需要堅強的意志力，因此可以從反面表現切腹武士的強大之處。

90年代以來，日本社會出現了許多惡性集體自殺的事件，

在日本甚至還存在專門的自殺書籍和網站，引導讀者如何成功的自殺。這些事件本質是因爲二戰以來支撐日本社會主導的「會社信念」（**本質是「強者意識」**）隨著泡沫經濟的破滅，特別是亞洲金融危機的打擊而大受重創，許多新、新新人類盲目的集體自殺主要是因爲這些人沒有明確的人生信念，覺得自己的人生無聊。

就日本武士特別是中中階層武士的復仇而言，作者自己說到老子以德報怨思想對於武士的影響，遠不如孔子以正義報怨的思想。這句話就非常明確地表明了日本武士，特別是包括新渡戶稻造在內的中中階層的「瞋」性，由於自身思想無法達到上層思想，因此覺得正義（**準確地說只是自己認為的正義**）的復仇是最恰當的，其實本質是無法克制自身的「瞋」性。日本武士復仇的具體事例很多，四十七義士的故事就是很好例子，之前已經詳細分析，在此不再贅述。

總而言之，雖然不能說日本人自殺和復仇的目的和意義都不高尚，但可以說這樣的方式表現出其思想極端偏激的一面，缺乏平和中庸的心態。

當然「自殺和復仇」也可以和上面的「勇」、「誠」、「名譽」、「忠」等章聯繫起來，比如說許多的「自殺和復仇」都需要「勇氣」的支撐，都是「誠」的義舉，都是爲了「名譽」，都是「忠」的表現。

武士刀是「強者意識」思想的外在表現

正如日本的許多武士和學者所說的—「武士刀」是武士思想精神的外在具體象徵（**另一外在象徵就是盛氣凌人的眼神，具體將在後面詳細介紹**），體現了武士的力量（**直白一點說就是**

「強」），但他們還疏忽了另一個重要的象徵，那就是武士的「瞋」，也就是許多學者認爲的殺戮心。

對於武士刀來說，只有在戰鬥時才能體現出最大的價值，無論是爲了破壞殺戮還是保護拯救。正如著名的武士題材動畫片《浪客劍心追憶篇》中劍心的師傅比古清十郎所說：「劍是兇器，劍術是殺人術。如果想要改變亂世，那就只能加入其中一股勢力，換言之，就會被其利用。」比古清十郎是一個隱居的武士，其實力甚至超過劍心，有點類似中國隱居的道家仙人，其思想接近於上層。之所以說接近是因爲塑造這個人物形象的作者自身思想沒有達到上層，因此具體表現出來也不能算是真正的上層。

而且武士刀也只是武士道（**「強者意識」思想**）的表面形式，在此介紹一下一個處於日本古代和近代前期分水嶺的著名武士——坂本龍馬。

坂本龍馬是近代日本歷史上的重要人物，對促進幕府把實權還給天皇起了重要的作用（**當然幕府不會輕易放棄，最後還是依靠戰鬥建立了新政府**），同時其學習西方的思想也被推崇，坂本龍馬雖然劍術高超，是當時武藝最高強的武士之一，但放下了象徵武士靈魂的武士刀，而主要使用火槍，促進一些認爲使用火槍如使用暗器一樣卑鄙的武士拋棄舊觀念向先進的西方學習，使自己更強大，從而實現保衛國家、親人等信念。當然從本質上來說，武士刀也只是日本武士「強者意識」思想的外在表現，坂本龍馬雖然放下了形式上象徵武士靈魂的「武士刀」而拿起了「洋槍」，但本質上武士真正靈魂的「強者意識」思想並沒有改變，只是外在表現形式改變了而已。同樣二戰後的社員武士雖然沒有使用武士刀，但本質仍然和傳統武士和軍人武士一樣，只不過後者運用武士刀、槍等武器戰鬥發揮自己的能力並實現自己的信念，而前者運用各種技能知識戰鬥以發揮自己的能力及實現自己的信念。

日本婦女的地位和先秦時期中國婦女本質相同

作者認為日本國民的婚姻觀在某些方面要比西方人更深一層。盎格魯・撒克遜民族「男女應合為一體」的思想反而從反面表現出其在個人主義思想影響下從未擺脫夫與妻是兩個人格的觀念。所以，他們在發生矛盾時，就自私地要求各自的權利和利益，而在沒有矛盾時，則用盡了各種各樣無聊的暱稱和毫無意義的甜言蜜語。

確實如作者所說，西方的夫妻關係表現出明顯的自私自利等特徵，日本的夫妻關係相對好許多，但日本的夫妻關係也並不像作者認為的那樣和諧，如前面所舉例，直到現在許多丈夫（**大多數屬於中下、下層**）還存在明顯的家庭暴力行為。

有些人認為日本的妻子地位低下，簡直像丈夫的奴僕一樣，而另外還有些人認為日本女性地位很高，因為她們掌握著家庭的財政大權，而且有些妻子甚至在有些時候充當了丈夫的母親，來安慰並教導丈夫。這兩種現象都存在，但從總體上來說，自古以來妻子屬於弱勢地位，等級上明顯低於丈夫。

日本婦女的地位和沿襲了先秦時期中國封建時代的時弱勢情況，並不像作者所說的那樣和諧，但雖然處於弱勢，日本女性還是還是擁有一定的地位和權利，正如農工商階層一樣，大多數的日本人在做了明顯對不起女性的事情時，也會誠心鞠躬道歉。

雖然隨著西方女性權利運動的興起，60、70年代以來，日本女性的自我意識也逐漸覺醒，到90年代大大普及，甚至也滲透到60歲以上老年婦女的思想中，很多不再做地位低的家庭主婦，女性的地位和權利大大提高，但直到現在還是處於弱勢地位。當然西方包括中國也一樣，在思想文化、經濟、政治等絕大多數領域，女性的地位和作用總體上（**不討論個別，如居禮夫人**）還是低於男性。

許多的日本新新人類年輕女性還更進一步地奉行「大女子主義」，甚至還有許多女性暴力團，不過大部份年輕女性還是比大多數中國的80、90後女性要「柔順」不少，沒有後者自大輕狂的「弱者意識」思想。

平和中庸地說，雖然一些屬於中中階層的日本婦女擁有不亞於男性的素質能力，但大多數日本女性屬於中下階層，雖然不能說她們很愚蠢，但確實很單純、幼稚，典型的就像許多企業中那些「忙碌的倒茶女工」，但相比中國企業特別是國有企業中那些閒坐偷懶，而且還時刻想著占企業便宜的人來說，她們要好多了。

而且即便是這些女性，在中中階層的領導鼓動下也會激發出潛力，像當年那些隨軍的日本慰安婦，許多在受國家的宣傳下，爲了軍隊的將士能更加英勇地作戰，真心自願地奉獻自己的肉體。

另外作者認爲日本女性會爲了自己的貞節而自殺的描述比較片面，其實古代大多數女性的性思想比較樸素，貞節的觀念並不強，只有少數武士的妻子才會爲了自己的貞節而自殺，關於日本女性的性思想將在後面具體分析。

普通民眾尊敬武士的本質是尊敬「強者」

作者描寫了許多日本普通民眾尊敬崇拜武士的例子，簡要分析，由於武士階層掌握了中世日本的主導權，因此自然出現了大量讚揚某些武士高尚的品格的文藝作品，但這並不是有意強加給普通的農、工、商階層，屬於中上、中中階層的武士確實有些具被相當高尚的品格，使得農、工、商階層從內心真正敬佩，於是出現多種讚揚這些武士的文藝形式。

不過作者認爲普通民眾把武士作爲敬佩的對象的觀點也存在一定的片面，在武家政權建立以前，如平安時期，民眾敬佩的是各種才藝（**賦漢詩、彈奏管弦樂器等**）超群的人，有些甚至受中國文人影響而輕視武士（**當然當時沒有專門的武士概念，一般指有武藝的人**）。在武家建立政權後，大多數民眾把中上、中中階層的武士當作敬佩對象。近代時期，懂得西方思想理論的學者成了敬佩的對象，而隨著二戰後日本經濟飛速發展，企業家又成了大多數人敬佩的對象，雖然外在形式有所改變，但一言以蔽之，民眾敬佩對象的本質都一樣，都是「強者」，只是每個時代「強者」的具體標準不同而已。

自古以來日本人心中的偉人

簡單列舉日本近代之前的偉人主要有：聖德太子、藤原鐮足、最澄、空海、菅原道真、平清盛、源賴朝、北條政子、源義經、北條時賴、北條早雲、尼子經久、齋藤道三、毛利元就、武田信玄、柴田騰家、明智光秀、上杉謙信、織田信長、前田利家、本多正信、淺井長政、宮本武藏等。

由於中世長期的武家政權，這些日本名人明顯是傳統武士居多，其優點以及缺點已在前面分析。

人物較多，不一一詳細舉例，因爲思想層次與評價標準的不一，使得不同的日本人對於上述這些人的看法也有所差別，典型的如織田信長，有些日本人認爲其是日本歷史上雄才偉略的第一偉人，而有些日本人則認爲其是兇殘暴虐的「第六天魔王」。另外上面包括下面列舉的有些人可能在中國人眼中臭名昭著，在此不再詳細評價，只是從大多數日本人的角度出發來列舉。

近代以來的大多數日本人眼中的偉人（**人物較多，不一一詳細舉例**）：

近代到二戰以軍事政治爲主，主要有：明治天皇、桂小五郎（木戶孝允）、高杉晉作、山縣有朋、伊藤博文、西鄉隆盛、東鄉平八郎、山本五十六、吉田茂等等。

二戰後以經濟界爲主，主要有：澀澤榮一、盛田昭夫、稻盛和夫、原一平、堤義明、石阪泰三、土光敏夫、稻山嘉寬、松下幸之助、豐田英二、本田宗一郎、吉田忠雄、井植薰、坪內壽夫、佐川清等等。

簡單劃分一下，由於時代主導階層的不同（**近代是軍人武士、二戰後是社員武士**），因此近代到二戰以軍人和政治家爲主，而二戰後以企業家爲主。

當然其他各領域還有許多被日本人敬佩的偉人，不討論比較每個人物的能力、知識等不同之處，這些人無疑都有如本書所描述的日本中間階層的「強者意識」思想、頑強的意志力等幾個關鍵共同點。

日本人的這種尊崇強者思想不但侷限於本土日本人也包括了外國人，從古代中國佛教、道家、儒家等領域先賢到近代

的圍棋棋聖吳清源、棒球手王貞治、歌後鄧麗君、王菲到近來的女子十二樂坊、獲得日本國技相撲最高級別橫綱的蒙古人朝青龍[5]，美貌的異國少女Leah Dizon以及其他許多各行各業有真正實力的外國人，在日本都取得了很高的地位，體現了日本人對「強者」的敬佩。當然無論經濟還是文化體育等各個領域，深入分析外國人在日本成功的經歷，中國等其他相對落後國家的人比美德等西方國家的人要艱苦地多。許多日本人特別是中下階層受等級觀念的影響，尊重西方強國的國民，辦許多事情都會方便很多，而中國等比日本落後許多的國家的國民，起初往往被許多日本人輕視甚至故意刁難，當然在實力獲認同後，也一樣會受到尊敬。

而中國普通民眾心中敬佩的對象，也隨著主導思想的變化而變化，先秦春秋戰國時期大多數（**因為不同思想層次的人敬佩的對象也不同，因此選取大多數**）民眾敬佩「士」（**包括政府軍隊中的「戰士」以及一些武藝高強、思想高尚的「俠士」**），魏晉時期大多數人敬佩的對象變成了擅長占卜的「玄士」，到宋時又變成了擅長吟詩作賦的「文人」，經過元朝，大多數普通民眾的思想大大下降，明代時已經明顯地反映出來，再經歷清的異族統治，大多數普通民眾明顯缺少高尙的思想信念，成了半開化、麻木的民眾，幾乎只剩下吃喝玩樂等生理欲望，大多數人不再敬佩思想高尙的對象，只是單純地羡慕權利大的官員和錢財眾多的財主。從90年代中後期以來直到現在，大多數普通民眾也是如此。

---

5 當然由於其一些不當言行，2009年以來名譽大大下降

武士道一直存在於日本人特別是中中階層將來也很難消失

作者《武士道還存在嗎？》和《武士道的將來》這最後兩章的內容有許多重合，因此合併在一起分析。而且由於其中觀點、內容比較淩亂，只選擇主要觀點進行分析。

確實如作者認爲，武士道精神對於日本產生了巨大的影響力，西方對日本的影響只是表面，向歐洲學習科學技術、哲學文化等只是在「強者意識」思想主導下，爲了使自己的國家民族（**包括自己**）變得更加強大。只不過當時的日本人認爲歐洲國家是最強的，於是才瘋狂地向他們學習，並不是絕對地崇拜、迷信歐洲（**二戰後，美國成為世界最強國家，日本人學習的重點就偏向了美國，80年代以來，日本經濟在許多領域超越美國、歐洲國家，於是產生了「日本第一」的思想，當然90年代以來又開始向美國學習**），當後來歐洲國家和日本發生利益衝突的時候，日本人特別是中間階層毫無疑問地會爲了自己的國家民族而和歐洲國家戰鬥。

作者認爲「敲響武士道喪鐘的信號是1870年（明治三年）的廢藩置縣的詔令」並不正確，當然不是說這一政策沒有影響，相反其影響十分巨大，使得大量的傳統武士消失，雖然許多人轉變爲軍人，有一部分人則進入了商業等領域，但其實這只是武士表面的改變而已，許多中下階層的武士確實出現了思想倒退（**也就是喪失武士道精神**），產生了金錢萬能、享受第一的主導思想，形成了「成金時代」，不過許多中上、中中階層的傳統武士雖然失去了名義上的武士頭銜，但武士道精神（**本質就是「強者意識」思想**）並沒有消失，近代中上、中中階層的軍人武士，二戰後中上、中中階層的社員武士，也和以前中上、中中階層的傳統武士一樣，保持著名譽重於金錢、頑強奮鬥、不斷地努力提高自身實力等高尚思想，而新渡戶稻造本身也屬於典型的中中階層。

現在也是如此，雖然在泡沫經濟破裂，特別是97金融危機後，企業大量倒閉裁員，加上長期以來幼稚低級的自私型個人主義的滲透，現在的日本社會和近代初期的日本出現了類似的狀況，許多中下、下層思想素質明顯倒退，金錢崇拜思想和近代初期的「成金時代」非常相似，此外各種犯罪和不良行爲大量增加，比如2007年「僞」字成爲了年度漢字。但現在大多數中上、中中階層的「強者意識」思想和近代時期大多數中上、中中階層一樣仍舊沒有改變，正是這部分人維持著日本的強大和穩定，並推動日本繼續前進。

第三章 《菊與刀》與強者意識

《菊與刀》的重大意義和存在的侷限

《菊與刀》是一部受命之作，在第二次世界大戰接近尾聲之時，美國對日政策面臨著兩大問題：一是日本會不會投降，二是日本如果投降是不是還要保留其天皇制。美國政府將這兩大問題交給了傑出的女社會人類學家本尼迪克特。後者的研究於1944年完成，經過一定的修改補充完善後，在1946年以《菊與刀——日本文化的多種模式》爲名發表。

就更早研究日本的西方人而言，典型代表要數小泉八雲（Lafcadio Hearn）。雖然小泉被許多的西方人和不少的日本人認爲是最瞭解日本人的西方人之一，但客觀地說其在文學上的成就遠超日本論、日本民族性的研究，其代表作《日本與日本人》相對於《菊與刀》而言，研究成果基本可以忽略。而本尼迪克特之後比較著名的日本研究學者要數賴肖爾以及2000年來的大衛·松本等，雖然兩者的研究分別結合了日本二戰後到80年代和1990、2000年以來的一些新現狀，但其編輯綜合的程度多於獨創的觀點，思想觀點很大程度上還是沒有跳出本尼迪克特的框架。

西方學者一特別是社會科學學者（自然科學學者要好很多）一過分強調自身的獨立理性精神，其實很多時候已經落入了極端片面的窠臼，典型如過分地強調自己的親身實踐體會，提出獨創的個人觀點。就親身實踐體會而言，確實相當重要，但憑藉自身能接觸多少人、能瞭解多少事呢？如本尼迪克特書中的用分析個別部分日本人而得到的觀點，來代表全體日本人就陷入以偏概全的泥淖。就個人獨創觀點而言，雖然能夠不侷限原來的著作和觀點，進行一定的創新十分可貴，比那些只會摘編的「剪刀糨糊」學者強許多，但宣揚個人獨創觀點的前提是一這些觀點必須要正確，或者比原來的觀點有所提高補充，並不只是一味地爲了標新立異或是刻意想與人不同。西方學者過分堅持自己的獨創觀點很多時候也反映了作者自身幼稚自大的缺陷。

雖然《菊與刀》一面世就受到了西方學術界、政界以及一般讀者等廣泛好評，被認爲此書讓日本人真正地認識自己，也被捧爲人類學中的經典之作，許多日本人也採取了肯定的態度，不過雖然在這些讚美聲中有一些是真正的認同，但也有不少是因爲在盲目崇拜美國這一強者的大背景下，無知地隨聲附和。當然也有不少的日本學者並不認同，而且還進行了激烈的批判，如他們認爲作者缺乏嚴謹的學術態度，對日本思想文化、歷史的研究非常淺薄，但平和中庸地說，此書確實有不少的真知灼見，代表了西方學者日本人論的經典。

正如作者自己所說，《菊與刀》並不是一本專業論述日本宗教、經濟生活、政治或家庭的書，而是集中了關於日本人生活方式的各種觀點的著作。這可以說是作者的自知之言，平和中庸地說，由於本尼迪克特對於中華文化，特別是先秦的道家文化和佔據中國數千年來的佛教思想以及儒家文化缺乏深入研究，導致其無法真正完全認識到受三者文化深刻影響的日本文化，當然憑藉其敏銳的洞察力，還是發現了日本文化中「菊與刀」這一比較深層次的矛盾思想性格以及其他許多方面，但《菊與刀》在眾多方面也陷入了較爲明顯的片面極端的境地，和西方學者對中國人民族性研究的《中國人的性格》一樣。

日本人「菊與刀」的矛盾性格並不矛盾

本尼迪克特對日本民族的民族性格有一段的描述：「使西方人迷惑不解的日本男性行爲的矛盾性，是由於他們成長中的不連貫性造成的。……這種根深蒂固的二元性，他們作爲成年人既可以過分沉溺於浪漫的戀愛，也可以徹底服從家庭安排的婚姻；既可以沉迷於享樂和安逸，也可以承受極端的義務責任；他們謹慎的教育訓練使他們成爲膽小的人，但他們又可以勇敢得近於魯莽；在等級制度下，他們非常順從但也不會輕易服從上級；他們既非常禮貌卻又驕傲自大；他們既可以主動接受軍隊中盲目的紀律規章又不那麼順從；他們既是性格暴躁的保守主義者又很容易被各種新的生活方式所吸引，他們成功地表明他們適應了中國各種習俗和西方的各種理論。」

這段話已經成爲許多專家學者描述日本人的經典語段，其實這段話中日本人的雙重性格主要適用於中間階層，對於上層和下層的日本人並不十分貼切，而且這種看似矛盾的雙重性也並不矛盾（**當然作者的描述本身就有一定問題**），在此就用「強者意識」思想進行解釋，有些性格在前面已經詳細論述，在此就簡而言之。

首先日本人特別是中中階層由於對情感有著強烈的需求，所以當遇到喜歡的人後，就會進入熱戀，有些甚至可以爲了愛情而不顧家庭的反對乃至犧牲自己的生命，但大多數日本人特別是中下、下層在義理等一般世俗倫理制約下，服從家庭父母的安排，當然這主要是二戰以前，80年代以來，大多數日本青年的婚姻已經由自己決定而非父母。

關於日本人既可以沉迷於享樂和安逸，也可以承受極端的義務責任的現象，在前面已經詳細分析。

作者所說的：「他們謹慎的教育訓練使他們成爲膽小的人」的話語存在明顯的片面，確實日本的許多教育訓練並要求他們不能過分張揚、自大，表現得有謙虛自重，但並沒有使他們成爲膽怯的懦夫，比如許多日本人說話比較謹慎顧忌，但這並不表示他們自卑、膽小。當然也有許多日本人，典型的像許多不良分子，說話也非常傲慢粗魯。

「勇敢、好鬥近於魯莽」是日本中間階層「強者意識」的體現，從縱向來說，中世武家時代特別明顯，但早前的平安時期一度盛行柔弱委靡、崇文的思想風氣，而近現代的日本軍人也直接從武士過渡而來，再追溯到上古，原始早期人類都是比較剛強好鬥的，因爲是從動物天性轉化而來，遊牧民族就比較完善的繼承了此種天性，其實西方人也一樣「好鬥」，只不過換了個「競爭」的名詞而已。

從橫向來說，並不是整個階層的日本人都是好鬥的，只是中間階層特別明顯而已，中上、中中階層主要爲了自己的信念而戰鬥，而中下階層確實存在近於魯莽的勇敢，典型的像許多不良分子。

「順從」需要相對分析，在許多情況下，傳統的日本人嚴格遵守等級秩序，因此非常順從上級的命令，即便這些命令是錯誤的，甚至會導致自己失去生命，當然日本的大多數新、新新人類個人自我思想強烈，許多時候表現出強烈的反抗。

「不服從上級」也是因爲「強者意識」，不僅日本人，也包括中國人和西方人，只要自我意識稍微有點覺醒的人，大多「不願意受人擺佈」，即便古代許多視上級命令更甚自己生命的日本武士，也並不是絕對無條件的，許多人（**大多數是中中階層**）爲了自身的思想信念，也會強烈地反抗上級而不順從。

後面主動接受和反抗軍隊中盲目的紀律規章也大致如此。

大多數日本人確實「溫和、彬彬有禮」，但這主要表現在沒有衝突矛盾的情況下，另外自古受儒家文化影響，日本人認爲有禮之人才被認爲思想高尚（**本質是強者**），此外還有一種情況，日本人在被強者徹底征服後，出於對強者的崇敬和欽佩，有時甚至常常表現出如僕人般的恭順，但這多是中下、下階層，比如二戰後許多平民對美國人的態度。

「驕傲自大」也主要受等級思想影響，表現在上一個等級對下一個等級，如古代武士對平民，如勝利的日本軍人對戰敗的西方軍人，當然中下階層驕傲自大現象比較嚴重。

大多數日本人「頑梗不化、保守」是因爲許多中間階層特別是中中階層一旦形成一種信念便會極其長久地遵守下去，不會輕易動搖。

而「善變、容易被新的生活方式」多是由於他們被強者戰勝之後，原先的信念便在失敗和強者的實力面前發生了動搖，甚至改變。如古代日本人被唐朝擊敗後，認識到唐朝的強大實力，狂熱地學習模仿唐朝，近代學習西歐列強，二戰後學習美國的各種新的方式也是如此，因爲羨慕這些國家的強大實力，於是一度曾放棄了許多自己的傳統生活方式，轉而學習強者的生活方式，這是因爲日本人想通過這樣的學習使自己變得更強。當然深入分析，中上、中中階層能夠真正學習強者的優點，從而提升自己的實力，而許多的中下、下層只是簡單的模仿，借此來表示自己思想先進、能夠緊隨強者（**本質也是「強」**）而已，如近代許多平民認爲穿上洋服、洋鞋就高人一等，如二戰後有些人模仿美國人的生活習慣就認爲與眾不同。

對於以上的雙重矛盾性格，雖然在有些人看來正是因爲其矛盾性而顯得深刻，但其實是本尼迪克特自身對日本人瞭解不全面，以偏概全。

作者認爲這種矛盾性格是受小時候成長的經歷影響，也是一個明顯的誤解，這種性格其實是在「強者意識」思想、敏銳的感覺、自身意志力以及社會主導思想的綜合作用下形成的，在大多數中下階層中表現得特別顯著，而大多數中上、中中階層可以在特定的條件下控制自己的矛盾性格，當然至於下層則因爲思想低下也很少會表現出這種矛盾性來，在大多數西方人包括中國人看來也「正常」很多。而且其實許多中國人包括西方人中也存在「矛盾性格」，比如同時存在自大和自卑，驕傲和謙虛等等，後面將詳細分析。

日本人「恥感」文化只是「強者意識」的表層思想

某些學者歸納《菊與刀》的另一個重要思想觀點就是「恥感」文化，其要點如：1、日本人都很在意世人對於自身行爲的看法；2、羞恥爲道德的原動力；3、知恥之人才是德行高尚之人。

其實日本人「恥感」文化只是「強者意識」的表層思想，也可以用「強者意識」來分析解釋。和「兩面的矛盾性格」一樣，這一「恥感」理論其中也存在片面和錯誤的地方，和對《武士道》「禮」、「榮譽」等章中分析的相同相通，「恥感」並不是日本人最本質最重要的思想性格，知恥和知禮都是爲了榮譽，爲了榮譽是爲了使自己變「強」，讓自己和別人認同爲強者，這不是說是虛榮地沽名釣譽，而是高尚的自我

價值實現。而且爲了更重要的思想和信念，大多數日本人可以做一般義理上恥辱、無禮的事情，比如近代爲了戰爭勝利可以實施國際禁止的細菌戰，再比如二戰後部分日本人爲了企業發展可以偷竊西方企業的技術等等，因此「恥感」思想和等級思想一樣，也屬於「強者意識」的表層思想。**（詳細參閱前面關於「榮譽」的分析）**

日本人的等級觀念是「強者意識」思想的直接反映

本尼迪克特指出了日本民族非常重要的等級思想，這在以前的日本人論中沒有詳細深入地分析，因此可以說是此書中最大的亮點，其他包括「各安其位」或「守本分」等觀點，本質上是建立在嚴格的等級制度和一定的自知之明基礎上。

但其實從很大程度上來說，等級觀念形成的本質，和個人主義等類似，絕大多數自我意識覺醒的人都會產生一種自我認同和要求別人認同的思想，因此不僅在日本人中存在，在中國人包括西方人也存在類似的等級思想，只是作者受自身思想侷限沒有發覺而已。而且如本書前面所說，和自然崇拜、鬼神崇拜、國家民族主義等一樣，等級思想也屬於「強者意識」思想。

追本溯源，動物階層和早期原始人類中也存在明顯的等級思想，而且等級劃分主要依靠主導能力，一部分是按照力量，如最強壯的佔據首領地位；另一部分是按照對群體的重要性，如蜂后、蟻后佔據群體的首領地位。就人類而言，如生產條件落後的母系社會時期，男性狩獵等獲得食物較少，女性耕作、紡織生產的物質較多，自然女性占更高的等級。隨著生產工具的改進，男性獲得的物質成爲維繫群體生存的主導，其地位又超越了女性。

而生產力進一步提升，早期人類的意識開始萌芽後，思想也逐漸超越一般動物按照自然規律生活的天性，雖然一方面獲得了更深入思考、友愛、團結等好的部分，但另一方面也出現了自大、欺詐、虛偽等不好的部分。等級思想便逐漸發生了變質，一些等級比較高的人並不是因為自身實力（**包括思想和力量**）強，而是依靠父母家族的優勢。而且原來占高等級的階層即便自身實力不足，但為了不被下級超越（**即便其實力超越自己**），就採取各種措施來維持自身的等級，於是便產生了各種壓制，從本質上來說，這種等級思想也脫離了「強者意識」思想。

中國自秦大一統以來，封建制度逐漸發生了質變，等級思想也逐步發生了質變（**當然北方少數民族的等級思想仍比較接近動物和早期人類，也接近日本人**），雖然形式上仍和過去乃至現在一樣有很強的等級性，但處於等級下層的人不再嚴格遵守等級思想，文人為典型的中中階層雖然現實生活中的職位等級可能低於別人，但心裏存在「老子天下第一」的自大輕狂思想，即便是對那些思想能力明顯強於自己的人也認為不如自己。同時這種思想逐漸蔓延開來，影響到中下階層，典型的比如許多有財有權的人歧視窮人平民，北京、上海等許多城鎮居民歧視農民或來自山區貧苦地區的外地人，就這些中下階層來說，由於思想層次的低下，其極端的等級思想甚至比日本人還嚴重。

而日本的等級制度則完整地保持到了近代，即便在全面學習唐朝的時代，日本也沒有改變封建的政治制度而採取中央集權的大一統制度（**其基礎主要是等級思想**），因此日本和秦之前的中國相比，在本質上更具有相似性，不僅在政治、經

濟、社會文化等制度，更主要在思想上。

但就如本書前面所說，等級思想本質上也是「強者意識」思想的表層思想，雖然明治維新後日本的等級制度表面上發生了一定的瓦解（**當然並沒有完全瓦解，皇族和貴族的等級還是明顯高於平民**），如取消武士階層，實行士農工商「四民平等」，但無論政府、軍隊還是企業，整個日本社會還是保持著嚴格的等級思想。而二戰後特別是90年代以來，日本社會的等級思想又遭到不斷的衝擊，日本中間階層的等級意識也發生了一定的變化，表面上要弱化了一些，比如許多上級多採用「拜託」的口氣來給下級下命令、派任務。此外當下級自知地對上級表現出服從後，其不會在表面上把等級意識表現地那麼極端，相反還會溫柔體貼的關懷下屬。

但即使是現在的日本，也仍舊具有比中國（**更不用說西方**）更加強烈的等級思想。

再深入地說，日本人的等級思想中的等級並不絕對固定，對於中上、中中階層來說多是以實力爲標準，而中下、下層多以表面的年齡、地位、金錢等爲標準，這些日本人的等級思想也是變質的等級思想，並不是按照思想層次、技術能力來劃分等級，比如大多數年紀大的長輩往往要求年輕的晚輩尊敬服從自己，而不去衡量自己的思想層次或技術能力是否超越後者。

回顧歷史，近代以前的中國人曾在大多數日本人中佔據高等級，而近代以來特別是日本甲午戰爭戰勝中國後，其等級就大大下降，甚至被視爲畜生。而近代之前西方人曾在大多數日本人中處於低下的等級，如同未開化的蠻夷一般，而明治維新後一度被捧爲崇拜的偶像（**如同對唐朝人一樣**）。

而且日本人的等級劃分地非常詳細，近代早期，大多數日本人對於荷蘭、英國、法國、德國的尊敬要勝於其他國家的西方人；而二戰後大多數日本人對美國人的崇拜遠勝於對歐洲國家，如瑞典人、挪威人等。

再細節一點，對於美國人也有不同的等級劃分，如日本學者南博的《日本的自我—社會心理學家論日本人》中寫到：戰後被美佔領期間，許多日本人不再收到政府「鬼畜英美」的戰時宣傳教育，對美國人中白人的輕蔑淡化了，而且由於美國人在軍事、經濟等許多方面的優勢，使日本人對其崇拜有加，但對黑人還是叫「黑仔」，直到現在還有部分人對黑人保持歧視，當然這也和許多黑人自身思想不高，言行不當有關，此外，也有相當部分人對黑人也保持同樣的尊敬，有些日本年輕女孩（**大多數屬於中下階層**）甚至剛認識沒幾句話就主動甘願「獻身」。

西方也一樣，雖然近代以來許多的西方學者、官員大肆鼓吹平等、民主、自由，但因爲其主導思想屬於「強者意識」思想，大多數人也仍然存在等級意識，古代貴族和平民自不必說，近現代中還是存在著上流社會和普通民眾之分，另外對於黑人包括黃色人種的歧視也是西方人等級意識思想的反映，當然二戰以來西方社會這種歧視弱化了許多，而且種族歧視被視爲禁區，但公正地說還是存在一定的歧視。就近現代包括現在的西方人來說，只要自身利益沒有受到明顯侵犯，不大會在意自己和周圍人的等級地位，其等級意識思想確實沒有像大多數日本人、中國人那樣明顯，但當自身榮譽等精神利益受到挑釁時，也會維護自己的榮譽，也就是維護自身地位等級，這種榮譽觀念也和等級思想相同。

爲了不陷入以偏代全的片面和古希臘悖論式自說自話的無知，對此書的分析也不同於一般學者那樣理論概括性的評論，而是和對《武士道》一書的評論一樣，主要採用每段或相關的多段一起分析，本人也不在乎被認爲是缺乏理論概括、綜合思維能力。當然由於其中許多內容的分析已經分散在「武士道與強者意識」及其它各個章節中，再詳細分析略顯重複，因此下面只是簡要地分析一下書中的重要觀點。

《菊與刀——日本文化的多種類型》（《The Chrysanthemum and the Sword——Patterns of Japanese Culture》）中共十三章，第一章：任務——日本；第二章：戰時的日本人；第三章：各安其位；第四章：明治維新；第五章：歷史和社會的負恩者；第六章：滴水之恩，湧泉相報；第七章：恩情最難接受；第八章：正名；第九章：人情的世界；第十章：美德的困境；第十一章：自我修行；第十二章：兒童學習；第十三章：投降後的日本人。

《菊與刀》重要段落觀點分析

一、關於戰爭

因爲是受命之作，所以本尼迪克特書中大部分都是對於日本軍人的戰爭思想和戰爭行爲等描述，雖然基本都是真實的事例，但作者絕大多數只是簡單地敘述，並沒有很好的分析，以下便對其中部分進行針對性分析。

1、「日本人覺得在戰爭中救助受傷者是沒有必要的，在撤退的時候，軍醫甚至會先把傷病員全部槍殺，或讓他們用手榴彈自殺。」

「日本人對待受傷的本國士兵都是這種態度，那對待美軍戰俘的態度也就可想而知了。以我們的標準來看，日本人不僅對戰俘，而且對他們自己的同胞，都犯了虐待罪。」

「日本人這方面最極端的體現就是他們的不投降主義，西方人的軍隊在盡了自己最大的努力仍沒有勝算時便會向敵人投降，而且他們仍然認為自己是光榮的軍人，因為自己已經盡力戰鬥了，根據國際慣例，勝利者將通知他們的家屬讓其知道他們還活著。無論是作為一個軍人還是退役成為普通人，在自己的家庭中以及社會上，他們都不會因為曾經投降而感到恥辱。但是日本人卻不一樣。只有戰鬥到死才能獲得榮譽。在絕望的形勢下，日本士兵會用最後一顆手榴彈自殺或者是衝入敵人中，進行自殺式的進攻，但絕不能夠投降。萬一因為受傷而喪失知覺被敵人俘虜，他就會認為即使回國也抬不起頭來了。他失去了名譽，即使回到從前的生活，他也已經是個死人了。」

分析：從許多方面來說，日本人比西方人更強調個人的作用、尊重個人的地位，雖然存在明顯的等級，但高等級並不是完全歧視低等級，仍然給予一定的尊重，比如彼此稱呼都帶有敬稱，但必要時也可以比西方人更勇敢輕易地犧牲性命，典型的像近代以來的戰爭，大多數軍人奮不顧身作戰，有許多看到戰爭失敗負罪自殺，甚至殺掉自己的親人（**這倒不是說日本人沒人性，可以說是一種畸形的榮譽觀才導致這樣極端的行為，這些軍人心中人格受辱比生命消失更重要，因此為了**

自己的親人不受敵人的侮辱才殺了他們。）

至於日本人對於本國傷患的態度，作者明顯地理解錯誤，其實在一般情況下，日本人也會盡力救助傷患，並不是完全殘忍地殺死傷患，只有在特殊時期，如戰爭激烈，沒有時間和物資救助傷患的情況下，爲了戰爭勝利這個最重要的信念，日本軍人才會決心殺死自己的戰友，許多傷患爲了不拖累軍隊（**直白一點說也就是自己成為了添麻煩弱者**）寧願自殺，因爲如果被俘虜，即便能夠活著回到日本，也會被周圍的日本人包括自己的家人鄙視爲貪生怕死的懦夫，與其失去尊嚴榮譽，不如死了還能得到一定的榮譽。這不是虐待也不是自虐，而是一種堅強的精神，只是前提是他們戰爭的這個信念並不正確。

2、「在北緬會戰中，被俘者和戰死者的比例是142：17166，也就是大約1：120。而且這142名被俘者中，除少數以外，大多數人在被俘時都已經負傷或昏迷，主動投降的日本軍人極少。而在西方軍隊中，如果戰死者人數達到全軍的四分之一或三分之一時，軍隊一般都會放下武器投降，因此投降者與陣亡者的比率大約是4：1。日軍第一次大規模投降，投降者與陣亡者的比率為1：5，這與北緬的1：120已經是巨大的進步了。」

「所以對日本人來說，那些主動投降的美軍戰俘即使沒有受傷生病，也已經失去了基本的人生尊嚴。許多美軍戰俘都曾回憶說，在俘虜集中營裏，輕易發出笑聲非常危險，這會惹得看守的日本人大怒，會立刻處罰他們甚至殺死他們。日本人覺得他們已經成為喪失尊嚴的戰俘，而這些美國人卻沒有感覺到羞恥，還發出笑聲，這實在無法容忍。……俘虜營中確實存在許多暴力和虐待行為。」

分析：日本軍人武士對於俘虜的虐待可以說是傳承自近代以前的日本武士，雖然在本尼等大多數西方人眼裏，日軍的種種行爲已經是明顯的暴行，但其實相比於以前的日本武士，已經是明顯的寬容了，以前的日本武士對待戰敗的俘虜（包括內戰和外戰）絕大多數都是殺掉或要求其自殺。而且在每次戰爭後，勝者軍隊都有一些士兵專門殺戮戰場上受傷未死的敵人，當然古代部分西方民族在戰爭中也有類似的行爲。針對此種行爲，本質也是因爲「強者意識」思想，古人比近現代人擁有更強的重榮譽輕生命的思想，所以並不是因爲他們殘忍野蠻未開化。因此可以理解日本軍人對於俘虜是何其蔑視，所以如果他們再做出「發笑」等輕佻行爲，日軍自然怒不可遏。其實就古代西方人來說，以前許多戰士也是寧願戰死也不願投降，而近代以來因爲物質主義享樂主義等思想加強，對於榮譽的心態明顯退化，雖然口頭上也大力地宣傳戰死光榮、爲國獻身等口號，但在現實中生死存亡的關鍵時刻，很少有人寧死不降。

3、「和日本人一樣，美國人也走極端，只是他們往往走向另一極端。美國人強調自己是被動的，是無辜的，戰爭是別人主動挑起的。試圖穩定美國民眾情緒的發言人在就珍珠港、巴丹半島的失敗而發表意見時，絕不會說：「這些都是在我們的計畫中早就預料到的。」相反他們會說：「這是敵人無恥的

偷襲，我們要給他們一點顏色看看。」

分析：以上的描述可以說是西方政府鼓動國民進行戰爭時最常使用的籍口，因爲在基督教的《聖經》中，上帝對於違背他意願的人也進行強烈的懲罰，因此西方人思想中認爲，對先挑釁者給予更加猛烈、成倍的打擊報復是理所當然的，不會有什麼負罪感。因此哪怕是近代以來對中國等東方國家實施的侵略戰爭，西方國家一般都會找個「商業行爲先被侵犯、商業利益先受到損害」的開戰理由。

4、「他們經常向日本軍人或國民強調『全世界的眼睛都注視著我們』，所以必須充分發揚日本民族的優秀精神。美軍在瓜達爾卡納爾島登陸時，日軍高層下達的命令就是，他們現在正被『全世界』注視著，因此必須表現出堅強的戰鬥精神。日本海軍有一個規定，即使在棄艦時也必須以優雅的姿勢轉移到救生艇上，不能因為怕死而荒不擇路，否則『會被全世界恥笑，美國人會把你們的醜態拍成電影在紐約放映』。對這一點的重視，在日本文化中也非常牢固。」

分析：不可否認，普通的日本人（特別是中下、下層階層）確實很在意也受制於別人的眼光和看法，但中上、中中階層憑藉更高一級的思想和堅強的意志力，可以比較好地控制自我的表現，爲了更高的信念和目標，別人的輕視眼光甚至污辱也是可忍耐的，如「四十七義士」。

5、「佔領後不到幾個月，美國人即使單獨乘坐火車去日本的農村也不必為安全擔心，並且往往受到曾經是軍國主義者的官員的禮貌的接待，很少發生報復行為。我們的吉普車路過農村時，日本孩子們站在路邊一齊高喊『HELLO』、『GOODBYE』，嬰兒自己不會招手，母親就握著他的手向美國人致禮。

美國人很難相信戰敗後日本人這種180度的轉變是真心的。我們無法做到這樣。對於我們來說，這種相反的心態甚至比俘虜營中日本俘虜的心態變化還要難以理解。因為俘虜們自認為他們已經死了，既然是死人，那我們就猜不出他們會幹些什麼。在瞭解日本的西方人中，幾乎沒有一個人會預測到，日本俘虜心態的巨大變化也會出現在戰敗後的日本公眾之中。大部分學者對日本人那種可怕的不投降主義有深刻印象，認為日本人心中只有『勝利或失敗』。而且在日本人眼裏，失敗就是侮辱，因此一定會拼命報復。有些人認為日本人的民族性使他們不可能接受任何苛和條款。這些日本研究者們不了解日本人的『義理』，他們認為日本人保持名譽的方式只有復仇與侵犯這種傳統方式，他們不知道日本人還會採取另一種方式。他們錯誤地把日本人復仇思想與歐洲人等同。在歐洲人的方式中，任何個人或民族，如果進行戰鬥，首先必須確認戰爭目的永遠是正義的，其力量來自於內心的憎恨和義憤。」

分析：對於戰敗後日本人180度的轉變，具體可以參閱前面內容，其實作者和那些自己批判的西方學者一樣，也出現了明顯的錯誤。

6、「東京一家大報《每日新聞》……社論強調每個人都必須不忘日本徹底地失敗了。既然企圖單憑武力來建設日本的努力已徹底失敗，今後就必須走和平的道路。另一家東京大報《朝日新聞》也在同一星期發表文章，認為近年來日本『過分相信軍事力量』是日本政府的『重大錯誤』。這些錯誤使我們損失慘重，但我們必須拋棄它，選擇和平發展的新態度。」

「日本投降後的第十天，《讀賣新聞》……發表社論：我們必須堅定地相信，軍事的失敗與一個民族的文化價值是兩回事，應當把軍事失敗作為一種動力……因為，只有這種全民族失敗的慘重犧牲，才能使日本國民提高自己的思想，放眼世界，客觀如實地觀察事物。過去一切歪曲日本人思想的非理性因素都應通過坦率的分析而予以消除……我們需要拿出勇氣來正視戰敗這一冷酷的現實。但我們必須對日本文化的明天具有信心。」

分析：雖然日本的報紙都明確地承認日本已經失敗，迫使部分日本人放棄繼續戰鬥或者報復，但也激勵日本人的「強者意識」思想，不要因爲戰敗而喪失精神鬥志，反而要加倍努力重建日本，使得日本重新強大，不要讓外國人小看日本。在這樣的宣傳下，中間階層特別是中中階層日本人將自己的信念從爲國家戰鬥轉變到爲企業奮鬥，並創造了日本的經濟神話。

7、「1943年春天，日本陸軍發言人就「大東亞共榮圈」發言：「日本是他們的長兄，他們是日本的弟弟，應該讓皇軍佔領國家的民眾瞭解這個形勢。如果對弟弟太照顧，他們就會誤解長兄的好意，這對日本的統治會造成不好的影響。」

「但是當日本人把這種『安全』的模式向外輸出時，就遭到了懲罰。等級制度與日本國民的思想很吻合，因為他們就是在這個制度下生活的，在那個世界裏，人們的野心可以在等級制下得到允許。但是這個制度絕對不該輸出，那些自大的言論，在別的國家看來，太過狂妄，甚至連狂妄這個詞都難以表達他們憤怒的心情。於是日軍到了各個佔領國，看到當地居民們根本不歡迎他們後，感到非常驚訝。我們不是已經給了他們一個等級嗎？儘管很低，但畢竟是一個等級，這對於普通人來說，不是也很合理嗎？日本曾經拍過幾部描寫中國人熱愛日本的影片，比如生活困苦絕望的中國姑娘，由於和日本士兵或工程師相愛而找到了真正的幸福。和德國納粹簡要的征服論相比較而言，日本人至少保留著『我是來幫助你的』這種思想。但日本人沒有認識到，他們自己『各安其位』的等級思想是難以被別的國家所接受的，他們並沒有這種思想。這是真正的產生在日本的東西。日本的作家們把這種倫理道德視為當然，因此也就不加論述。我們要瞭解日本人，就必須瞭解這個思想的根源。」

分析：關於等級思想，前面已經詳細分析，在此不再重複，重點談談日本戰爭中的等級思想。

確實如作者所說，日本政府高層比較幼稚地把自己的等級觀念強加給別人別國，而且把對方放置於低於日本人的等級，在自尊自強思想影響下而很難接受或無法接受。比如因爲長期以來的歷史因素，中國人一直把自己放置於高於日本人的等級，甚至比較輕視日本人，但甲午戰爭後日本的國力已經強於中國，大部分特別是中間階層的日本人在等級思想作用下，把中國看作實力等級低於自己的下級（**也就是弱者**），這種矛盾的心態必然導致衝突，於是日本軍部把侵略中國說成是「膺懲暴支」，而且在中國的時候，許多日本軍人也因爲感覺中國人對自己不夠尊敬甚至輕視自己，而受自身瞋性影響進行了許多慘絕人寰的屠殺等暴行。

當然西方國家也一樣，如自稱民主自由典範的美國，也不顧別國願不願意，一味甚至強行推銷美式民主自由。

8、「如果我們害怕數字就不會開戰。……」

「是的，物質是必要的，但物質不是萬能的，只有精神才能代表一切！」報紙上不斷出現這樣的話，在日本打勝仗的時候，日本的政府官員、大本營以及軍人們都反覆強調說：「這次戰爭並不是軍事力量的戰鬥，而是日本人對意志力的信仰與美國人對物質的信仰之間的戰鬥。」在美軍勝利的時候，他們也反覆說：「在這場戰鬥中，物質力量必定失敗。」當日本在塞班、硫磺島大敗後，他們自欺欺人地認為這是因為過分關注物質差距而沒有完全發揮精神戰鬥力……1930年，前陸軍大臣、極端的軍國主義者荒木在名叫《告日本國民書》的宣傳小冊子中寫道：日本的「真正使命」在於「弘揚皇道於四海，力量懸殊實不足憂，吾皇國民於物質何懼！」

在他們的戰鬥手冊中有一句話：「用我們刻苦的訓練來對抗敵軍數量上的優勢，用我們的血肉之軀來對抗敵軍的鋼鐵武器。」……在民間，日本政府也大力宣傳精神優於物質條件的信念。例如國民在工廠裏工作了12小時，再加上晚上的空襲，身體已經筋疲力盡。但他們卻提倡：「肉體越累，精神就越高昂」、「越是疲倦，就越能鍛鍊人的精神」

分析：作者的描述很正確，這幾段明顯體現了日本人重視思想、意志力等精神因素多於資源、武器、軍隊數量等物質因素，比如日本人認爲意志力是各種能力的基礎，如有了堅強的意志，就會努力學習，有了堅強的意志，在遇到各種困境時就能夠沉著、冷靜。

雖然精神在許多時候確實比物質更具決定性影響，但有些時候也不能無視明顯的物質優勢，比如像原子彈那樣強大的物質因素就直接打垮了天皇的鬥志，導致其最終否決掉軍部「一億玉碎」的抵抗建議而宣佈投降，後來許多的媒體也評論「光有精神是不夠的」、「企圖用『竹槍』來守住陣地是妄想」。

二、藩國、祖先崇拜觀念

1、「（古代）中國以宗族為聯繫紐帶，而在（古代）日本，最重要的是這個人屬於薩摩藩還是肥前藩……因為日本宗族以藩為紐帶，德川家康不能將他們趕盡殺絕，而是保留了領地和家臣。如果要取消一個藩，那就只能把這個藩所有的人全部殺死，德川家康沒有這樣做。」

「說日本按自己的計畫來吸收中國文化，最典型的例子就是他們沒有去模仿中國的考試制度。日本從一開始就沒有複製中國那種等級模糊的社會組織，中國的政府職位是授給那些科舉考試合格的人的，而日本則交給世襲貴族和封建領主，他們是構成社會等級制度的主體。」

分析：如前面所描述，日本一直延續著中國先秦時期的封建社會結構，儘管在歷史上貴族階層不斷發生改變，但沒有發生本質變化，而中國在漢以來就逐漸淡化等級制度，在政體上是中央集權制度逐漸代替了封建制度。

具體地說，日本的「藩」相當於中國先秦時期的「國」，而從秦開始，中國許多朝代雖然仍有「國」的稱號，但已經沒有純粹的封建國家，獨立性大大降低，人口可以相當自由地流動，不像日本那樣有特定的歸屬。之後的科舉制度更是徹底打破了「士農工商」的等級制度，當然漢以來長期盛行的推薦制度之前就已經弱化了其固定的等級，而日本仍長期保留了固定等級繼承制度，武士的兒子也是武士，當然也不是絕對，其中也可以以一定的方式來轉換等級，如一些商人的女兒和武士結婚，其後代也將成爲武士。

2、「東方的『祖先崇拜』很多時候不是真正的崇拜，而且也不完全是針對祖先。那是一種表面形式，表示現在的人們認為自己繼承了祖先許多東西，他們不僅欠古代的祖先，也欠現在的長輩，而且在與身邊的人的接觸過程中他們也學到了許多東西。」

分析：因爲受等級思想影響，必然對自己的長輩產生一定的崇拜，因此這也是受強者意識的影響。雖然西方人也存在一定的「祖先崇拜」（**如許多孩子崇拜自己的父親**），但客觀地說，東方人明顯比西方人更強烈，而且有些人即便思想、實力已經明顯超越古代祖先（**或者現在的長輩**），但還是「過分謙虛」地表示自己不如祖先或長輩，當然也有部分人過分貶低祖先（如中國近代疑古學者和近代盲目崇拜西方人的日本人），對於祖先（包括後代）盲目的崇拜和盲目的貶低都不是平和中庸的表現，只會自身思想的幼稚。

三、受恩和報恩思想

1、 日本人不喜歡受別人的恩情。來自同輩或者年齡比自己小的陌生人的突然幫助是最讓人憤恨的事情……大街上發生事故，日本人一般只是圍觀，這不僅是缺乏主動，主要是因為他們覺得這樣會讓被幫助的人會背上恩情。明治時代之前有一條著名的法律：「當發生爭鬥時，其他人不需要干預。」在這種情況下，如果在沒有明確的請求下，一個人幫助了另外一個人，就會被懷疑實施了不公平的幫助。……日本人不願意受到莫名的恩惠，哪怕僅僅是陌生人的一支煙，都會感到不舒服。

分析：日本人不願意隨便接受別人特別是身份地位比自己低的或者陌生人的幫助，不想接受對方施捨的恩情，這也是「強者意識」思想的體現，因爲不願意自己被看作爲弱者而受到同情。另一方面，日本人心中覺得一旦接受某人的恩惠就有所虧欠，在沒有報答對方之前自己總是低他一頭，直白地說就是比他弱。因此大多數（並不是所有的日本人都有恩必報，日本歷史上也有許多恩將仇報的例子）日本人有恩必報，也就是俗話說的還人情，因爲虧欠、受恩而使自己處於弱勢的地位，成爲弱者，這是其「強者意識」思想所難以忍受的。

當然在現實生活中，因爲人的成長歷程、客觀社會等實際情況等情況大多數日本人還是免不了受別人恩情，比如工作上，新進入企業的職員常常受到前輩的指導，他們也經常會說「多謝關照、多謝指教」，並沒有作者說得那麼極端。

其實日本人的「受恩和報恩」思想，對於許多西方人和中國人也一樣存在，一些比較注重名譽、性格比較堅強的人都不願意隨便被人幫助，比如某件事情自己可以輕易完成，但某個人卻主動來幫助自己，那許多人也會像日本人那樣生氣，因爲這表明對方是輕視自己，覺得自己沒有能力（**也就是弱**）完成這件簡單的事情。而在受到幫助、恩惠之後也會盡力報答對方，就像中國古話中所說：滴水之恩當湧泉相報。

四、「義理」和「義理之圓」

1、「義理」是日本人的偉大傳統，是武士與主君、武士與其它武士之間的關係。這種感情超過了「忠」，超過了義務。在某些方面與「恩」重合，但又不完全等同於「恩」。因為「義理」的產生可能完全沒有施與，而且「義理」必然發生在彼此熟悉的人之間，與陌生人無關。

「關於『義理』最著名的故事是一位力量強大的浪人——弁慶的故事。」

「因為現在報答『義理』，已經不是對自己的主君的忠誠，而是對各種人履行各種義務。現在涉及『義理』的話語充滿了反感，常常強調是輿論壓力迫使人們違背內心的真實心意而去履行『義理』。他們說：『這樁婚事完全是出於義理』、『我雇用那個人完全是出於義理』、『我見他完全是出於義理』等等。在農村的小商店中，在資本家群體裏，在日本政府內閣，人們都受到『義理』的強迫。一個求婚者可以憑藉家族關係的緊密而要求某人做自己的岳父；還有人也會用同樣的手段取得農民的土地。迫於「義理」的人也不得不答應。他說：『如果不報答恩人，別人會認為我不懂義理。』這些話語中都包含了『不願意』的成分。」

分析：「義理」可以說是作者研究中的一個十分重要的部分，雖然其描述有許多地方很準確，但其定義也存在片面，具體參閱前面的內容。

就弁慶的例子而言，本質和「義理」並沒有關係，這是作者的誤解，具體參閱前面的內容。

後面的許多例子對於中國人來說比較容易理解，也就是我們所說的「人情、情面」等，其實這種現象在西方也存在，當然比中國、日本少很多。

另外關於日本人忠的思想可以參閱《武士道與「強者意識」》中的分析。

2、　一個借錢者會以自己的名譽為抵押，在30年前一般都會承諾：「如果還不了債，我寧願在公眾面前被你恥笑。」但即使他還不了債，他也不會真的公開受到侮辱，因為在日本沒有公開恥笑的懲罰。但是當新年到來之際，債務必須被償還的時候，無力還債的人會用自殺來「正名」（「清白名聲」）。直到現在除夕夜還有一些人以自殺來挽回名譽。

要理解「義理之圓」，必須知道日本還有多種比較內斂的道德。復仇只是在特定場合應該採取的行動，此外還包括穩靜

的、克制的行動。一個自重的日本人必須堅忍和自我克制，這是他「類義理」的一部分。

分析：作者「關於名聲的義理」（「giri to the name」）的例子表現了日本人重視名譽，以及通過自殺來「正名」**（或者「保持好名聲」）**，關於名譽的分析參閱前面的內容。

作者把許多自己不能理解的事例用「義理之圓」（**「the circle of giri」這個作者獨創的名詞如果直譯的話是「義理之圓或者義理周圍的環狀物」，大致意思也就是由義理和與義理非常接近的一些道德觀念所組成的圓**）來解釋，這是其一個重大的缺陷，關於克制的分析請參閱前面的內容。

五、兒童學習

1、 她們說：「看你表弟，他才是個大人哩！他的年紀和你一樣大小，卻不要吃奶」。……男孩哭的時候，母親就會說「你又不是女孩子」、「你要知道自己是個男子漢」等等。

分析：上面的例子主要是爲了刺激幼兒的好勝心，不要懦弱，也可以說是培養「強者意識」。中國父母也經常說類似的話。

2、 但日本人在回憶以前時，說得最多的不是激烈的學習競爭，而是中學高年級學生欺負低年級學生的習慣。

分析：過去直到現在仍存在的高年級學生欺負低年級學生的現象，包括後面軍人中許多老兵欺負新兵的現象主要是受變質的等級思想（**「強者意識」思想**）影響，陷入了盲目自大的境地。

3、「六七歲以後，「言行謹慎」、「知恥」這類責任逐漸帶著巨大的壓力加在他們身上。這種壓力雖然不是普魯士式的紀律，但卻無法逃避。」

分析：確實，相比較中國和西方，從整體來說（**不比較個別孩子**），日本孩子可以說是世界上最早熟的，這不是指生理上，而是指心理上。此外，西方孩子在競爭和生存的壓力下也比較早的自立，而中國的孩子明顯比日本和西方的孩子幼稚（**不是說知識淺薄、智力低下**），比如就現在許多中國的大學生而言，思想成熟的程度和日本、西方的高中生差不多。

六、日本女性

1、「大多數日本男子經常去找藝伎或妓女玩樂，這完全是公開的。妻子還會為晚上出去遊玩的丈夫整理打扮，妓院也會把帳單送到妻子手中，而妻子們會理所當然地付款。如果她們對此感到心情糟糕，那也只能獨自煩惱。」

分析：準確地說，作者所寫的內容也存在一定的片面。雖然對於日本婦女來說，由於二戰以前男性佔據絕對主導地位，男子可以三妻四妾，女子只能謹守貞潔，一但越軌重則「浸豬籠」，輕者被休，在這樣的社會環境下，妻子即便生氣也無可奈何。所以只能忍受，又因爲不願被別人恥笑，表

面上裝作若無其事，這也使得比較容易被表面所迷惑的西方學者認爲是「理所當然」，不像在西方社會，大多數人包括男性和女性總是把自己的真實內心直接地表現在臉、言行上，不管是愛還是恨。

相此書比較，客觀地說，《武士道》中描寫的關係和諧的日本夫妻只是一部分，只有大多數中上、中中階層的男性才會如此，而許多的中下、下層男性中存在著比較嚴重的家庭暴力行爲，女性（包括孩子）是主要的受害者。

但現在日本社會自我意識覺醒的女性則不會再簡單地忍受這種不公平，如果丈夫出現背叛或者家庭暴力，不但年輕的夫妻，就連結婚幾十年的夫妻也會選擇離婚（如日本人自己所謂的「熟年離婚」），極端一點的甚至可能殺死對方。當然日本也存在少數像某些日本影視作品中塑造的高尙女性，因爲真心地愛丈夫和家庭，即便發現其對自己不忠，知道了也會故意裝作不知道，如果丈夫真的愛上了別人，則會選擇默默地離開。

關於日本婦女的地位參閱前面的內容，關於日本人的性思想參閱後面的內容。

七、投降後的日本人

1、「日本曾經戰勝過一個強國而取得了一場偉大的勝利，在敵軍最終投降，而且日本認為對方並沒有輕視嘲笑過自己時，作為一個勝利者，日本曾謹慎地避免侮辱失敗的敵人。每個日本人都知道一張俄軍1905年在旅順口投降的著名照片。勝利者和失敗者的區別只是軍服不同，俄國軍人並沒有被解除武器。在日本人中有個傳說，當俄軍司令官斯提塞爾將軍表示同意日方提出的投降條件時，一位日本大尉和一名翻譯帶著食品來到俄軍司令部，除了斯提塞爾將軍的馬以外，所有軍馬已全被宰殺吃掉，所以日本人帶來的禮物——50隻雞和100個生雞蛋受到了熱烈的歡迎。第二天，斯提塞爾將軍和乃木將軍如約會見。兩位將軍緊緊握手。斯提塞爾將軍讚揚日本軍人的英勇……而乃木將軍則稱頌俄軍長期的頑強防禦。斯提塞爾將軍對乃木將軍在這次戰爭中失去兩個兒子表示同情……有人認為，自從上次俄國投降後，日本人的性格完全改變了，比如，眾所周知，他們在菲律賓勝利後進行了肆意破壞和殘暴行為。

分析：對俄國的那次戰爭，日本可以說是慘勝，付出的代價超過了前者，而且其中還有俄國後援艦隊晚到以及俄國國內政治變動等因素，相比較而言，當時日本的整體軍事實力包括國家的實力還不如俄國，所以在其自知之明下，日本將領即便勝利也仍讚揚俄軍，不像後來對中國、東南亞等國，由於軍事實力比日本弱小很多，因此日軍在勝利後，很少這樣讚揚對手，許多時候反而羞辱這些弱者。相關內容參閱歷史政治軍事部分。

2、「現在，日本各地發生的罷工也沒有降低產量。罷工者喜歡的形式是：佔領工廠，繼續工作，通過增加產量來使管理者丟臉。在三井擁有的一家煤礦，罷工者把管理者全部趕出礦井，並且把日產量從250噸提高到620噸。足尾銅礦的工人也

通過「罷工」增加了生產，並把工錢提高了兩倍。」

分析：許多日本工人罷工方式和西方國家的工人罷工採取消極怠工甚至不工作的方式正好相反，而是通過更多的努力、投入更高的熱情來工作，大幅度提高產量來羞辱管理者，證明他們的管理能力低下，沒有他們的管理，工人可以創造更大的工作效率。之所以出現這樣相反的方式，是因爲大多數日本人認爲消極怠工只會讓別人嘲笑自己的無能和懦弱，直白一點說也就是表示自己是個弱者。

二戰後也一樣，社員武士這種「強者意識」思想也造就了企業的快速發展和崛起，許多人努力工作並不是像某些幼稚的學者描述的絕對的團結和諧，因爲等級思想，日本的許多企業包括那些有國際競爭力的大企業，內部也都存在許多矛盾和衝突，大到領導層公司戰略發展方向的決策，中到部門與部門間的摩擦，小到員工間的競爭和矛盾或對某些無能上司的不滿，但就如前面的例子一樣，大多數員工（**主要屬於中間階層**）很少因爲矛盾或者不公平而故意搞跨自己的企業，而是通過做出更好的成績來向企業的最上層領導表示自己是正確的，或者自己的能力超過自己部門的無能上司。

所以二戰後日本企業的快速發展並不是因爲其做得完美無缺，只是比其他企業，如西方的企業做得更好而已。當然因爲企業快速的發展也把內部的許多問題和矛盾掩蓋掉了，而由於泡沫經濟的崩潰和金融危機的打擊，導致許多企業嚴重虧損甚至倒閉，原來隱藏的問題和矛盾就一下子表現了出來。此外許多企業大量解雇員工也導致企業（**會社**）作爲精神載體的形象大受打擊，許多日本人特別是中下、下層已經不把企業放在家庭、愛情之上，也沒有那種為企業工作一輩子的態度（**當然許多中上、中中階層中還是存在這種態度**）。再加上現在大多數日本人屬於60年代中期以來出生的新、新新人類，其中部分人逐漸走上企業中級崗位，現在日本許多企業存在的各種矛盾也十分明顯（**當然相比許多中國、西方企業仍要好很多**），這導致某些媒體過分敏感、輕率、幼稚地作出了「日本沉沒」的判斷。

八、其他

1、「在日本到處都有中間人，這是為了防止兩個競爭者直接面對面競爭。一個人會因為失敗而感到羞恥，所以許多時候都需要有個中間人。因而，在提親、找工作、退職以及無數日常事務中，中間人都起著作用。……當事人就不必因為聽到直接的批評而傷及名譽。」

「在小學和家庭裏都是儘量把競爭降低到了最低程度」

分析：日本確實存在避免直接的競爭的現象，因為如果失敗會損傷名譽，比如求愛的男性被姑娘直接拒絕而損傷名譽的程度遠遠大於從中間人口中知道對方拒絕了自己，這對中國人來說也很容易理解。這可以說是「強者意識」思想的變質，一種扭曲的名譽思想。當然這主要存在於日本的中下、下層，中上、中中階層憑藉強大的實力和堅強的意志力可以勇敢地面對直接的競爭，典型如古代武士的決鬥，而且如果自己真的存在缺點和錯誤也會勇敢地承認，不會因為「面子」而自欺欺人。

2、 ……人們談到俄羅斯人時說：「剝開俄羅斯人的外表，出現的是韃靼人」；對於日本人，人們也會說：「剝開日本人的外表，除掉漆層，露出來的是海盜。」

分析：對於日本人的本質是「海盜」的描述比較的幼稚片面，當然其本質到底如何，本書已經有大量的內容來分析，很難用一兩個詞語來形象得比喻，不過與其說是「海盜」不如說更像「狼」。**（後面將詳細分析）**

3、「在20世紀30年代初期，一個類似黑龍會的超國粹主義團體的一位領袖和東京一家英文報紙記者的交談，最準確地描述了日本社會的這一方面：日本社會是一個三角尺，它被大頭針固定住了一角。換句話說，在桌面上的三角尺是大家都看得見的，而大頭針則是看不見的。三角尺有時往右偏，有時往左偏，但都圍繞著一個隱蔽的軸在擺動。就像西方人所說的：一切事情都在背地裡悄悄地幹……」

分析：這個頭領的比喻表示出作者的理解明顯錯誤，從本質上來說，日本社會那「固定住的一角」是爲了日本的強盛而貢獻自己的力量，本質也是不願意服輸，不願意被輕視的「強者意識」思想**（當然該頭領可能沒有這樣一個明確的概念，而只有一個模糊的概念，但他認為不管如何，主導日本社會的這個概念都不會改變）**，而在這種主導思想下，不管是「向左」**（左傾）**還是「向右」**（右傾）**，只是表面上的不同罷了。歷史政治軍事部分將詳細描述日本的左派和右派，雖然表面上相反，但本質都是屬於中間階層—特別是中中階層。

時間篇幅有限，書中許多次要的、零散的觀點不再分析，如果要完整評論作者的思想，就要像古代高僧注釋佛經那樣，每一句乃至每一字都深入地推敲分析，都可以寫出一章乃至一本書，但現實中有很多限制因素，如有可能，將來再彌補這一遺憾吧。

第四章　近年來中日兩國大熱的民族性論書籍簡要分析

相比以前，近些年來日本出現了大量民族性批判書籍，雖然思想觀點並沒有多少地創新，但在此還是簡要地論述一下，當然順便也談論一下中國的類似著作。

《國家的品格》、《下流社會》為何大熱

眾所周知，《下流社會》和《國家的品格》可以說是這些書的代表，其思想沒有多少的深度和新意，文采也無法和《武士道》相比，就是和《菊與刀》、《醜陋的日本人》相比也遜色不少，其他絕大多數批判論著都大同小異地揭露過類似的日本社會種種劣根性，只不過這些書結合最新的一些現實問題，使對這些現實有所同感的日本讀者產生了共鳴而已。

藤原正彥在《國家的品格》中認為「日本國民永遠都是不成熟的，而判斷國民成熟與否的民主主義的前提也永遠無法成立」。日本國民性格中不成熟的一面表現在政治上是完全聽從附和美國，而在國民中是「只要不違反法律就什麼都能做」的僥倖心態。就這部分內容而言，作者和其他民族性批判學者一樣，沒有把日本人進行區分，以整體代表部分，因此必然陷入片面極端的泥淖。

書中還有大量對以美國為主導的所謂「全球化」的批判，作者通過自身經歷和瞭解指出了美國的大量弊端，同時對最近美國開展的「伊拉克戰爭」進行了抨擊。這些對美國缺點

的批評早已在許多的書籍文章中出現，並沒有多少的新意。而對「伊拉克戰爭」，也沒有觸及到美國的金融貨幣以及壓制中國等本質原因。

針對日本政府所提出的一系列改革，藤原正彥認爲對樹立國家的品格沒有多少效果。他還在書中提出：要重視「美的情緒」，不要過分關注「虛僞的邏輯」；要重視國語，不要過分關注英語；要重視武士道精神，不要過分關注民主主義等鮮明主張。他還從教育的角度出發，提倡用獨創性的方法來培育下一代的「情緒」（**和中文原意不同，應該理解為思想品格等意思**）。

對於日本政府的許多政策，在此就不再詳細論述，當然這些政策也因受到國內各種利益集團和國外美國等西方國家的壓力而「變質」，不過並不是作者想像的那樣無用，可以說大多數日本政府人員，特別是官僚的思想素質與西方相比是高出不少，作者沒有在政府任職，自然無法體會到那些人的處境。另外重視「美的情緒」、武士道精神，不要過分關注「虛僞的邏輯」、不要民主主義等可以說是「正確的廢話空話」，而重視國語，減少對英語等西方強國語言的盲目崇拜，可以說也多少反映了中中階層典型的極端民族主義特色。

另外作者覺得日本人在追求本質和表面爲美國化的所謂「國際化」的同時，反而喪失了一向引以爲豪的高尚的國民性格，如對大自然懷有豐富的感性、鄙視儒弱、同情他人的不幸等，作者表示只有復興這些傳統思想，才能恢復日本「國家的品格」。說實話作者自身也並沒有清楚定義什麼是「國家的品格」，只不過造了個新鮮的詞語而已，和近代的「武士道」、「大和魂」等詞語類似，其本質就是那些傳統的高尚思想。

對目前日本社會沉溺於金錢等物質欲望，作者表達出的憤怒絕望也得到了許多人的共鳴。但平和中庸地說，這其實也很普通，不只目前的日本社會，就連過去60、80年代的經濟發展黃金時期，乃至近代以前的武家社會，都出現過類似的物質崇拜時期。

而且如本書多次強調，日本民族主導思想（**也就是「國家的品格」**）——「強者意識」思想自古以來一直沒有改變，包括夏目漱石、三島由紀夫和藤原正彥自身在內的中中階層都表現出了比較高的思想素質，對物質欲望保持了比較好的克制力，與許多中下、下層相比要好很多。

和西方著名的《哈利波特》系列童話小說相似，此書的暢銷和出版商的商業炒作也有很大關係。許多業內人士都熟悉日本出版界運作暢銷書的「三T原則」：Time（時機）、Theme（主題）、Title（書名），通過特定的炒作以此來吸引讀者注意，擴大銷售量。

當然日本評論界也有少數有識之士就認爲是不成熟的日本國民造就了《國家的品格》這部「劃時代的日本論」。

更早一點三浦展的《下流社會》的大熱也反映了「三T原則」。首先對於「下流社會」的定義也和許多民族性研究者一樣陷入片面極端。另外書中運用簡單的四則運算來證明「中間階層」的崩潰實在很難讓人苟同，此外一些圖表和數據也比較缺乏公信力和說服力。

《下流社會》、《國家的品格》的幸運和《醜陋的日本人》的不幸

《下流社會》、《國家的品格》的幸運顯而易見，兩本書被許多人稱讚爲「劃時代的日本論」，作者也名利雙收。相比較而言，《醜陋的日本人》則剛好相反，書籍在出版後就招來罵聲一片，作者不僅丟了官職還被斥責爲日本的恥辱，更被要求滾出日本。

歸根結底，前兩者之所以被捧到了那麼高的地位，而後者沒有取得前者的影響（**準確地說是國內的影響，在國外包括西方和中國等還是產生了一定的影響**），主要還是因爲各種所處時代大背景的不同。

前兩者前面已經闡述，這裡不再重複，而是重點談談《醜陋的日本人》。此書出版的年代，日本「會社精神」（**本質也是「強者意識」思想**）正佔主導思想地位，經濟高速發展，重拾「大和魂」，雖然還沒有「日本第一」的讚美，但當時相比二戰初期的落寞、失敗陰影籠罩的氣氛，民族信心已經大大恢復。

書中的批判性內容主要是以南美的日本移民爲主題，以此來代表整體日本人也一樣的片面，即便以部分本土日本人的言行來代表也很不準確，書中描述的左派學生暴動、日本的海關人員對美國人的卑躬屈膝和對其他國家人甚至日本南美移民的蠻橫；日本移民回鄉爲了捐贈金額的多寡而暗中較勁，或有些事業未成的日本移民，爲了不被恥笑寧願過著與世隔絕的非人生活而不願回日本等真實事例，以及「山頭大王我一人，後面來者推下去。」等俗語和自己孩子回到國內受周圍孩子影響

而做出的「醜陋日本人」行爲，都存在一定的以偏概全。[1]

當然作者自身也無法以超脫、中庸的立場來批判日本人的思想性格，如自己課程遭抵制，不願意厚著臉皮回日本；把自身的加薪與名譽聯繫在一起，而不是單單希望增加工資（得到更多的物質）；一下飛機就急忙想工作來體現自己的價值、以及爲了工作而不願意陪伴生孩子的妻子等等思想性格，都表現了典型的日本中間階層，特別是中中階層的「強者意識」思想。

雖然此書極少數地方也讚揚了日本人的某些優點，如對於日本人明顯的「努力」給予積極的肯定，列舉近代日本開國求知於世界的初期，青年學生學習物理、解剖、地理等西方學科，西方老師不會日語而用母語教學，這些學生非但沒有得過且過，而是用一般西方人和中國人難以想像的努力來克服，如用一周的時間查字典弄懂一個單詞等等。但當年的日本政府高層和大多數民眾對於這樣的反調顯然無法容忍，不像現在，批判地更片面極端的《下流社會》和《國家的品格》卻反而受到了追捧。

就目前的日本社會而言，因爲經濟的挫折，大多數中下階層和下層重新出現了一百多年前那種過分重視金錢等物質的缺陷，導致日本社會各種領域出現了大量的問題，當然和一百多年前一樣，由於最具競爭力的中上、中中階層的存在，其「強者意識」的思想本質沒有變化，整個日本社會還是維持著有效運轉，沒有像某些日本人所說的「崩潰」。順便引用一下

---

1 此書也從側面反映了拉美國家從近代開始一直以來對美國的反感；包括對現代人眼裏的原始野蠻的希瓦羅人的誠信、勇敢、豪爽等絕大多數現代人已經喪失的高尚品格。

《醜陋的日本人》中著名的核子物理學家石田英一郎的話：「民族性一旦形成，它的變化就和核性格一樣，需要幾萬年的時間」。這話雖然有點片面極端，但確實日本中上、中中階層的思想自古以來就沒有多少變化。至於目前日本社會出現的種種問題，可以說西方包括中國等國家也都一定程度地存在。就如本書前面所說，就連一個人本身都存在許多自相矛盾的時候，更何況一個民族一個國家。回顧歷史也一樣，哪怕是在許多日本人認爲的70、80年代經濟發展的黃金時期，也存在許多和現在類似的問題。此外國際局勢上，美蘇的冷戰和大大小小的熱戰也遠比現在激烈，但最終日本還是走到了現在，世界也還是相對和平地進入了21世紀，而沒有像許多極端幼稚的人認爲的那樣崩潰，而且如果真的要說崩潰，現在的日本面臨的崩潰威脅要比西方和中國等大多數國家小得多。

不提政治和社會方面，單就經濟來說，那些到中國履職的日本公司中高級社員，大多不會同意中國經濟（**具體地說中國製造業**）將超越日本的思想觀點，且反而會因爲自身經歷而覺得中國遠不如日本，日本就算是原地停步，中國也需要幾十年才能趕上。而在日本「中國威脅論」之所以甚囂塵上，多是因爲日本的某些中間階層和媒體比較極端，中下、下層也被其迷惑而隨聲附和。

此外，批判類日本論的熱門暢銷也從反面顯示了：日本民族特別是中中階層並沒有崩潰沒落，大多數對目前日本社會種種醜惡現象進行批判的作者就是中中階層的典型代表。而在中國，像前幾年大火的小說《狼圖騰》，雖然在國內也產生了巨大的影響，有些甚至還封了「千古奇書」等高帽子，但由於中國大多數領域缺少高思想素質的中中階層，各種問題比日本

要嚴重地多，而且未來的解決前景也比較渺茫。

《狼圖騰》中讚美的「狼性」本質也是「強者意識」思想

前面提到了《狼圖騰》，在此也簡單評論一下。

此書雖然表面上採取小說的體裁和表述方式，但本質還是可以歸爲民族性論著。就書中內容而言，不管從前面近乎紀實性質的故事部分，還是最後一段近乎學術的歷史總結，其實並非首創。前面部分早已在《故事會》、《讀者》等雜誌上出現過類似讚頌狼性血性的故事，只是篇幅較短罷了，而且有些故事反映的狼性比前者更強、更深。其最後的近乎總結的部分（**和絕大多數傳統小說的結尾不同，有點不倫不類。**），即中國歷史上北方外族不斷入主中原的部分，也在許多歷史學術著作上出現過，而且原比這段貌似高深的理論要深刻完整地多，書中最後一部分的大致意思是：統治中國的外來民族大都是北方（**西北**）民族，而其思想與狼性相一致或者傳承自狼性，因此反映了狼性思想的偉大。

平和中庸地說，不能如此簡單地把北方民族的成功（**最主要是戰爭上的勝利**）歸源於狼性，只不過他們比中原人保持了更多古人重實力輕虛文，不怕死、戰鬥力強等「強者意識」思想（**當然這種思想的源頭可以歸屬到動物，不僅包括狼等肉食動物，也包括羊、鹿等草食動物**）而已。雖然思想文化和經濟等大多數方面遠遠落後，但憑藉強大的軍事實力作了中原民族的主人，讓自視清高的文人附首稱臣，這其實是因爲中原民族主導階層的自身思想倒退導致，而不是北方民族的思想有多麼的高深、文化素質有多麼的偉大。且不必只說早期的犬戎以及後來的契丹、女真、蒙古、滿族等正宗的北方遊牧民族，春秋戰國時期的楚、吳、越等南方民族也表現出強大的戰鬥力，因此並不能幼稚簡單地按照區域來比較民族的優劣。

再進一步分析，無論北方民族，或是先秦的楚、吳、越等南方民族，其主導思想本質上屬於和現在的西方人相同的下層「強者意識」思想，也存在明顯的缺陷，其中各種殘暴的燒殺搶掠就是典型的體現。

有的學者認爲中國的歷史是民族融合的歷史，北方入主中原的民族最終都被同化、漢化了。這其中有一定的道理，但也有明顯的不足。在思想上，中原民族的思想在北方民族之上，因此確實嚴重影響了入主中原的北方民族，最典型的自然是儒家思想，但人性中存在的劣根性也使北方民族出現倒退，逐漸落入了「弱者意識」思想，於是早期入主的北方民族不斷地被更北方的更完整保持著「強者意識」思想的民族取代。典型的就是北方遊牧民族契丹所建立的遼，初期戰鬥力強大，戰勝宋等許多國家建立了國家，但不久在巨大物質享受後迅速腐化弱化，被人數軍隊比自己少數倍但更加保持原始性（**也就是強者意識**）的遊牧民族女真所滅，同樣金朝也在巨大物質享受後迅速腐化弱化，被人數軍隊比自己少數倍但更加保持原始性（**也就是強者意識**）的遊牧民族蒙古所滅。

孔子說過：「文質彬彬，君子也」，而從魏晉開始（**更準確地說之前也存在這樣的現象，比如當時也有許多腐儒，但還沒有成為主流**），大多數自稱爲君子的儒生文人卻喪失了對「質」（**實力、武力等**）的修行，忘記了先師的教導而自以爲是地自封儒家正宗，導致自身思想的倒退，最終也導致了關鍵時刻無力保護國家民族。而20世紀90年代中後期，特別是21世紀以來大多數中國人的思想素質再次大幅度衰退，大多數的下層有點仍處於蒙昧狀態，許多的中下則形成了典型的市儈式功利主義，而關鍵性的一定數量的中中階層的「弱者意識」導致了實力的不足和缺乏，在許多方面無法戰勝日本、西方的同階層，而極少數的中上層也有心無力，無法改變整個大局，因此雖然《狼圖騰》所宣揚的狼性（**本質為下層「強者意識」**）並不是非常高深，但對於現在中國的大多數中中、中下、下層非常需要，而且因爲這種思想比較淺顯簡單也比較容易被認同接受，也能夠產生比較實際的效果，畢竟像佛、菩薩的思想太過高深，作爲人這一物種無法達到。

隨著《狼圖騰》的大熱，近年來也出現了大量類似歌頌「狼性、血性」的書文、影視作品，但還明顯存在刻意做作的成分，有些方面在朝著西方、韓國等國家的下層「強者意識」思想發展，但還不如日本的中層「強者意識」思想，當然更比不上先秦時期中國人的上層「強者意識」思想。當然等具備了「強者意識」思想後，還是需要佛教等高尚思想來引導，否則也會如中國古代趙武靈王那樣不得善終。

與其說日本人是犬不如說日本人是狼

在民族性研究領域，以動物作典型代表來進行分析的，佔據了相當的一部分，既然說到了「狼」（**《狼圖騰》中也有半句話點到日本人的性格，作者覺得其比中國人更接近狼性**），那就在此也從這種角度來論述一下中日兩國的民族性。

就許多主流的比喻來看，中國的「羊」論、「豬」論比較盛行，而日本的「狗」論比較吃香[2]。前者主要出於中國長

---

2 對西方人的描述也有過比較模糊的「獸論」，魯迅就認為西方人具有獸性，這大多是因為其在侵略戰爭中的暴力行為。

期以來特別是近代的歷史中，中國人軟弱一直被欺凌，貪生怕死等劣根性而定義的。而後者主要是根據日本人特別是武士、軍人、社員的忠誠等優點而定義的。

平和中庸地說，這兩種比喻都比較的片面和極端，只是注意到一些表層的思想，而沒有進行深層次的分析。與其說中國人像「羊、豬」（**沒有貶義褒義，下同**），不如說只是其思想層次的退化，受「弱者意識」思想主導，具體演變過程在前文及本書其他地方多有提及，不再敘述。

而綜觀日本人的思想和歷史，與其說日本人像「狗」不如說「狼」，因爲狼不但具備了忠誠等狗的所有優秀品格，而且關鍵是其具備一般狗沒有的血性，或者說沒有狗那樣的奴性，在此詳細評論一下日本人和狼。總結一下具體有以下幾個相似點：

1、**眼神**。俗話說眼睛作爲心靈的窗戶，眼神也能比較直接地反映出一個人的思想層次。狼的眼神和日本的中間階層特別是中中階層很像，其中透露出一種「盛氣、銳氣或者說殺氣」，眼睛也類似，具體描述一下便是瞳孔朝上，接近上眼皮，有部分甚至被遮住。當然不只是日本人，部分屬於「強者意識」的西方人或者中國人也如此。雖然比大多數中下、下層麻木、渾濁的眼神要好很多，但體現了瞋等缺陷，而如佛、菩薩包括上層，其眼睛雖然也是半閉，但卻沒有那種「凌人」的感覺，最上層的佛的眼神平和淡然、似濁又清，眼睛似看非看、半閉非閉，表現了其內心清淨圓覺的最高境界。

2、 **等級思想**。狼群嚴格的等級意識和日本人一樣，每隻狼都有自身的等級地位和權利。當然如果將兩者的等級思想進行縱向比較（**橫向無法比較，而且也不選擇智力，因為大多數現代人的整體智力當然超越狼**），狼群的等級思想遠比日本人要合理、公正、有效。日本人也存在著許多不合理、過分桎梏的等級制度，導致政治經濟等許多領域等級高的人在思想、技藝實力、智力等許多方面不如低等級的人。綜觀人類歷史，早期群居的原始人其實也和狼一樣存在合理的等級思想，但後來隨著智力漸漸發展的同時，也出現了許多劣根性思想，導致等級思想開始變質，所以像先秦的道家人士中有許多「絕聖棄智」的說法，希望重回原始時期那種「懵懵懂懂」時代，以天性本能來爲人處世，從而可以減少許多的缺陷。

3、 **競爭思想**（**也就是自我強化提高**）。狼群中保持著嚴酷的競爭，沒有絕對固定的領袖，只有最「強」的狼才能擔任領袖，幼狼長大後會挑戰頭狼的地位，哪怕其是自己的父母，也會光明正大地挑戰，憑藉真正的實力，沒有什麼陰謀詭計。內部激烈的競爭也保障了種群的實力，在對外時就表現出來了。另外頭狼一旦地位穩固後，狼群可以完全地服從領袖的命令，在戰鬥時盡自己的全力爲群體拼鬥。

當然人類（**包括中國人、日本人、西方人等**）也存在明顯的競爭思想，日本人特別是中中階層也存在強烈的競爭思想（**也就是自我強化提高**），並不是像許多幼稚學者描述的那樣團結，而且近代以來（**篇幅有限不比較以前**），大多數中國和西方的主導階層，亦即中中階層，其物質享受思想比較嚴重，自我競爭、自我強化思想沒有日本中中階層那樣明顯（**當然後者中也存在一定的物質享受思想**），因此近代日本中中階層代表的部分軍人使得日本依靠軍事而崛起，二戰後日本中中階層代表的部分社員使得日本依靠經濟而崛起。

但由於一定的劣根性，人類中出現了許多不公正的競爭，如中國俗語「出頭的椽子先爛」、「槍打出頭鳥」、「木秀於林，風必吹之」；日本「出頭的釘子要遭敲」等都表達了這個意思。

究其原因，可以說是「強者意識」思想衍生的一種負面思想，也可以說是等級思想的一種變態，當然直白一點來說，只要自我意識稍微有點覺醒的人，都不願意居於人下，特別是那些自己認爲不如自己的人，而其中許多人缺少自知之明和知人之智，就導致了惡性打壓，有些甚至暗中陷害自己的競爭對手。

4、 **後代教育**。狼群對幼狼的教育也保持著嚴格的優勝劣汰，沒有溺愛，幼狼必須自己學會長輩傳授的技藝，具備必要的生存能力（**實力**），沒有生存能力的會被無情地拋棄，而等幼子具備生存能力後，再用暴力強迫其獨立生活。當然另一方面，成年狼必要時可以犧牲自己的性命來保護幼狼，沒有絕對的希望時，如食物短缺時也本能（**不存在殘忍或者慈悲等感情**）地拋棄甚至吃掉部分幼狼，來維持其他更強壯的幼狼和自己的生存，從而爲了種族更好地生存發展。

而縱向比較的話，人類對後代的教育許多（不是所有）方面也遠不如這些動物，因爲自身思想的侷限，許多父母過分溺愛偏護孩子，導致後代反而連一般的思想能力都不具備。另外也有許多父母過分自私，虐待孩子，或者在許多方面按照自己喜好意願來要求孩子，如結婚對象、工作等。

就日本而言，雖然90年代以來「老師媽媽、缺席爸爸」的情況有所改善，但大多數父母對孩子的高要求還是和中國父母類似甚至更甚，要求孩子考上名牌中學、名牌大學，要求其將來成爲律師、醫生、教師等高等職業。當然也有一些父母還有強烈的子承父業思想（二戰以前，長子繼承家業，其他幼子成年後到外地另謀生路，直到現在日本的一些農村還是如此）。

另外相對來講，日本「富不過三代」的現象比中國要少得多，因爲「強者意識」的影響，對於只知道吃喝玩樂無所事事（直白一點也就是弱）的子女，日本許多中間階層特別是中中階層的父母寧可斷絕關係也無法忍受，更不會縱容。舉個具體形象的例子，像《排球女將》中小鹿純子的父親對孩子的嚴厲教育態度就是日本典型的中中階層對於子女的態度。這種嚴格的教育態度產生了相當的逆向激勵，從而在長時期內保持了日本青少年的實力，因此日本的「敗家子」比中國少得多，比如日本歷史悠久的家族企業是世界上最多的。而且最關鍵的是，父母的思想很大程度上影響著孩子的思想，因此大多數「強者意識」思想的中中階層的父母也把自己的思想傳承給了自己的孩子，使得日本一直以來保持著這種主導思想。

就中國而言，雖然90年代以來，即便是偏遠的山村地區，大多數父母也已經十分重視孩子的教育，有些不惜變賣唯一一點值錢的東西也要供孩子上學，應該說是巨大的思想進步，這一點連許多把讓孩子受教育看作義務的西方人和日本人也很難做到，許多人無法爲子女做出這樣巨大的犧牲。但其中還是存在嚴重問題，就是這些父母自己不去學習，沒有提高自身的思想素質，由此導致在某些方面的觀念仍很落後，如過分片面地追求分數，導致許多孩子的思想和能力畸形發展，成爲了只會做試卷的「考試機器」。此外作爲孩子的第一任老師，大多數父母嚴重的市儈言行也大大地影響了孩子的思想，導致其也產生嚴重的市儈心理。典型的就是低層次地理解教育的目的，反覆地「教導」孩子好好讀書，將來賺大錢，過好日子，導致了孩子產生嚴重的功利思想，雖然對於個人來說，賺錢過好日子無可厚非，自私一點也很正常（**不可能要求每個人都大公無私**），但大多數人不成熟的功利主義、市儈主義對於國家和民族來說無疑是災難，這也是導致中國無法真正崛起的重要原因之一。而且這不僅害了孩子，最終也會害到父母自己，因爲許多市儈自私的孩子對待自己的父母往往也很少是真心地關心孝順，比如許多民營企業老闆在平時造成了孩子鋪張浪費、虛榮自大等「弱者意識」思想，當父母的企業遇到困難，無法給予其足夠的金錢時，孩子非但不體諒父母，甚至還斥責父母或者走上犯罪的道路。同樣，中下階層的另一典型代表，許多政治領域的貪官由於自身存在勢利、自私、仗勢欺人等「弱者意識」思想，其子女往往也產生這樣的思想，肆意的揮霍父母貪污來的金錢來滿足自己貪婪的欲望，當其父母東窗事發後，也和前面許多民營企業老闆的子女一樣，非但不安慰關懷父母，反而責備辱罵父母，這些都是由於自身的「弱者意識」思想而導致，既害了孩子又害了自己的最終結局。

5、**社會角色**。狼群在生態中扮演的角色，主要是淘汰老弱病殘（**也就是弱小**）的食草動物。日本民族也類似，無論是近代以來的軍事戰爭還是後來的經濟發展，都有意無意地扮演了這樣的角色，比如說近代日本侵略弱小的中國，從中國掠奪了大量的物資，而且也殺害了大量中國人。二戰後，日本的經濟崛起又奪取了許多原本屬於美國等西方國家的利益，淘汰了這些國家許多行業的企業。當然這並不是說日本人本質「壞」，而是人類因爲貪瞋癡等思想劣根性而發生不斷的鬥爭，與其仇視詛咒日本人，不如想想自己爲何會被日本人超越、淘汰。

易中天、於丹熱

近年來，和火爆的超級女生、快樂男生等青少年選秀節目交相輝映的，可以說是易中天品三國熱、於丹品論語熱（**兩人被稱為「學術超男、學術超女」**）。當然兩者之所以造成如此巨大的影響，主要原因都是由於各種電視、報紙等大眾媒體大肆的宣傳炒作，導致相當一部分普通百姓（**大多數屬於中下階層**）去關注他們，購買他們的書籍，而不是他們的思想層次和技術能力達到了非常高的境界。

因此不少中中、中下階層的學者、文人半是嫉妒半是學術爭論地對其展開了猛烈批判（**有些有身份的學術權威不屑也不好意思自己站出來，因此猛烈批評的多是些二線的青年學者、文人**），雖然其中也有少數比較客觀公正的評價，但大多數顯得偏激片面（**本質是因為自己「弱者意識」思想侷限**），用俗話來說就是自己吃不到葡萄就眼紅吃到了的人，相比這些極端的歪曲攻擊者，倒是雖然成名但仍比較清醒自知的易中天、於丹更高尚許多。這些人一旦處在後者的境地，也必將比後者更加的恣肆狂妄、得意忘形。

其實照此可以假設，任何一個水準一般的人，如果中央以及各地方的電視報紙等媒體集中宣傳幾個月，那其名氣自然就會迅速提高，其著作銷量自然會上升，因爲對於大多數普通百姓來說，其分辨能力比較薄弱，以爲媒體熱捧的明星學者就是水準高的學者。

當然思想文化領域只是一方面，另外如娛樂、保健、雜技等等許多領域也都存在這樣的例子。

平和中庸地說，雖然易中天、於丹節目的思想、學術價值並不高，但至少他們的出名能夠引導相當一部分中下、下層中國人把目光從更低級的吃喝玩樂、追娛樂明星等轉到古典思想文化上來，這一點就應該心平氣和地肯定，是許多學術泰斗和文人小說家所不及的。

第五章　日本和中國的新、新新人類

前面幾章詳細分析了古代和近現代傳統日本人的思想性格，在此再重點分析一下日本的新、新新人類。

新、新新人類這些詞無論在日本還是中國都早已耳熟能詳，對於一些「最新人類」來說甚至有點落伍了，因此在此也不再詳細介紹其具體內容，而是側重詳細分析一下這兩個人群的思想狀態。

日本的新、新新人類與傳統日本人本質相同

就日本來說，對於「新人類」的定義廣泛地說是指沒有經歷過二戰及戰後那段極端困難灰暗時期，而是在日本經濟高速增長時代出生的日本人，比較典型的是60年代中後期以來出生的一代，而「新新人類」主要指80年代特別是「平成」時代出生的日本人。

雖然字面上沒有明顯的表示，但對於那些所謂的傳統日本人來說，這兩個詞中包含了一定輕視諷刺的味道，許多人認爲這兩個人群的思想中沒有努力奮鬥、吃苦耐勞、無私分析等傳統日本人的優秀品格，另外還有許多傳統日本人沒有的缺點，如沉溺於物質享受、注重金錢、缺少理想信念、缺乏禮儀、性關係混亂等等。許多傳統日本人甚至認爲他們不算真正的日本人，但這其實是這些傳統日本人自身思想層次不足，無法真正瞭解這兩個人群的思想，才出現了這樣的誤解，日本的新、新新人類與傳統日本人本質相同。

首先傳統日本人按照出生時間來劃分新、新新人類就存

在明顯的片面和不足，其實按照本書的定義，日本的新、新新人類中也存在相當部分高素質的中中階層，他們的思想層次（**也就是「強者意識」思想**）和傳統日本人中的中中階層一樣，甚至比他們更前進了一層，如近代到二戰日本中中階層典型代表的軍人中，許多人的國家民族主義表現得過於極端偏激，而現在新、新新人類中的部分中中階層則明顯增強了忍耐力，也更冷靜沉著，就像某些武俠小說中所描述的，那些對自己的力量能發能收的人比那些能發不能收的人更強一級，當然由於缺乏大善大愛高尚思想的支撐，他們這種忍耐力以及冷靜沉著的表現只是爲了爆發更強的力量，因此還是屬於「強者意識」思想。

此外新、新新人類中也確實存在思想素質比較低下的中下階層，他們的缺點如前面所介紹，但這樣的中下階層也存在於傳統日本人中，許多傳統日本人缺乏平和中庸的思想，過分著眼於新、新新人類的缺點，而沒有反省自身的缺陷。

下面再具體舉例來說明一下。

就大多數中中階層的新、新新人類而言，和以前大多數中中階層的傳統日本人一樣，爲追求自身的理想信念或者說「自己的存在」而不斷努力奮鬥，變化的只不過是表面，如希望成爲出色的歌唱家、演員藝術家等或者爲了愛情、友情以及其他各種目的等，取代了之前二戰以來的「會社主義」信念，以及更早的戰爭時期的「武運長久、大和魂」等國家民族主義思想。如果現在日本愛好唱歌跳舞的中中階層的新新人類把自己的理想信念換成爲企業奮鬥，把主要的努力用於爲企業工作，誰又能絕對肯定其中就不會出現幾個發明出某項推動日本經濟高速發展的關鍵技術的天才呢？

而且雖然大多數中中階層的新、新新人類不再願意爲企業免費加班，下班時間一到就立刻離開了企業，但在「強者意識」思想作用下，在上班時間還是會盡自己的努力來完成工作，很少尸位素餐或者總是想著損公肥私。當然這種所謂的敬業精神、工作第一的思想本質也是「強者意識」思想，雖然大多數中上階層是爲了自己的信念而努力工作，但許多中下階層很大程度上是因爲自己不想因爲無能（**只會拿企業的工資而無法做好本職工作**）而被別人輕視，直白地說就是被認爲是弱者，這和許多的傳統日本人本質一樣。

當然其中還有一部分中中階層的新、新新人類，既沒有爲國家、企業奮鬥的信念，也沒有爲自己的興趣愛好努力的理想，因爲暫時沒有找到自我存在的真正意義，於是感覺生活乃至一切都無聊，所以做出了自殺以及各種荒誕的極端行爲。

而就大多數中下階層的新、新新人類來說，雖然理想信念比較淡漠模糊，但也具有自己的興趣（**許多的興趣並不高尚，如有的愛好收集動漫遊戲等興趣，這些人大多被稱為「御宅族」**），當然思想層次、意志力方面比前者差了一個檔次。

這部分人以一些在餐館、小賣店、建築工地做些低端工作的青少年爲代表，工資可以維持基本的生活條件，但缺乏爲理想信念而奮鬥的積極的人生態度。

不過隨著這部分人越來越多，以及日本經濟低靡，這類工作的工資水準近些年來也大大下降。而且有些老一代傳統日本人（**中中階層**）覺得他們以前積累的財富，正因爲這些人而不斷消耗喪失，國家民族也因爲這類年輕人增加而競爭力下降。確實像「刷盤子」的低端工作，在日本能有如此高的工資，不是因爲其有多少技術含量（**雖然相比中國同行，其工作態度方面高了不少），而是日本企業界中的中上、中中階層創造了日本強大的經濟實力，導致大多數低層工作的工資相比於中國要高很多。

日本的新、新新人類相對於傳統日本人的特質

雖然前面所說日本的新、新新人類與傳統日本人本質相同，但前者的許多表層思想確實也出現了一定的變化，這導致許多新、新新人類在言行舉止、興趣愛好、穿著髮型等表面上出現了明顯的差異。

等級思想的變化導致與傳統日本人的矛盾

首先就是等級思想，可以說這一點是導致新、新新人類和老一輩傳統日本人發生矛盾的主要因素。因為過去日本的等級思想，許多老一輩傳統日本人都會要求晚輩尊敬自己，把自己放在高等級上，但大多數新、新新人類在個人、自我主義作用下，等級思想已經比較淡薄，不認為自己必須尊敬年紀比自己大的人，或者說家庭背景比自己好的人，不大願意服從無能的上司，因此惹惱了後者。

不過雖然許多新、新新人類自認為沒有等級思想，但由於本質的「強者意識」思想本質不變，新、新新人類的等級思想並沒有消失，如對比自己後進的新人，也會表現出要求其對自己服從的思想，如果後者的言語稍微有點頂撞，就會十分氣憤，而沒有想到自己在頂撞上司時，對方也和自己一樣。

而且對於大部分新、新新人類來說，在一定的自知之明和意志力作用下，還是甘願服從思想能力等強於自己的領導，這其實還是一種等級思想。很少像大多數中國的新、新新人類那樣盲目的自大輕狂。當然90年代以來，許多日本職業學校、

大學的畢業生，其素質能力也出現了一定程度的下降，盲目自大思想以及亂扔垃圾等不文明行爲也漸漸增加。

自我主義、個人主義強烈

大部分新、新新人類按照自己的思想信念來決定自己的人生，子承父業的觀念已經比較淡薄（**當然沒有完全消失，許多人仍存在這樣的思想**），也不大願意按照父母的意願選擇工作，而是根據自己去選擇，有一些甚至寧可做一些服務生、零售店店員的工作或者街頭賣唱，也不願意接受父母安排的大企業、銀行等體面工作，而且哪怕遇到很大的困難也不會後悔退卻。

新、新新人類中，雖然許多人因爲強烈的自我主義、個人主義而導致性格孤僻、人際關係薄弱，但這種現象在自古以來的許多日本人中一直存在，如古代許多武士等也很少輕易袒露內心。

另外對於情感而言，雖然和大多數日本人一樣不願意孤獨寂寞，但在婚姻方面，不再願意由父母做主，而是自己決定，許多人找不到喜歡的人寧願一生不結婚，也不願意像許多傳統日本人那樣，受傳宗接代等傳統倫理規範制約，和自己不喜歡的人湊合著結婚。

此外也不再像之前的傳統日本人那樣居於普通平凡、沉默死板（**有點像中國改革開放前**），敢於充分展示自我，典型的是新新人類青少年對動漫人物的模仿（COSPLAY），對於外國人來說是一道與東京塔類似的標誌性風景，就連以自我、個性自居的西方人也自愧不如。

當然與之相反的是，日本的「新新人類」中也出現

「NEET」（**類似「家裏蹲」，沒有後者那麼極端**）一族，就是害怕、不願和外界接觸的一類人，據說日本現在這類人有幾十萬甚至上百萬。

部分日本學者認為「NEET」一族出現的主要原因是：1、就業環境惡化；2、教育個性化；3、家庭環境影響。但本人覺得還是個人意識畸型發展後出現的另一種與傳統日本人不同的生活方式，日本社會自古以來就一直存在這類階層，只不過由於現在物質條件比以前充裕許多，導致這類階層也比以前多得多，因此這種現象進一步地極端表現了出來。在物質條件不富裕的古代日本，或者二戰以後伴隨經濟高速增長而形成的以奮鬥拼搏為主流思想的時候，「NEET」一族和「家裏蹲」一族肯定早被強迫走向社會了，但目前富裕的日本，創造了其得以存在的「溫室」。

當然按五分論分類，這些人大多數屬於中下階層，另外也有部分和前面所敘述的中中階層重合，只不過暫時沒有找到自己人生的存在意義和奮鬥目標，就如日本學者村上龍《NEET》一書序言中所寫的：「他們並沒有放棄人生，只是暫時停下腳步，找尋自立的萌芽。」這句話雖然有點片面，並不適合所有的「NEET」，但用來描述這部分人比較合適。

國家、民族主義淡漠

當然許多新、新新人類的國家、民族主義思想淡漠也是相比較而言，就思想層次方面橫向相比，中上、中中階層的新、新新人類仍舊保持著強烈的國家、民族主義，因為本質的「強者意識」思想沒有變化；不過和傳統一代縱向相比，確實是淡化了不少。特別是對政府的態度，不信任、不滿大大增

加，認爲政客、官僚很少爲了國民考慮，自顧自身的利益，因此這導致日本政府的支持率始終在低位徘徊。

其實回顧近代的歷史，雖然當時創立明治政府的官員中也存在一定的腐敗，但在作爲中間階層主要代表的軍人武士的國家民族主義主導下，新政府在民眾中的威信仍然很高。二戰後也一樣，在當時日本經濟高速發展的時期，政治領域也存在和現在類似的問題，但由於在當時「會社精神」（**本質為「強者意識」思想**）的影響下，社會上大多數人能夠心態平和地對待一些問題，而90年代以來大量的會社倒閉和解雇職員，導致現在日本社會中下、下層的不滿情緒大大增加，心理出現了嚴重的不平衡，一出現一點問題就覺得日本崩潰了，其實日本社會政治包括經濟等領域的潛規則並沒有多少變化，變化的只是大多數日本人的心態而已。

當然西方包括中國的新、新新人類也是如此，由於思想沒有成熟，看待問題比較極端。

回顧歷史，在近代早期，許多日本的學生因爲幼稚甚至還產生對國家、民族的自卑羞恥心理（**當然這種自卑心理直到現在還存在於許多中下階層的學生中**），如當時在日本授課的德國人貝爾茲，就接觸到極端否定自己歷史的日本學生，但其簡單地下結論說日本人「對於自己的過去，根本什麼都不想知道。不止如此，有教養的人竟以自己民族的歷史爲恥。」體現了其（**也是許多西方學者**）的片面主觀性，僅憑個別的具體事例就將其移植擴充到全體，其實這個學生的思想也只是其中的一部分，是在當時盲目崇拜西方文明的背景下產生的極端思想。從本質上來說不是痛恨自己的歷史和民族，而是痛恨日本過去的落後（**直白一點也就是「弱」**），並認爲作爲落後國家民族的一員會被西方人恥笑，自己也感覺到恥辱（直白一點也就是「弱者」），和當時大多數不願意被稱爲亞洲人的日本人一樣，這也是「強者意識」思想的一種比較極端的體現。

中國的新、新新人類

就中國而言，雖然那些50後、60後的「傳統中國人」把80後稱作新人類，但其實新人類可以向前追溯到70年代前期，由於太年幼，文革的殘酷經歷已經不再遺留在這部分人的記憶中（一般孩子要到10歲左右才能比較清楚記憶過去的經歷），同時和80後一樣，隨著改革開放，在「歐風美雨」——片面的物質主義、個人主義、享受主義（之所以說「片面」，是因為自身思想幼稚，只注意到了許多西方人物質享受表面而沒有注意他們努力奮鬥得到物質的過程，只看到許多西方人崇尚自我個性而沒看到他們堅強的自立精神，當然這些也都是表層思想，本質屬於下層「強者意識」思想）等西方思想衝擊下，受馬列毛思想的影響已經很小，當然80後更典型，因此和日本相對應，他們可以算是「新人類」。而90後也可以算是中國的「新新人類」。

當然如前面所說，按照出生時間來劃分存在明顯的片面，中國的新、新新人類也存在和40、50、60後等所謂的傳統中國人類似的特徵。比如幼稚自大等典型的「弱者意識」思想，但許多思想方面和日本的新、新新人類一樣，如自我主義、個人主義強烈等。

明顯的例子就是近年來的狂熱的選秀節目（日本有媒體針對這個現象下了個「中國大娛樂時代」的定義），當然青少年爲選秀瘋狂的舉動很容易理解，因爲通過這種方式往往可以一步登天，成爲許多人眼中的明星，不用辛苦地學習，而且還有大

量的錢財，既滿足了精神需求又滿足了物質需求，馬克思說過「一旦有適當的利潤，資本就大膽起來。有50%的利潤，它就鋌而走險；為了100%的利潤，它就敢踐踏一切人間法律；有300%的利潤，它就敢犯任何罪行，甚至冒絞首之險」，而通過選秀成為明星，光是物質上得到的金錢與目前中國社會一般上中、大學（**當然大多數參加選秀的青年學習成績都比較差，很難進入名牌大學**）畢業後賺得每個月一兩千塊錢的工資相比，多了3000%都不止，再加上獲得崇拜追星的精神享受更是無法用數字來衡量，思想幼稚的青少年自然會出現那樣瘋狂的舉動。

當然就這類選秀來說，最初只是個「搞笑」的娛樂節目，像「超級女生」製作方的本意是從那些青少年的幼稚表演中找點笑料，如嚴重的走音、滑稽的動作、幼稚的神情等等，所以許多人認為最有意思的看點不是最後幾個人的決賽，而是海選中的上述那些鏡頭，但沒想到這些平民明星獲得了那麼多青少年的支持，於是出於商業因素考慮，把這些選手當作明星來培養炒作。

由於產生了巨大影響，創造了巨大的經濟效益（**據說某電視臺賺了上億人民幣**），於是導致各地乃至中央電視臺都大力製作選秀節目，結果使這類節目嚴重氾濫，和80、90年代輕紡行業、家電行業一樣，最後由於「產能過剩、替代品過多」而造成經濟效應大大下降。再加上這種選秀嚴重擾亂了大多數青少年的學習，政府也採取了一定程度上的控制，到目前已經大大降溫。

當然某些中中、中下階層的傳統中國人將選秀批判得一無是處也比較幼稚極端，體現了這些人自身的「弱者意識」思想，從某種意義上說，通過選秀確實能增加不少青少年勇於展示自我的自信，不像以前那樣一見生人就低頭，以致進入社會後無法適應，被殘酷淘汰。但另一方面，選秀確實也加劇了青少年乃至整個社會的浮躁氣氛，使得許多學生沒有心思學習，雖然政府不得不嚴格規定年齡限制，但其造成的影響卻無法控制，不少青少年學生仍舊不把心思放在學習上，而是盼著自己早點到可以參加的年齡，然後幸運地一夜成名。這和社會上許多投機炒股票、期貨的成年人一樣，都體現了嚴重的浮躁、好逸惡勞等「弱者意識」思想。

當然日本乃至西方雖然也有很多類似的選秀節目，但相對中國有比較嚴格的限制，而且大多數青少年學生通過打工等接觸社會，使得其相對比中國的青少年學生成熟許多，沒有那麼多的人喜歡做不切實際的黃粱美夢。而且由於大多數人思想不成熟（**如叛逆、抵觸情緒強烈**），許多的中國新、新新人類和日本的新、新新人類一樣，也非常反感那些40、50、60後（**雖然這其中有許多偽君子、偏激文人，但也有少數人思想高尚**）把自己當作聖人一樣來對他們說教的人，非但不聽反而仇視這些人，這也加劇了彼此的矛盾。

平和中庸地說，那些批判新、新新人類的傳統日本人在自己年輕時候，許多也梳著爆炸頭、穿著喇叭褲追隨嘻皮、披頭四等當時流行明星，而許多批評中國80後、90後爲垮掉的一代的50後、60後，在和現在的80後、90後同樣年齡階段時，本身就是文革的狂熱參與者，因此也一樣被更早的20後、30後等稱爲垮掉的一代。

現在年輕男子的長髮和過去的爆炸頭，現在的HIP-HOP和當年的霹靂舞等，現在的惡搞和當年種種的激進運動，本質都一樣，只是形式不一樣而已，只是當年的許多東西現在已經被廣泛地認同和接受了，因而不再被批判，同樣等20、30年後，現在各種被批判的事物也會被認同和接受，當然到時肯定又會有新的批判對象出現了。

21世紀的中國，成也新人類，敗也新人類

就目前的中國而言，可以說不僅在娛樂、文學（**在後面將詳細闡述**），也包括其他經濟等領域，作爲新人類的70、80後都已經成爲一個十分重要的存在，雖然經過歲月的洗禮，大多數70後已經逐漸被主流所接受，而大多數80後仍舊遭受著主流的批評，但如前面所說其實這兩個人群無論在價値觀、人生觀，還是情和性的思想等等都非常接近，只是由於年齡的原因導致後者仍處於風口浪尖，因此可以推斷，十年後，目前的80後也將和現在的70後一樣被主流接受，而90後則將取代80後成爲受到主流批判的主要人群。

在關鍵性的經濟領域，現在許多70、80後年輕人逐漸取代目前廉價勞動力主流的50、60後，由於這部分人的工資物質要求比較高，導致企業雇傭成本大大增加（**當然也有《勞動合同法》新法規的實施和原材料、匯率等其他原因**），而且其中許多人（**主要是中下階層**）由於思想不成熟，不但自身沒有多少的技術實力，而且物質、功利、個人、過分的揮霍消費等思想甚至比西方人還嚴重，幾乎時刻想著損公肥私，爲了更多一點的工資就輕易跳槽，這些又大大增加了企業的隱性成本和損失，而除了資源、環境等因素外，目前中國經濟的大多數行業主要還是依靠廉價勞動力來求得生存，所以現在這樣的情況有點釜底抽薪，必然會導致大多數企業（**主要是民營，也包括國營**）的競爭力下降，而被日本、西方等企業和越南等東南亞企業上

下積壓，最終導致中國經濟落後。

此外，許多70、80後存在明顯的自大幼稚等「弱者意識」思想缺陷，比如許多大中專、職業技術學校等新畢業的學生剛進入企業，不但技術、經驗很難達到企業的要求，而且許多人還幼稚自大地不肯向老員工虛心學習，自以爲是、好逸惡勞，工作積極性和努力程度很差，頻繁跳槽，沒有多少的責任心。雖然這些人在網路上破口大罵許多蔑視中國人無能、低賤的日本人、韓國人，但他們這樣幼稚自大的思想心態，只能導致自己永遠落後於日本人、韓國人，永遠被蔑視爲無能、低賤。另外比如許多中國人氣憤於被外國人說中國人不文明，有亂扔垃圾、隨地吐痰的行爲，但自己在現實生活中卻又不知不覺經常做出許多亂扔垃圾、隨地吐痰等不文明行爲，因此這些人也必然將永遠被外國人認爲不文明。

當然另一方面，也有小部分70、80後表現出比許多50、60後更高的實力，比如目前中國行業總體核心競爭力最高的資訊行業中部分70、80後已經佔據了骨幹地位，而且相比日本包括西方同年齡層還佔據一定的優勢，像許多國際性科技知識競賽獲獎就是證據。另外如04年以來，由「郎顧之爭」、「郎張之爭」引發的MBO大爭論，一部分70、80後的以經濟學爲專業的青年學生對於某些主流經濟學家發動了極其嚴厲的批評，雖然有一定的幼稚，但還是體現了這部分年輕人具備了一定的智慧，沒有被一些幼稚的西方經濟學理論所迷惑。本書政治經濟部分詳細列舉的《刷盤子和讀書》和《貨幣戰爭》，最初也是網上少數有見地的青年帶動傳播開來的，雖然這些人的思想也並不非常成熟，但比那些自大無知的文人學究要強多了。

與前面一部分70、80後相比，這部分人有一定的實力，但大多數人的思想屬於中中階層，也存在一定的「弱者意識」思想，自大輕狂，團體合作能力差，個人利益重於國家民族，爭著出國做二等公民也不願意待在國內。當然這也和整個社會有關，主導性的中間階層特別是中中、中下階層（**年齡包括40、50、60後等等**）存在「弱者意識」思想，沒有正確的引導這部分年輕人。

雖然80後沒有經歷文革的殘酷（**大多數70後的文革記憶已經模糊淡忘**），而是在中國經濟快速發展、物質生活大大豐富的時代成長，但另一方面，大多數人也感受到了更多的生存競爭、學業競爭、工作競爭壓力，並不是像某些幼稚的傳統中國人所說「泡在蜜罐裏」。而且大多數人的缺點主要是因爲思想不成熟，日本、西方的70、80後也存在類似的缺點，只是程度不同而已。另外大多數70、80後羨慕、模仿美國、日本等發達國家，也是一種崇拜「強者」的表現，只不過由於自身思想幼稚，只是羨慕他們的豐富的物質生活，而不是羨慕這些國家中許多人特別是中上、中中階層努力奮鬥、提高自身實力等優點。

如果思想上能成熟起來，樹立「強者意識」思想乃至更高尚的思想（**這包括自身努力，也包括外界的幫助引導**），平衡自己的心態，努力奮鬥來提升自己的實力，70、80後的新人類非常有希望在21世紀（**準確地說是中前期**）促進中國的真正崛起，當然反之，如果思想還是處於「弱者意識」思想，這部分人也非常容易造成中國動盪甚至崩潰。

日本學者對於「團塊世代」的定義存在明顯的錯誤

在日本，提起新人類、新新人類往往略帶鄙視的口氣，與之相反，提起「團塊世代」往往帶著讚揚的口氣，在許多日本人心裏這兩個群體是相反的，但其實這種觀點也存在明顯的片面極端，本質並非完全如此，在此也簡要談一談「團塊世代」。

準確地說，「團塊世代」並沒有一個明確嚴格的劃分標準，大多以出生時間來區分，現在許多日本學者公認的觀點是，戰後到50年代初出生成長起來的這一代人被稱作「團塊世代」（**《下流社會》中有多種劃分，讀者可以去參閱**），是日本高度成長期的主力，也是現在日本經濟的脊樑。

但其實日本學者對「團塊世代」的定義有片面之處，日本真正的「團塊世代」不能簡單以成長的時間和成長的環境來確定，像日本那些大型跨國企業的初代創建者和公司骨幹成員大都是戰前出生，這些無疑算是「團塊」的一份子，這樣就和「戰後成長起來」相矛盾。

但客觀地說，新、新新人類並不是完全都是垮掉的一代，其中也有不少具備甚至超越傳統日本人思想實力的人才，因此真正構成日本競爭力的「團塊世代」是具有「強者意識」的中間階層特別是中上、中中階層，而不是用財富收入或者出生年代這些次要的因素作爲依據。

《刷盤子讀書--知識和技術才是寶貴的財富》作者鐘慶[1]在

1　網名「愚蠢小豬」，許多人可能對這個名號更有印象。此書主要是分析比較近代以來的中日的經濟政治發展情況，就本人看來其成就遠超伏格爾《日本第一》以及其他西方學者的日本經濟研究書籍，本書將在經濟、政治章節中引用並分析評價其中內容，在此不再詳述。

書中指出：「6、70年代出生的人，是中國的「團塊世代」，在孩提時代就感受到了工業文明之風，讀書認字時陪伴的是《十萬個爲什麼》，近乎免費地完成從小學到大學的教育，還受到了很好的職業培訓。這代人中的技術和管理人員在人口中的比例是中國前所未有的，絕對數目在世界中也是首屈一指的，推動中國的經濟列車急行……。」

和日本學者一樣，作者簡單地以出生年代來劃分中國的「團塊世代」也比較片面，關鍵應該依據其思想能力，如創造出新中國建國初期巨大成就的那批人，就可以說是當時中國的「團塊世代」，但他們無一不是在6、70年代出生。同樣隨著迷失的20年特別是文革十年，顛覆了絕大多數人的思想，再加上改革開放初期的思想幼稚，而被西方物質主義、個人自私功利主義等影響，到90年代中後期以來，思想素質大大下滑，作者所認爲的6、70年代出生的「團塊世代」中許多也流於功利短視，屬於「弱者意識」思想的中中、中下階層的代表。

分析改革開放後中國取得的巨大經濟成就，雖然不能說絕對完全，但如輕紡、家電等大多數領域，除了資源、環境等客觀因素外，主要就是依靠中下、下層的辛勤勞動，而不是像日本那樣主要依靠中上、中中階層的努力。而90年代中後期以來，中國經濟大多數行業（**極其少數領域除外**）無法成功戰略轉型，關鍵也是因爲中國缺少（**不是完全沒有**）日本那樣的高素質的中中階層。

第六章　中國人和日本人主要民族性歸納研究

近代以來日本學者著名的日本人論

可以說在世界上很少有像日本人那樣熱衷日本人論，近代以來，出現了成千上萬的日本人論，而且不但在近代《武士道》引起整個國家的轟動，即便現在，品格類書籍（**本質上也屬於日本人論**）仍然在最近幾年佔據了日本十大暢銷書的前幾位。因爲數量太過龐雜，簡單介紹主要的有關著作和某些主要觀點：

明治時期權威國學家之一的芳賀矢一於1907年發表《國民性十論》：1、忠君愛國；2、崇尚祖先，珍惜家族名譽；3、現實主義；4、愛護花草，喜歡大自然；5、樂觀主義；6、淡薄灑脫；7、清麗；8、清淨純潔；9、恪守禮法；10、溫和寬恕。

1891年，三宅雪嶺《真善美的日本人》和《僞惡醜的日本人》，前面部分讚揚日本人忠、誠等優秀品質，後面部分批評知識水準低，自私自利，崇洋媚外等不足。

1916年，著名學者津田左右吉《我國國民思想的研究》：1、愛和平；2、缺乏戰鬥力；3、沒有統一的宗教；4、公共意識不發達；5、滿足現狀；6、輕快、淡薄；7、執著、善良；8、缺乏堅強的意志和冒險精神；9、適應外來文化，模仿性強。

1938年長穀川《日本的性格》，1940年西村直次《日本人及其文化》等

60年代高橋敷《醜陋的日本人》

中根千枝《日本社會一縱向社會的人際關係》作者認爲日本人劃分人的社會分群的標準，傾向於這個人所屬的具體機構，而不是這個人的一般類屬。這種集團觀念和集團準則，則會形成一個組織的力量，這樣的組織單位（如學校、公司等），事實上就是日本社會組成的基礎。

對於日本人來說，公認的等級秩序是判別人的社會地位、衡量人的社會價値的最重要尺度。中國人不像日本人那樣講究等級順序（資歷、級別等）。他們的等級順序只限於某些活動和場合，其他情況下就不一定講等級順序了。

對於日本人來說，一失去上級的統一領導，下屬間便會混亂。中根的日本論提出了日本人的縱向結構，曾經產生過相當的影響，但其實相近的中國乃至西方社會，也都存在這樣縱向結構，沒什麼特殊的代表性。

70年代土居健朗《日本人的心理結構》提出「依賴、矯情」理論，認爲日本人有希望被認同、被愛的性格，渴望得到依賴的思想。

80年代末日本學者中村元寫作《日本人的思維方式》，作者從現實主義、容忍大自然的放縱、強調仁愛、寬容性四方面概括了「對現實的容忍」，又從不合理傾向、缺乏邏輯思維、直觀、情緒化、喜歡象徵性等概括出了「重視團體傾向」。

另外，有興趣的讀者還可以參閱日本學者南博的《日本人論：從明治維新到現代》，總結了從明治維新到80年代的幾

百本日本人論以及築島謙三《日本人和日本人論》等總結性的日本人論。[1]

2000年以來有大越明彥的《日本與日本人》、船曳建夫的《日本人論考》等，最近幾年，品格類書籍大熱，典型的如《國家的品格》、《女性的品格》等。

由於自身思想層次不足，換句話說也就是自知之明和知人之智不足，上面絕大多數日本學者的日本人論也比較的片面絕對，以上的觀點結論許多都已經分析，不再一一展開。

近代以來中國人主要性格歸納

中國學者關於中國人民族性研究主要觀點有：

自大自負、自欺欺人、嫉賢妒能；感覺總是天時、人和等不利自己；剛愎自用，頑固偏執，一意孤行，不接受他人的意見；得志便倡狂；太正直，嫉惡如仇；善拍馬屁；報復心強；好猜疑；失落感強；自我封閉，孤獨；牢騷多；缺乏毅力；自私自利；故弄玄虛，賣弄權勢，怕人瞧不起而故意擺譜；圓滑；優柔寡斷；浮躁；過於幼稚幻想；飛揚跋扈；貪得無厭；缺乏閱歷；爲虎作倀，奴才本性，自私奴性諂媚暴行的混合體；忍受不了挫折；窩裏鬥；虛假浮誇；無賴式的文痞；目空一切；缺乏責任心，玩世不恭；不自重自律；勢利，奸詐，沒骨氣；虛榮；好鬥；不守信；沒理想；憂鬱；門檻太精；隨遇而安；死要面子活受罪；浪費，愛炫耀；懦弱；人格低賤；迂腐而不是原則性強；自卑，淺薄；逆反，情緒化；市

---

1 南博（1914~2001）是二戰後將美國社會心理學傳播到日本的重要學者之一，主要著作有：《日本人論：從明治維新到現代》、《日本人的心理》、《日本人的心理與生活》、《日本人的藝術與文化》、《日本人論的系譜》、《日本的自我》等。

儈習氣；玩深沉；不禮讓；好色；欺善怕惡；講禮而不講理。

西方學者對中國民族性研究，基本可以以明恩傅（Arther H Smith）所作的《中國人的性格》爲代表，其內容：

1、面子要緊。2、省吃檢用。3、辛勤勞作。4、恪守禮節。5、漠視時間。6、漠視精確。7、容易誤解。8、拐彎抹角。9、柔順固執。10、心智混亂。11、麻木不仁。12、輕蔑外國人。13、缺乏公共精神。14、因循守舊。15、漠視舒適方便。16、生命力頑強。17、遇事忍耐。18、知足常樂。19、孝行當先。20、仁慈行善。21、缺乏同情。22、社會風波。23、共擔責任與尊重法律。24、相互猜疑。25、言而無信。26、多神、泛神、無神論。

以上中國學者和西方學者的中國人論觀點存在以偏代全、自相矛盾的典型缺陷，近代以來由西方學者引入的民族性研究逐漸成爲顯學，出現了大量的民族性論，而由於近代中國不斷屈辱戰敗，被西方、日本等列強侵略簽訂恥辱條約，在這一大背景大環境下，這段時期中國人的民族性絕大多數都是缺點，優點極少，如果唐朝有民族性論，那在當時唐朝強大的大背景大環境下，估計中國人民族性中肯定優點佔據大多數了，因此民族性研究很容易受到時代的侷限。

日本學者的中國人民族性研究

近代以前，日本人基本沒有專門的中國人論，隨著近代西方學術思想中民族性論的盛行，甲午中日戰爭後到二戰結束，日本出現了大量的中國人論，觀點和一些中國本土學者、西方學者的內容差不多，負面的劣根性明顯多於正面的優點。

典型的如認爲中國人保守、好面子、頑固、盲目樂觀、

愚昧、自暴自棄、天命觀、野蠻、骯髒、貪婪、好色、奢侈、懶惰、自大、虛僞、排外、殘忍、變態、不團結、無國家觀念等。

從歷史角度來綜向觀察分析，日本學者的中國人論，也有很明顯的時代特點。

中日甲午戰爭後到二戰結束，日本學者可以說大多數都流於極端的民族主義，極力宣揚大和魂，肯定日本民族的優秀，對以前崇拜的西方也刻意貶低（**當然也有一些人是經過深入瞭解，客觀地發現西方民族確實也存在種種的劣根性**）。對於中國自然更不用說，在雙方發生激烈戰爭的大背景下，不顧事實，從歷史中斷章取義，專門找一些體現劣根性的事例來全然否定中國的歷史以及中國人的一切。像胡適等國內文人也無知地「配合」（**當然這些人之所以這樣的主要原因是當時西方在軍事、科技、工業等領域佔據了明顯優勢，而這些人由於思想幼稚，才產生了盲目的西方崇拜和錯誤的自我貶低**），形成了巨大的疑古反古思潮，全盤否定自己的思想和歷史，縱然中國歷史存在許多被各代統治者粉飾的歷史，但絕非一無是處，相反與西方國家相比是當之無愧的世界文明大國。

許多事理原本很簡單，因爲許多人的誤解而複雜化了，許多事理原本很複雜，也因爲許多人的誤解而簡單化了，再加上數千年來一代代的人不斷地把簡單變複雜、把複雜變簡單，導致後來的人越來越搞不清楚什麼是簡單、什麼是複雜。思想或者說民族性就是其中一個例子（**當然也包括經濟學等其他許多領域**）。

雖然前面列舉了許多的劣根性，但其實並不是那樣的複雜，絕大多數的劣根性幾乎都可以歸結到幾個關鍵的原點。當然本書多次強調凡事都是相對的，優點和缺點也是如此，一些人認為的優點可能在另一些人看來不是優點或者說很普通甚至或許是缺點，另外一些人認為的缺點可能在另一些人看來不是缺點或者說很普通甚至或許是優點，就像佛法中小乘佛法和大乘佛法一樣，都是佛根據不同人思想層次而相對說的，在有些人看來自相矛盾但其實並不矛盾，只是需要相對地去理解，因此下面列舉的典型優點和典型缺點都是相對標準，不是絕對標準。

現就中上階層、中中階層、中下階層和下層作一個典型優點和缺點的歸納比較，當然所謂的優點缺點也是相對而言的，並非絕對的標準。

中國中間階層和下層典型缺點和優點分析

中上階層

典型代表是極少數的自然科學和社會科學等領域的學者。如自然科學領域的鄧稼先、錢學森、袁隆平等，社會科學領域的梁啓超、何新等。為了讀者能夠有比較直觀的感受，這裡只列舉近現代的學者，不包括古代。

典型優點：

具備非常高的思想層次和素質能力，保持努力、平和的心態不斷學習提高自身水準能力，在自身的專業領域達到最高水準。具有強烈但理性的國家主義、民族主義思想，不被歐美列強等國家的所謂的世界一流專家學者所迷惑，不管研究學問還是為人處世能夠站在國家民族的立場，能夠清醒地看待金錢等物質利益和個人名譽等精神利益，不會為了個人物質利益而損害國家民族利益，甚至願意為了國家民族利益而犧牲個人的物質利益（比如戰爭時候願意捐

出個人財產）和精神利益（比如承受默默無名的低調，而不會沽名釣譽希望得到大多數人的尊敬崇拜），也具有非常高的自知之明（比如不自大自負清醒地認識到自身思想層次和專業能力，也就是實力，到底達到什麼層次）和知人之智（比如清醒地認識到其他人其他學者的思想層次、專業能力，也就是實力，到底達到什麼層次）。

典型缺點：相對於上層和上層之上的階層，侷限於國家、民族的侷限而無法超脫，比如古代許多朝代的中上階層為了國家民族犧牲包括生命名譽等一切代價，當國家面臨巨大災難或者亡國的時候，覺得天崩地裂、痛心疾首，但即便其所屬朝代國家滅亡，歷史還是照樣前進，後世許多朝代、國家、民族還是照樣興亡。

中中階層

中國中中階層以文人爲典型，當然大多數並非所有的文人，古代主要是詩人（包括表面為文官的人），而近代以來主要是小說家，主要代表爲多數文學、經濟等社會科學以及自然科學的多個領域的學者和研究者，另外也包括政治領域少數的官員，特別是中央政府官員，經濟領域少數的管理者和技術開發者等。

典型優點：

達到一定的思想層次具有一定的專業能力—也就是實力，當然這不是按照年齡、出生背景等表面因素來衡量，相對少數中上階層低了一個層次，比如思想層次、研究水準、技術能力等方面，但相對大多數的中下階層、下層高了一個層次，比如具有一定的精神追求，不侷限於吃喝玩樂等低層次的生理需求。但是橫向比較，比日本、美國、德國等強國差了許多，所以導致目前中國經濟、科技、文化等方面的真正實力（不是數量規模等表面）的弱化落後。由於涉及到範圍太廣，具體的實力如何很難描述，但如果能夠平心靜氣就能夠直觀理解這一階層。

典型缺點：

自大輕狂

《文心雕龍》有云：「文人相輕，自古而然」；《顏氏家訓．文章篇》也說：「自古文人，多陷輕薄」。自大輕狂可以說是公認的文人的典型缺點之一，首先來分析一下。

其實深入分析，自大輕狂也是因為敏感不足，自知之明（對內部自身敏感）不足使得自己不能真正瞭解自己到底有多少實力，知人之智（對外部別人敏感）不足導致無法真正瞭解別人的思想、實力，卻自大地認為別人都不如自己。具體表現如文人之間的各種口水仗，雖然寬容大度說得非常好聽，但內心卻非常狹隘，聽不進別人公正的批評，自欺欺人地認為對方無知幼稚。另外許多（並非所有）社會科學領域的學者本質也和文人一樣，屬於中中階層，雖然鼓吹寬容大度、客觀公正的對待學術競爭，但內心存在明顯的嫉妒、自大、怨恨等典型的「弱者意識」思想。幼稚無知導致自大輕狂，自大輕狂反過來又進一步增加幼稚無知，形成了惡性循環。

當然不僅是文人，90年代以來經濟、政治、學術等許多領域都存在明顯的自大輕狂，而且就年齡上來說，也不分老幼，當然許多80、90後年輕人更加明顯。就性別上來說，男性女性也都存在，特別是那些思想不成熟的80、90後年輕男性女性。確實每個人都應該有自信（或者說自尊），但自信是建立一定實力的基礎上的，正常面對自己的實力和成績，不故意自我貶

低或僞裝謙虛，勇於承認自身的不足和別人的優點，這樣才是真正的自信。（**當然這說說容易，要實際做到需要高尚的思想和堅強的意志力**）

文人爲典型的中中階層的自大輕狂和日本中中階層的等級意識本質一樣，都是自我實現，希望被尊重、尊敬的表現，表面上都屬於「自強」思想，但由於前者在自身思想、實力及意志力等方面的差距，走向了反面的「弱者意識」思想。

受「強者意識」思想影響，當日本中中階層一旦內心認同某人比自己強，並向強者請教學習時，就會表現得非常恭敬、虛心、認真，比如古代向唐朝人學習，近代向西方人學習時就是如此，很少（**不是沒有**）幼稚自大，不懂裝懂，或者故意貶低無視對方真正擁有的優點，同時在意志力作用下，很少輕狂地展現出「老子天下第一」的言行。

屬於中中階層的古代大多數武士在明顯的犯錯，如欠商人錢無力償還時，即使被其在大庭廣眾下責備也會容忍，不會濫用權力把對方當作無禮之人斬殺。屬於中中階層的近代大多數軍人在犯錯誤或者無法完成任務時，被上司搧耳光仍大聲回答「是」，表明責任在自己。屬於中中階層的現代大多數會社社員在自己犯了明顯錯誤，給公司造成巨大損失，或者自己的能力無法勝任自己的職位時，也願意主動辭職。

當然日本中中階層對於自身錯誤和不足的認識與改正主要也是依靠自知之明和一定的意志力支撐。許多日本中下階層就很難接受別人的批判和指正（**哪怕是正確的**），許多時候甚至會惱羞成怒，但中上、中中階層在更高的思想和更強的意志力作用下，可以很好地接受，當然自知之明、知人之智方面也遠比中下階層要強很多。

同樣西方中中階層也存在一定的自大現象，無論是在典型反映其思想的體育領域（**本書後面將詳細分析**），還是在自然科學、哲學等領域。具體地說比如許多體育運動員在自己和對手的實力相差不大的時候，很少會承認自己不如對手；過於喜歡表現自我、個性也是自大淺薄的表現（**中下階層也如此**），當然在某些人眼中，這可能就理解成了活躍、大方，勇於展示自我。許多學者特別是社會科學領域的學者過分追求獨創觀點和理論，而刻意與別人不同，不管是不是正確，這其實也是自大幼稚。但在明顯的實力不足時，也會勇於承認自己的不足，當然這種自知之明的程度比不上日本中中階層，比許多「弱者意識」中中、中下階層的中國人要好一些。

迂腐固執而非原則性

其實說到文人為典型的中國中中階層的迂腐固執，很大程度上也可以歸結到自大輕狂，對於自身的觀點或做法過分的自信，總覺得自己是正確的，是別人錯誤或者無法理解自己，這本質上也是思想層次不夠，缺乏自知之明和知人之智。

日本中中（**也包括中下**）階層雖然也存在一定的迂腐偏執，比如古代許多武士為了自己的虛名，寧可犧牲自己包括家人的生命，但許多關鍵時刻還是偏向原則性，比如在真劍決鬥中，不會為了戰勝對手或因為怕死而耍陰謀，即便戰敗身亡也不會責怪對手。近代以來，政府包括軍隊的高層和中國的政府官員包括軍隊將領保持比較好的私人關係（**並不完全是虛偽，出於利用目的**），但在國家民族的利益鬥爭時候，可以撇開私人關係，全力戰鬥。包括現在許多日本人和中國的政府、企業、科研機構等部門中的人員保持同樣的私人關係，但一旦涉及到國家民族、企業等整體利益，也會原則性地堅持大局立場、克制私人恩怨，很少（不是沒有）像中國的中中、中下階層那樣爲了個人的物質利益或者個人恩怨而損害整體利益。再舉個極端的例子，就是在許多成人電影中，表演的男女演員也保持了明顯的原則性，把其中的性行爲當作工作來對待，而不是簡單地縱欲。

內鬥

內鬥或者說窩裏鬥、嫉賢妒能也都是自己思想層次低，意志力不足導致無法忍受自己身邊的人取得超過自己的成績，取得自己無法取得的成就，嚴重的心理不平衡導致利用一些卑劣的手段來陷害搞垮對方，而不是依靠努力，提高自身實力來超越對方。寧可最後弄得兩敗俱傷，誰也不肯先讓步，相互妥協體諒。

當然「內鬥」可以說各個國家民族幾乎都有，並不是中國人特例。當然也不是絕對的，並不是一個國家民族中的每個人都是如此。

日本近代以前國內格局和先秦時期的中國一樣，長期處於彼此攻伐戰鬥的局面。直到現在東、西日本也還存在強烈的競爭意識，具體到政黨包括企業的各個部門都是如此。

西方國家也一樣，雖然思想文化、價值標準、意識形態等相似，但長期以來爲了物質利益不斷戰鬥，近代以來的一戰、二戰更是如此，包括現在也一樣。而且再細分，一個國家中許多城市間也存在激烈的競爭，典型的像代表某一城市的足球隊或籃球隊，到了別的城市比賽時往往會受到明顯的敵視，許多觀眾會無緣無故噓他們。

無論日本、西方民族，就是古代數千年來不斷入主中原的北方民族，雖然其具有強大的戰鬥力，但其實並不是因爲其團結，其「內鬥」或者說生存競爭遠比中原激烈，雖然有不少優秀的被劣質的淘汰掉了，但作爲中堅的大部分中間階層因爲競爭而保持了強大的戰鬥力，對外戰爭中就表現了出來，同時因爲戰爭的勝利也把其內部的某些矛盾掩蓋掉了，而某些幼稚無知的學者卻無法掌握這個根本，而是找些其他的原因。

其他中中階層「弱者意識」思想主要爲過分清高，意志力薄弱、容易情緒化、剛愎自用，一意孤行，感覺總是天時、人和等外在因素不利自己，而不去考慮自身的原因；自我封閉；故弄玄虛而非思想深刻等，這些也都可以按照以上方式來相對分析。

因爲自身思想水準的低下，自知之明的不足，許多中中階層的文人自身非但不會承認自己的「弱者意識」，而且還痛斥「弱者意識」。就比如口口聲聲說做人要低調、虛懷若谷、務實，但實際生活中卻言行輕狂做作、語不驚人死不休，行不詫人死不休。

比如戰國時代有些儒家就開始批判腐儒，但還是出現了大量的腐儒；即便是文盛一時的宋代，也已經有不少人（**包括被公認為國賊的秦檜**）指出許多文人文官只善空談愛國，卻缺少實力，具有不擅實幹的弊病，但歷史表明這樣的認識沒有多少的實際效果；明代許多學者如王陽明也早已感知「天下所以不治，只因文盛實衰」，清末「自強」的書文隨處可見，但最終還是無法自強無法擺脫被侵略欺壓。

此外，中中階層意志力不足導致無法客觀對待別人，承認對方的實力，同時做出一些輕浮狂妄的行爲，還自以爲這些行爲很個性，能體現自己的與眾不同。另外即便認識到自己的缺陷或錯誤，但因爲意志力不足而無法勇敢承認。

當然還有部分中國人也和日本的中中階層具有類似的思想素質，接近於先秦時期的高素質的中中階層，只不過這部分人數量太少，相對而言無法成爲典型代表。

中下階層

中國中下階層典型代表就是貪汙腐敗的官僚，其中大多數地方官僚更加典型，因爲政府官員涉及到經濟文化等各個方面，因此集中體現了各個方面的特性；經濟領域典型代表就是大多數中小民營企業的中上層管理者，當然也包括許多國有企業的管理者；娛樂領域典型代表就是那些依靠各種權錢交易、炒作作秀而非依靠實力出名的明星，當然隨著20世紀90年代中後期，特別是2000年以來許多人思想的墮落，許多的教師、醫生也淪落到中下階層。

另外還包括市儈，具體表現爲90年代中後期以來許多城市的普通市民，既包括北京、上海、廣州等一類城市，也包括杭州、南京、成都等二類城市以及其他三四五類城市，而且不論男女老幼，各年齡層都存在。

典型優點：

相比較下層有一定的小聰明，但這種小聰明往往導致其為了金錢等物質利益而不顧道德約束，因此如果沒有合理的引導很多時候這種優點反而變成了缺點，導致這一階層對於國家民族的損害遠遠大於其他階層。

典型缺點：

缺乏高尚的精神追求和信念、勢利、虛榮攀比、浮躁、愛占

小便宜、逃避責任、善變猶豫、目光短淺、理解領悟能力低下、自卑、急功近利、欺善怕惡等。

缺乏高尚的精神追求，侷限於低層的吃喝玩樂等生理欲望

雖然中中階層有明顯的缺陷，但還是擁有一定的精神追求或者說信念，為此可以放棄一定的物質利益，克制生理欲望，而中下階層最典型的特點就是缺乏高尚的精神追求，侷限於低層的吃喝玩樂等生理欲望，當然俗話說「民以食為天」，在此並不是完全否定基本的吃喝玩樂等生理欲望，這些是維持生存所必須的，但中下階層卻侷限、沉溺其中無法自拔，如新中國改革開放以後，廣東、浙江等地方的許多人先富裕了起來，但卻仍舊一味地在吃喝玩樂等生理欲望上鑽營，比如極力甚至極端搜索一切奇珍異味，各種動物植物都敢下鍋；再比如玩弄藏獒、炒作普餌茶以及多種多樣的炫耀財富的低俗行為等等，不願意也沒時間去閱讀經典來提高自身的思想層次，許多人甚至將許多經典書籍買去做裝飾品，顯示自己品味高雅。

勢利墮落

就典型的勢利（這裡的「利」包括金錢等物質也包括名譽地位等）、虛榮攀比性格而言，並不是只存在於那些收入不高的市儈，即便是像許多擁有上千萬財富的演員明星、企業家也非常明顯存在，甚至表現地比西方人更加功利、實用、崇拜金錢等，雖然定義其爲「弱者意識」思想，但在許多方面和西方中中、中下階層的下層「強者意識」思想相似，當然在實力上不如後者，如本書序言和其他許多地方所強調的，這兩種思想也並非絕對相反，本質都可以歸屬到一些思想原點。

不管東方還是西方、中國還是美國，一般大多數的中下層人都是把和自身精神物質利益最密切的作爲最重要來對待。

現實生活中，西方人雖然崇尚個性自我，但許多時候還是會服從支付自己工資的老闆，這也是一種類似的勢利行爲。但明顯的區別是，雖然許多中國中下階層（**包括一部分中中階層**）自大、自私，但對上級領導表現出奴僕般的服從，而大多數西方包括日本人對上級時保持一定的自尊。許多貪汙腐敗的官員（**特別是中西部等貧困地區**）是這類中下階層的典型代表之一（**當然還有少數屬於中中階層**），雖然擁有一定的身份地位，但奴性非常明顯，當然雖然表面上表現得像兒子一般，但內心始終是自私自利，等上級失去權勢後立刻翻臉不認人，甚至落井下石。像中央八部委檔頂不過市長一個命令之類的現象，也是因爲許多地方官員勢利等「弱者意識」思想，因爲市長和自己升官有著非常直接的關係，而八部委雖然級別高，但「天高皇帝遠」，管不了那麼多，而且由於責任追究制度不強，只要稍微應付一下中央的法令自己就不會有什麼責任。

對於許多勢利的中下階層來說，對另外一些思想層次比較高尙的人非但不尊敬反而極其反感，而和自己一樣勢利的人卻容易親近，像前面所說的許多貪官就是如此，看到另外一些官員表現得正直清廉，就認爲是在諷刺自己，感覺傷了面子，於是千方百計地拉其下水，對方不順從就進行打擊報復，這很大程度上造成了「逆淘汰」現象。當然經濟領域，由於也存在大量的中下階層，因此也有類似的「逆淘汰」現象，只不過經濟學中的術語叫「劣幣驅逐良幣」。

所謂的國家民族利益完全是空虛的東西，絕不可能爲了國家民族利益犧牲個人利益，而且常常爲了個人利益而損害國家民族利益，同時沒有國家民族的榮譽感自豪感，可以輕易放棄國籍和出生民族。

對國家、民族的歷史恥辱（**包括榮譽**）健忘但又斤斤計較私人恩怨等

如果一旦戰爭失敗，可以肯定一定會當賣國賊，因爲這些中下階層（**大多數官僚和商人**）爲了一點點的自身利益就可以拋棄自尊名譽，違法犯罪，一旦自己生命受到危險，他們心中生命遠比那點物質利益更加重要，所以肯定如此。不管明朝、清朝還是中華民國以及現在都是如此，即便是典型的官員貪汙，現在和以前本質都一樣，只是表面不同而已。

與中中階層過分清高自負相比，中下階層特別愛占小便宜（**經濟學裏叫「搭便車」**），當然西方、日本的中下、下層也有這種性格，比如像商店打折許多人都爭著去買，但現在中國許多中下階層愛占小便宜往往不顧法律、道德約束，比如哄搶公祭黃帝的鮮花，或者上無人售票的公車不交錢、少交錢等等。

愛占小便宜的反面就是過分節省，當然說吝嗇可能更合適（**這和前面那些喜歡鋪張浪費的中下階層雖然表現相反，但思想層次都屬於中下**），比如許多老年人生一些感冒等小病時爲了省錢而不去看病，結果導致嚴重的疾病，最後不得不去住院，結果花的錢是原來的幾十、幾百倍。另外比如常吃一些捨不得扔掉的劣質食物，結果反而得了重病，花光了所有的積蓄也得賠上一條老命。這些人可能在事後自己也會後悔，但當初卻如何都不聽勸告。

相反的典型表現特徵就是盲目浪費，比如請客吃飯或者辦理婚事，認爲越鋪張浪費就越可以表現出自己有錢有地位，另外如許多學生覺得會抽煙喝酒就感覺自己高人一頭。雖然表面上也是爲了顯示自己「強」，看起來屬於「強者意識」，但

由於思想層次低下，導致其走向了「弱者意識」。

目光短淺、理解領悟能力低下

例如許多中小民營企業的企業家，許多簡單的經營思想也很難理解，急功近利、小富即安，缺乏長遠的眼光，對於需要關鍵性的技術創新等方面很少關心，雖然理論上知道轉型升級，但面對一點困難就退縮了，於是只知道一味地擴大低效產能。商業交往談判中也缺少智慧誠信，對本國同伴存在嚴重的坑蒙拐騙現象，而對外國人又顯地弱智，後者往往利用他們的弱點讓他們自相惡性競爭，最後只有依靠廉價的資源、環境和人力成本來獲取5%左右的利潤。另外寧可在應酬時大手大腳、鋪張浪費，卻肆意拖欠、拒付農民工的血汗工資，有些甚至毆打討要工資的農民工。這些都是典型的「弱者意識」思想。

比如現在的大多數中下階層雖然知道一些基本的文明禮貌，比如不准隨地吐痰、亂扔垃圾，但實際生活中就做不到或不願意去做。明明垃圾桶就在一兩米外的地方，但就是不願意邁出幾步，隨意把垃圾扔在地上、把痰吐在地上。

此外幼稚無知地把市儈、城府當作成熟，以及認爲誠實是傻瓜，會吃虧，比如俗話說的「人善被人欺，馬善被人騎」，誰一說要誠信、善良就覺得腦子有問題，或是虛僞做作。雖然不排除許多說誠信、善良、博愛的人自身也沒有這樣高的思想境界，言行不一，但這樣過度否定誠信、善良、博愛等高尚思想的中下（**包括部分中中、下層**）階層，無疑體現其自身思想的幼稚低下。這些都是典型的「弱者意識」思想。

而像日本的許多中下階層要好地多。比如日本中中階層爲了國家民族利益，可以不惜犧牲絕大多數人（**一億玉碎**），這樣的觀念中下階層就可以很好地理解，並其在領導下嚴格執行。日本的許多武士題材影視作品也有典型反映，往往在高尚的武士（中上、中中）指導下，中下階層會認識到並改正自己的錯誤，團結起來，而且其自我犧牲的程度要比西方包括中國的中下階層高得多。就現實來說，比如許多日本婦女在政府的鼓動下，就自願成爲慰安婦，犧牲自己的肉體、貞操等個人利益，爲國家民族貢獻自己的力量。

另外，二戰戰敗初期，部分日本婦女靠向美國軍人出賣肉體來獲得一定的金錢食物，當然這不是爲了自身，主要是爲了維持家庭的生存，絕大多數中間階層包括那些性格剛烈的中中階層對於這些婦女非常理解，非但沒有責怪，反而報以感激。這對於絕大多數中中、中下階層的中國人來說，就很難理解，往往會歧視甚至傷害這樣的婦女。

自卑以及自大式自卑（怕人看不起而故意擺架子）

與中中階層典型的自大相比，中下階層又存在明顯的自卑（**當然中中階層也存在一定的自卑，比如迫切希望得到別人特別是西方人的贊同誇獎，中下階層也存在一定的自大，比如即便自己犯了明顯的錯誤，也不願意承認，更不願意承擔相應的責任**）。

比如中國許多城市的居民對外國人的友善、好客，有些對待美歐日等發達國家的外國人甚至比自己的爹媽還有敬重，同樣對待自己的同胞卻非常冷漠。其實這並不是因爲其內心真的友善，而是出於卑怯，感覺外國人都錢多、知識素質高，言行間始終表現得低其一等，有些出國的中下階層也是如此，明明自己身爲中國人，而且明明自己就受到外國人的歧視，但自己卻同樣歧視同胞，故意裝出高其一等的姿態。

其實許多的外國人也輕視這種缺乏自尊的友好，即便表面上也報以相應的友善，但內心是看不起這些人的。比如現在許多年輕的女孩因爲韓國的愛情影視作品而盲目崇拜韓國人，但許多（當然並非所有）的韓國人卻存在嚴重歧視中國人的現象，許多生活在韓國的中國人就感觸頗深。

另外許多企業（特別是民營企業）乃至足球隊等，在與國外的對手競爭時，都表現出一定的自卑、奴性，感覺自己比對方矮一頭，本質是中下階層「弱者意識」思想的低下。

當然許多中下、下層日本人也有這種現象，比如面對西方人就表現出唯唯諾諾的自卑言行，不過這裡的西方人準確的說是美國、英國、德國等強國的國民，而不是那些西歐小國，當然再進一步說，比如美國人，許多中下、下層日本人更加敬畏白人，對黑人的自卑感要弱一點，有些甚至還對黑人有一定的歧視。對英語也是如此，而且即便是對說英語的人（包括中國人等東方人）也有種敬畏感。

當然關鍵性的中上、中中階層保持著一定的理性自尊，當然也不是絕對自大地輕視外國人，如果對方真的有超出自己的實力，還是會尊敬對方。而許多中中階層的文人又自大地對外國人包括其他人不屑一顧，哪怕對方思想能力等方面優於自己。

前面《思想》一章已經說明大多數中國人自元朝以後思想層次大大下降，明朝清朝包括中華民國大多數官僚腐敗卑劣懦弱無能，都是屬於這一階層，爲何這一階層一直存在，那是因爲代代相傳導致。

另外那些沒有權利的市儈雖然表面上咒罵官員貪汙，但是只是由於其沒有權力無法得到利益滿足而已，假設，一旦其取代現在的官員得到權力，也會像那些官員一樣貪汙腐敗，甚至可能更加腐敗專政，比如明清時期的農民革命領導者就是如此，李自成、洪秀全等底層民眾起義者（屬於中下階層）在掌握權力後腐敗程度遠超過原來的官僚。

當然有部分日本人也和中國中下階層一樣具有類似的思想素質，爲了個人物質利益而出賣國家民族利益，但是這部分人數量比較少，無法成爲典型代表。

下層

典型的代表是大多數農民、農民工。因爲這一階層不是國家民族的核心和關鍵，在此分析比較簡單一點。

典型優點

吃苦耐勞

稍微對中國有點瞭解的人都大都會認同這一觀點，確實中國大多數的農民、農民工在吃苦耐勞這一方面比較明顯，生存要求相對歐美等國家比較低層，如前面分析，自晉以來不斷遭受北方民族的殘酷屠殺和國內政權的高壓統治，導致大多數普通民眾可以將生存條件壓低到極致，一天三個饅頭幾碗水就可以堅持活著，只有到連這種最低的生存條件都被剝奪的時候才會起來反抗。

改革開放後，中國經濟快速成長的秘密其實很簡單，那就是在於中國數量眾多的中小民營企業（國有壟斷企業雖然規模龐大但不是經濟增長的主要動力，相反許多時候甚至是阻力），而深入分析中小民營企業的模式，就是中間階層的技術人員學習掌握到一定的生產技術，再由下層工人累死累活地大量勞動生產，通過低成本取得競爭優勢，典型的就是輕紡行業。但中庸地說這種吃苦耐勞也

是相對的，許多一夜暴富（比如中彩票等）的農民、農民工就喪失了這種吃苦耐勞的精神，也一樣奢侈享受，這也是普通人思想的侷限，中國人、歐美人都一樣。

典型缺點

中庸地說大多數中國普通農民、農民工目前仍舊處於半麻木、半開化狀態，回顧歷史和明朝、清朝以及近代的大多數底層民眾一樣，雖然受到極權政府和不良商人等階層的殘酷統治和嚴重剝削，但自身的反抗意識、自主意識、民權意識仍然比較薄弱，相對於歐美人、日本人等非常明顯地落後，只有等被壓榨地實在無法生存了才會憤起反抗，明朝、清朝等末期就是典型代表。

當然另外還有小富即安、軟弱懦弱、衛生意識差、公民意識差等典型缺點。

此外下層一旦思想稍微開化上升到中下階層，其爲了金錢等個人物質利益的所做所爲，比比許多其他中下階層更加卑劣無恥，典型的就是生產各種有毒食品的小作坊主，許多都是進入城鎮的農民轉化而來。

當然以上有些特徵如自大自卑並存、意志力薄弱、畸形的榮譽觀—面子等可能兩個階層都明顯存在，因此都是相對而言（這一根本觀點本書已經多次強調，在此再強調一次，如有認為重複也沒關係），並沒有絕對的區分。還有些如自私、自大、善良、認真、勤勞、貪、瞋、癡、好色、浪費、淺薄等許多思想性格很難做一個明確的區分判斷，相對地深入分析，關鍵是程度不同而已。

就自知之明而言，也需要相對比較分析，真正絕對徹底知道自己（知道自己的過去、現在和未來，知道自己所做將做、所說將說、所思將思）的只有佛，因此對於其他人來說，自知之明都是相對程度的。比如現在日本的中中階層明顯要高於中國、西方的中中階層，但也只是一定程度，還不如春秋戰國時期的中國中中階層，當然更不如上層。

就剛才分析的文人的自大輕狂，同樣只是自知之明不足夠，沒有達到日本中中階層的程度，而並不是完全沒有自知之明，其他意志力等也是如此。而就中下階層典型的勢利來說，日本中下、下層對於「強者」的崇拜也可以算是一種勢利，但相比前者盲目崇拜有錢有權者要高尚許多。

知人之智也一樣，真正絕對徹底知道別人的也只有佛（**真正絕對徹底知道自己後也就可以真正絕對徹底知道別人**），不僅其所思未思將思，所說未說將說，所行未行將行，當然話說回來，真正徹底瞭解自己了，那也真正徹底瞭解別人，因爲自己和別人都來源同一個最初本源。

如自私、自我。說得極端絕對一點，本質上人人都是自私自我的，國家民族主義或者爲了自己的信念而奮鬥，乃至大善大愛也可以說是一種高尚的自私，當然比追求金錢等物質上的低賤自私要高尚許多。

像前面所詳細分析的日本中中階層的忠誠等優秀品格，也可以算是一種自私，只不過是比一般的物質自私要高尚的精神自私，因爲只有在自己認同所忠誠的對象後，才忠誠於他。

一般人智力稍微有點開化以後，受自身思想層次的侷限，凡是都會以自己的判斷衡量標準爲准，對事物的評價標準也總是以自己的理解程度爲尺度，自己能夠理解的就覺得是對的，自己無法理解的往往認爲是錯誤的。比如年輕時自己認爲絕對正確的思想、信念、觀點、知識等，到了年老時自己想想都覺得幼稚可笑。

這也是一種幼稚的自私，只不過「私」的不是金錢等物質，而是各種思想、精神。

另外如貪、瞋、癡、幼稚片面等，對於人來說都存在，不管中國人還是日本人、西方人，只是程度不同而已，只有達到佛的境界才能完全徹底絕對地，上、中、下階層都無法真正做到。中國中中階層的自大輕狂，中下階層的勢利等劣根性許多的日本人和西方人也一定的存在，只是程度不同而已。

另外意志力也一樣，必須相對來說，如意志力主要方面之一的努力、拼搏、奮鬥等，幾乎每個人都具備，只是程度不同而已，而相比較而言，就整體（**不極端探討每個人**）來說，日本中中階層明顯比中國、西方同類階層要強許多。

中國的中中、中下階層有時也會有一定的善愛等高尚思想，但缺乏意志力支持無法保持。

一般人都是善惡交替，愛恨相織的，既有好的一些方面思想，也存在不好的思想—也就是劣根性，其中意志力起很大作用。比如像90年代以來中國的中中、中下、下層思想層次大大下滑，但在特別時期，如98洪水、03年非典包括近來的南方大雪災和汶川大地震，這三個階層中不少人還是表現出了相當高的道德素質（**當然也有許多是明顯的做秀，其悠閒的表情表明了這些人內心根本沒有真正為死難的同胞而難過**），只是因爲思想和意志力不足，導致在日常生活中無法將這樣的道德素質一以貫之。

堅強的意志力在很多方面幫助了日本人，比如即便其存在嚴重的瞋性、等級思想等不足，但爲了特殊的信念或目的，在意志力支持下可以忍受平時無法忍受的屈辱，典型的像二戰後日本社會支柱的「社員武士」，許多人特別是中上、中中階層爲了國家和企業的重新崛起，忍受西方國家和企業的嘲笑，努力學習各種先進技術和管理，最終實現了自己的信念。不過另一方面也導致其過分的偏執、極端，無法達到平和中庸等高尚思想，典型的便是近代以來發動的許多戰爭，堅強的意志力（**當然也包括思想信念**）使得許多日本將士不顧生死，英勇作戰，比許多貪生怕死，臨陣脫逃的西方人要強多了，但其戰鬥或者說以死亡爲代價來爭取的信念並非真正的高尚正確。許多日本中中階層直到現在仍然不肯服輸認錯，另外比如國際上嚴厲譴責的非法捕鯨、在成人影視作品中表現出各種極端的動作等等，其他一些例子前面已經談到，這裡不再重複。

日本中下階層由於思想層次侷限，自身看待分析事物的能力比較低下，容易受媒體影響，比如媒體報導一個中國人讚揚日本人的正面新聞，就會對中國人產生好感，而當媒體報導一個中國人批判日本人的負面新聞，就會對中國人產生惡感，這從雅虎日本新聞的讀者評論中可以得到明顯的證明。

日本的中間階層典型分析

首先比較明確地指明日本中間階層，古代以傳統武士爲代表，近代以軍人武士爲代表，二戰後以社員武士爲代表。再進一步，古代傳統武士中以宮本武藏爲代表的極少數劍豪爲中上階層，以弁慶爲代表的小部分英勇的將領爲中中階層，而大多數普通武士爲中下階層。近代軍人武士中，以山本五十六、兒玉源太郎爲代表的極少數軍人爲中上階層，以少數具備一定才能和勇氣的中層軍官如石原莞爾、大島浩等爲代表的軍人武士屬於中中階層，而大多數普通士兵爲中下階層。二戰後的社員武士中，以松下幸之助、盛田昭夫、本田宗一郎、前田勝之助等爲代表的極少數企業家爲中上階層，以技術研發（SONY

為例是木原信敏、鹿井信雄、河野文男、吉田進等人）和行銷部門（SONY為例是大賀典雄、卯木肇、黑木靖夫、岩城賢等人，）的社員爲代表的小部分中層社員爲中中階層，而以那些從事倒茶打掃等低端工作的社員爲代表的普通社員爲中下階層。

當然和前面的傳統武士和軍人武士一樣，這樣的劃分並不是以級別爲標準，極少數的低級武士、軍人、社員也可能是中中階層甚至是中上階層，而高級的武士、軍人、社員也可能是中下階層。例如古代傳統武士的織田信長，名義上的級別是頂級武士也就是藩主，但是思想層次屬於中中階層，再例如近代軍人武士的東條英機名義上屬於頂級軍官，牟田口廉也名義上屬於中級軍官，但這兩人的思想層次屬於中下階層，當然二戰後許多會社的社長名義上屬於頂級的社員武士，但是其中也有一部分思想能力層次低下，屬於中下階層，反而不如一部分名義上級別低但思想層次高的中中階層。

而且上面也只是列舉了典型代表，除了傳統武士、軍人武士、社員武士外，其他行業、領域的日本人也大致屬於中間階層，只是沒有那樣具有代表性罷了。例如古代傳統武士的新井白石、佐久間象山，雖然名義是傳統武士，但主要學習和教授儒學、和學和洋學等內容而不是武術，本質上更接近文士，但其思想層次也屬於中上階層，高於大多數古代武士。近代軍人武士以外，實業界的澀澤榮一和學術界的井上哲次郎思想層次也屬於中上階層，高於大多數軍人武士。二戰後除了典型代表的社員武士外，金融官僚界的榊原英資也屬於中上階層，而佐橋滋則屬於中中階層官僚的典型，他們和前面提到的中上階層、中中階層的社員武士一樣是二戰後日本重新快速崛起的關鍵，對於日本的貢獻遠遠超過其他行業的日本人如小說家、明星藝人、律師、醫生等，當然日本的動畫漫畫界、思想學術界、文學體育界等領域也存在少數的中上階層和許多的中中階層，他們也爲日本崛起做出了貢獻。

傳統武士、軍人武士、社員武士等雖然處於不同的時代和環境，雖然衣著、髮型、職業等表面不同，但是本質一樣，簡單地說，就是三者都具有「強者意識」思想，積極上進、努力學習，使自己成爲強者，具備一定的能力，最終實現自己的人生信念，體現自己的人生價值。例如古代傳統武士不斷修行，提高自己的武藝和修養，近代軍人武士學習西方的軍事技術和文化，提高自己的能力和修養，雖然前者學習的是武藝和儒學等內容，後者學習的是西方的軍事技術和文化等內容，但這只是表面內容的不同，本質一樣都是在「強者意識」主導下的自強（**自我強大**）。二戰後的社員武士也一樣，雖然學習的內容主要是歐美等世界一流（**也就是最強**）企業的技術和管理，表面上和傳統武士軍人武士學習的內容不同，但本質一樣，使自己不斷變強，增強工作能力，從而使得自己的會社不斷強大，能夠和同行業的世界最強企業競爭並戰勝對手。

雖然極少數的上層和相當少數的中上層思想素質、能力知識很高，但因爲數量太少在許多時候很難左右一個國家、一個民族的大局，中國就是最好的例子，漢以後各個被北方民族顛覆政權的朝代包括近代以來被西方列強包括日本侵略的清朝，也存在一些上層和中上層，但還是無力改變國家大局，無法決定國家、民族的實力和走勢。當然上層和少數中上層的思想也早已超脫了國家、民族主義（**本質也是「強者意識」思想**），並不在意國家和民族的局勢。當然這種超脫思想和許多中下、下層自私無知而對國家民族漠不關心有本質區別。

其中一定數量的中中階層上承中上階層，下啓中下階層，扮演了國家民族的中流砥柱角色，因此本書對日本民族包括中國人的分析主要以中中階層爲重點對象。相比較而言，近代中日之所以出現如此巨大的差距，關鍵就是在於中中階層，即便日本上層和中上層在整體的思想素質、能力知識上並不比中國占優，許多方面甚至還落後，但正是憑藉了相當數量的強有力的中中階層（**典型代表是部分高素質的「軍人武士」**）實現了近代以來的兩次大崛起，也使得日本現在仍在許多領域優於中國乃至美、英等西方強國（**現實如此，並不是自卑，不願意承認現實的人才是真正的自卑和自負**），當然中中階層的「強者意識」思想中的缺陷也造成日本民族差點滅亡，典型的如錯誤地發動對美國的戰爭（**為了保持中立，在此不舉例日本發動對中國的侵略戰爭**），可以說日本「成也中中階層，敗也中中階層」。

前面分析介紹了許多日本人的核心思想性格，下面再補充一些日本人的重要思想性格。

敏感——日本人性格關鍵的一環

就敏感而言，每個人都一定程度的存在。但日本人特別是中上、中中階層的敏感對自身產生了巨大的影響，如前面所說對內的敏感使其獲得了一定的自知之明，能夠在很大程度上克制幼稚、自大等劣根性，而對外的敏感使其獲得了一定的知人之智，許多中上、中中階層日本人對他人心理的洞察能力要遠比近代西方心理學大師弗洛伊德強得多（**當然更不用說許多所謂精通弗洛伊德心理學理論的後代學者了**）。敏感很大程度上促進了日本人的思想或者說民智的覺醒開化，其他方面具體表現就是情感細膩豐富，這部分將在後面詳細敘述。

如果沒有超越或者達到日本人那種程度的敏感就無法真正體會到日本人的敏感（**拓展開來說，如果沒有超越或者達到一個人思想，也就是無法理解這個人**），比如就中間階層日本人的溝通而言，外國人如果沒有真正充分理解日本人的思想習俗，沒有達到日本人那樣的敏感，即便是一些拿到一級日語證書的外國人，即便能明白字面上的意思，也聽不明白其中的「弦外之音、話中之話」（**當然如果能明白禪宗的對話，那就可以很輕易地理解日本人含蓄隱晦的對話了**）。相反，如果真正充分理解日本人的思想習俗，具備日本人那樣的敏感，即使不懂日語，也可以從語氣和表情等方面體會到其中的含義。

因此雖然在前面許多的分析中已經涉及到敏感，但由於其非常重要，在此再單獨列出來分析一下。

過度敏感給日本人帶來的負面影響

日本作家渡邊淳一在07年出版了《鈍感力》一書，據說該書因被日本前首相小泉純一郎用來建言安倍內閣而引發了日本民眾的熱烈追捧。在短短一個多月就銷售了57萬冊，最終成爲2007年日本暢銷書排行榜第三位。

渡邊淳一在書中寫道：「鈍感」相對敏感而言，由於生活節奏的加快，現代人過於敏感往往就容易受到傷害，而鈍感雖給人以遲鈍、木訥的負面印象，卻能讓人在任何時候都不會煩惱，不會氣餒，鈍感力恰似一種不讓自己受傷的力量。在各自世界裡取得成功的人士，其內心深處一定隱藏著一種絕妙的鈍感力。

作者認爲「鈍感力」是對周遭事務不過於敏感的能力。「鈍感力」不等於遲鈍，它強調的是對困遇的一種耐力，是厚著臉皮對抗外界的能力。它仍是一種積極向上的人生態度。

作者還認爲「這個世界不過是一場生存遊戲，所以必須要有頑強的意志。而要保持甚或加強自己的生存能力，鈍感力又是必不可少的。與其有銳利的敏感度，不如對於大多數事物不要氣餒，這股遲鈍的頑強意志，就是得以生存在現代的力量，也是一種智慧。」

此書在日本評論界獲得了許多好評，如：鈍感力聽上去會給人非常負面的感覺，但可以將它解釋成「有意義的感覺遲鈍」，它試圖傳達出不因爲眼光淺短而喜憂、保持信念往前走的重要性。

凡事都是相對的，利弊共存的。雖然日本人的敏感產生了一定的「自知之明、知人之智」等正面性影響，但因爲中間階層的「強者意識」思想仍存在相當的侷限性，因此也出現了一定的負面性影響。

渡邊淳一只是察覺到了日本人敏感的消極的很小一方面，沒有著重指出敏感給日本人帶來的更大的積極作用，而且其修煉鈍感力本質上跟磨練意志力差不多，對批評要正確對待，公正準確地吸收，片面誤解或者純粹誹謗的，不予理睬，仍按照原來自己的信念努力。其實在《菊與刀》中就敘述了一個體現過度敏感的典型例子：「有位大名邀請他的三個家臣去鑒賞一把名刀，並要求他們猜測它的鍛造者。三個人分別說出了三個名字，大名請專家鑒別後，其中一位叫名古屋山三的家臣準確地猜出是「村正」，其他兩位家臣感覺受到了侮辱，便策劃殺掉山三來洗刷恥辱。其中一人趁山三熟睡的時候用山三自己的刀去刺殺他，但沒有成功。不過他們沒有放棄，最後終於殺死了山三。」

此外還有日本畫家牧野芳雄極端重視名譽，以及某些武士因爲被指出身上有蝨子而惱羞成怒殺人，這些都屬於過度敏感。

再舉一些現在的例子：許多在中國的日本人在購物時，對營業員那種當面檢驗自己的錢是否是假幣的舉動感到憤怒，覺得對方把自己當作騙子看待，有些當場就發火了。其實也是一種過分敏感的表現，而中國人自己早已對此麻木，當然這也從反面反映了現在大多數中國人之間缺乏基本的信任。

另外像許多日本人在群體活動時，要提出自己的意見，如建議去哪里玩時，都會加句「如果可以的話、如果不麻煩的話」之類的首碼，希望自己的建議不要給別人添麻煩，而許多中國人明顯沒有敏感地考慮到對方的感受，當然對於日本人來說，真正的信友也不在乎這些客套話。

本尼迪克特所說的「美國人不應當因日本人尙禮而低估他們對誹謗的敏感。美國人隨便評論他人。我們很難理解，日本人對輕微的批評也當作大事。」典型反映了中中、中下階層西方人對他人的態度，就本書之後所闡述的反映西方人主導思想性格的體育行業（**具體以籃球、足球**）爲例，也存在許多體育學者隨意批評運動員的現象，而這些學者許多本身就根本沒上場打過一場球（**許多是沒有資格條件、而許多則是被淘汰掉而轉行當學者**），卻沒有自知之明地批評別人的好壞、該怎麼樣打。

本尼迪克特等絕大多數西方人的思維無法理解日本人過分敏感的細節，體會不出這種嘲笑在日本人中意味著從內心深處對名譽的沉重打擊。許多美國、歐洲等西方人對中國的無理指責也是如此（**公正的批評除外**），毫無顧及地表達自己的觀點，而不慎重地考慮自己的觀點是否正確，是否誤解。當然許多中國人也過分敏感，其實有些西方人就是隨便亂說了幾句，在他們自己的國內可能根本沒什麼人去理會他們，但許多中國人（**多是中中階層的文人**）卻過分地重視，不是幼稚地盲目附和，就是煞有介事地一定要其公開承認錯誤，很少有以平和中庸的心態來對待的。這也從反面體現這些中國人自身自信不足，真正有自信（**不是自負**）的人根本不會去理會這些幼稚無知的噪音，當然對於公正批評也會誠心地接受，不會無恥地故意置之不理。

中國人變質的名譽觀——面子

明恩傅的《中國人的性格》將「面子」放在了第一章，可見其認爲「面子」在中國人的性格中佔據的重要地位。不過其實「面子」也是中國人名譽觀的體現，只不過許多人在許多時候產生的「面子」成了變質的名譽觀。而且深入分析，「面子」也和敏感有著重要的關係。

敏感相對不強導致自知之明不足，對於文人包括一些社會科學學者、大型企業領導等中中階層來說，自大相輕、自以爲是，無法客觀對待別人的善意批評等，這些都是「面子」的體現。

比如大多數中下、下層存在不遵守交通秩序、亂扔垃圾、隨地吐痰、亂插隊、上廁所不沖水、有些小城市、農村甚至隨地大小便，不顧周圍人的感受隨意大聲喧嘩、吸煙等等陋習，相比先秦時期知書達禮的古人，現在許多中下、下層連做人起碼的道德禮貌都喪失了，但並不是說他們沒有名譽感，他們也有「面子」，關鍵是思想水準的低下，自知之明和意志力不足夠，導致大多數中下、下層沒有將不隨地吐痰等納入到名譽或者說「面子」的範疇，不認爲做了這些事情自己會喪失名譽或「丟了面子」。許多中國包括西方學者引經據典來解釋這一現象，也反映他們沒有真正深入瞭解其中的本質。

而除了少數的不良分子外，大部分日本人（**包括大多數中下、下層**）這方面的陋習很少。如不隨意損壞公共物品，具體如電話亭中的黃頁書、公園裏的花草等。大多數人能夠自覺地進行垃圾分類，當然現在也有不少日本人不分類，但總體上比中國人要好，對於中下、下層的中國人來說，光是能夠袋裝就已經很難得了。

東京奧運會的賽場沒有紙屑垃圾的事例被許多人提及過，並以此來說明日本人高尚的品格，但其實聯繫到當時日本社會的現實，全體日本人的素質並沒有達到如此高的境界，少數亂扔雜物不注意公共環境衛生的日本人還是存在的，但當時的日本政府大力在媒體上宣傳，要讓世界看到一個新日本，把每個人的榮譽和國家的榮譽都聯繫在一起，對於最普通、平時有點不良習慣的日本人也因爲自身的敏感而嚴格自律，因此才會出現那樣的情況，當然本人這裡不是想說日本人虛僞，只是想把被許多人忽視掉的其中的細節點明一下。

其他如數小時的車隊沒有嘈雜吵鬧，反而自行化解交通堵塞等等的所謂「文化震撼」也都是如此。

而中國大多數的中下、下層由於敏感（**或者說自知之明**）不足則沒有這樣的覺悟性、聯動性，比如奧運期間包括奧運後，許多人的不文明習慣還是沒有改正。另外比如現在北京、上海等大城市因爲生活富裕而養起了狗貓等寵物，爲了自身的享樂，卻很少體諒別人，如自己的寵物在公共場合大小便，絕大多數中國人就不願意清理，認爲這樣會影響自己的面子，而且大多數人也會去嘲笑清理者。但在日本和西方一些國家，許多人卻認爲不清理是沒有禮節的表現，而且大多數人也很少會去歧視嘲笑清理者。

中國中下、中中階層扭曲的「面子」觀的另外一個特別明顯的體現就是自欺欺人，比如自己犯了一個明顯的錯誤，扭曲的「面子」觀導致自己不願意承認並承擔責任，佔據全體國民絕大多數的許多中中、中下、下層都是如此，導致現在的中國許多領域形成了不願認錯、承擔責任的惡性潛規則。

再比如在商業領域，中國人應酬時被敬酒者不拼命喝酒（**不是誇張，許多人確實是拼著命在陪酒，西方人特別無法忍受這一點，他們一杯紅酒可以喝半天，而且西方企業的應酬也比較少，規格也比較低，有些請客甚至在麥當勞這樣的大眾速食廳**）被認爲是不給面子，敬酒者馬上會拉下臉來，原本談成的生意合作也會泡湯。這些敬酒者爲了自己的「面子」往往不顧及對方的感受，即便其有疾病不能喝酒。

另外許多中下階層在自己的父母活著的時候施以多種歧視虐待或者連基本的衣食都不提供，到老人死後，爲了自己的面子，在別人面前得到「孝順」的稱讚，又花十幾萬、幾十萬修建豪華墓地。

而大多數日本人因爲更加敏感自知（**當然這也是相對的，不是絕對完全的自知**），知道這樣死不認錯反而會更損害自己的名譽，不如公開承認錯誤、承擔責任更能得到別人的尊重。當然90年代以來，日本中下階層中不願意承認並承擔責任的人有明顯上升的趨勢，而且許多的公開認錯並不是出於真心，不過許多的中中階層還是勇於承認自己的錯誤，並承擔相應的責任，典型的例子如當會社經營不佳時，高層領導往往以辭職來承擔自己的責任。

此外一些日本中下階層，典型的如大多數不良分子（**當然極少數屬於中中階層**）和古代許多屬於中下階層的武士類似，思想層次比較低下，也存在和大多數中國中中、中下階層一樣的扭曲的「面子」觀，而且由於很難像中上、中中階層那樣有效地克制自己的瞋性，常常做出比大多數中國中中、中下階層更加極端、暴力的行爲。比如前面的例子，那位身上有蝨子的武士因爲自己變質的名譽觀，而斬殺了那個無辜的平民。另外某些不良少年，對於公正的批評非但不虛心採納，反而會惱羞成怒，動手打人。

另外比如某些拉麵店的老闆，當顧客覺得其拉麵不好吃，而且顧客不是直接地指明，只是稍微皺一下眉頭，老闆就會拉下臉來，覺得這樣是表示自己的手藝不好，損傷了自己的名譽，當然再深入地說，並不是其烹飪技術差，只是由於不同人的口味不同，像許多中國人和日本人就對彼此的拉麵口味都不大適應。這也是一種不理性的榮譽觀，和「面子」觀相同。

理想信念與實用（現實）主義

對於日本人，有西方學者曾認爲「他們根本沒有考慮過採用哪個「主義」，從未把自己的任務看成是意識形態的革命，而是當作一項事業。他們心中的目標就是要使日本成爲世界上一個舉足輕重的強國。」這一定程度上點到了日本人的「強者意識」思想，但沒有深入探究。同樣新渡戶的《武士道》中也敘述，雖然日本瘋狂學習西方，但最終沒有產生對日

本實質決定性影響的西方人，雖然在思想理論、科學技術上，許多西方學者的影響很大，但對日本國家發展道路方面的實質性影響很小。

確實無論日本人曾經多麼地崇拜西方，後來還是爲了自身的利益，與西方爲敵，不甘願受西方列強支配，更不會因爲崇拜西方學者而出賣國家民族利益。二戰後，日本企業向西方企業學習技術和管理，一度對其頂禮膜拜，但在發生競爭時，也不會放棄對市場、原料等方面的爭奪，當然西方企業也一樣。這些都是其自身的「強者意識」思想所導致。

日本人特別是中間階層，近代全面學習西方的主要目的是爲了強大日本，讓包括自己在內的日本民族不被西方歧視。而向西方學習只是表面和形式，只是因爲當時西方國家實力是世界最強的。

可以說日本中間階層特別是中上、中中階層自古以來始終保持著一定的理想信念，不低俗地沉迷於食色等物質享受。比如古代許多武士存在忠君或者爲主君復仇，以及成爲天下武藝最高強的武士等等理想信念，而近代軍人武士的理想信念主要是愛國自強，以自己的性命爲代價來促進日本崛起，避免日本淪爲殖民地，受西方的侵略，爲了使日本民族成爲世界優秀民族，不受西方民族蔑視。至於二戰後企業武士的理想信念主要是把自己的企業發展強大而成爲世界知名企業，從而促進日本民族的重新崛起。當然再深入地說，就個人來說，可能其他許多人還有各自不同的信念，當然也基本屬於「強者意識」思想的範疇，比如許多新、新新人類，雖然國家民族主義以及爲企業奮鬥終身的理想信念淡化了，但仍然存在使自己成爲著名的歌手、舞蹈家（**直白一點說也就是強者**）等理想信念。

其實所謂的理想信念其實也是自身思想達到一定高度後都會出現的，不僅日本人，許多中國人、西方人也存在一定的理想信念。但平和中庸地說，許多西方人也由於受物質主義、功利實用主義等（**屬於為下層「強者意識」思想**）的侷限，沉迷於簡單的食色等物質享受，相對於日本中間階層的理想信念要低俗許多。當然如果從佛、菩薩、上層思想者的角度來說，前面所描述的日本中間階層的理想信念也存在一定的侷限，也並不是最高尚的理想信念。

至於實用主義雖然被大量的分析描述，但其本質只不過是物質主義、個人主義等某些思想綜合下衍生的變種，當然本書所大篇幅著重闡述的「強者意識」、「弱者意識」也是如此，本源是幾個思想原點，但爲了能夠表達簡便，容易與別人交流溝通，總要具體的文字和語言，因此即便知道會有所偏頗仍以此來表達。

美國著名學者威連詹姆士曾寫了《實用主義——一些舊思想方法的新名稱》，不說內容，單是書名就很有深度，反映作者洞悉了「實用主義」只是個某些學者新造的名稱罷了，本質思想早已經有之。但某些幼稚的學者卻把其當作什麼新思想來鴻篇大論，許多學者甚至還賦予其極高的思想地位，如用「實用主義」來代表美國人的核心思想價值，但其並不是新思想也不是什麼民族特色的思想，西方其他國家也很合適，如和英國的功利主義非常接近，即便是理性主義的德國、浪漫主義的法國等也有很明顯的實用主義特徵，典型的就是企業的各種商業行爲。

當然日本人也存在明顯的實用主義，典型的像二戰後日本經濟快速發展時期，引進大量的技術，特別是可以短時間內商品化、市場化，以獲得利益的先進技術，不顧及這些技術產生的一些基礎科學研究，以及當年超越西方公司後，認爲日本的公司管理經營世界第一，但當泡沫經濟破裂特別是亞洲金融危機後，大量公司關停並轉，許多日本人又自卑地認爲日本的公司管理經營大大失敗，再次盲目學習美國等西方國家公司的管理經營，這兩種情況都沒有真正找到其中的關鍵原因。

而中國同樣存在明顯的實用主義，中國像春秋戰國以及其他許多時代的重農政策，以及對戰爭十分重要的兵器製造、相馬技術的重視。在近代無論是清末還是民國時期，派遣出國的學生絕大多數是去學習西方的實用技術，比那些學習西方思想理論、哲學法律等內容的日本學生要「實用主義」得多，而國民黨時期更是一度照搬美國的所謂「先進思想」和「先進制度」。但結果都一樣，無法避免帝國主義的侵略蹂躪。改革開放後又「實用」地大力發展技術要求比較低，早期利潤來得比較快的輕紡等行業，而不花精力發展工業等重要行業，把經濟學中重要思想之一的「比較優勢」發揮地淋漓盡致，這些本質上都和「實用主義」融會貫通。

所以本質上來說，不管中國人還是西方人、日本人，伊斯蘭世界各國人乃至非洲的原始部落人，都是人，因此人性都是相通的，但之所以彼此目前有如此明顯的特徵，是數前年中各自不同的思想歷史社會等發展歷程導致了某些本源的人性的變異，當然另一方面也是因爲對彼此的不了解，以自身的思想去評價別人。

團結與內鬥、國家民族主義和小團體主義

就像「內鬥」被許多學者認爲是中國人的標籤一樣，「團結」是日本包括中國、西方學者描述日本人的典型特徵之一，直觀印象便是二戰中軍人的戰鬥行爲，以及二戰後企業員工的商業行爲。但其實日本人的團結也不是絕對的、簡單的團結，而是相對的、建立在一定的基礎上的。

日本人自古以來包括現在還明顯存在的「一族（門）」、「一村（町）」、「丸」等觀念都體現了其強烈的小團體意識，而由於各種理想目標、興趣愛好相同而組成的小團體幾乎存在於所有領域，大到從近代以來建立的軍隊政黨內部都存在各種派系，中到各種企業內部也存在各種派系，即便是小到幾個學生組成的各種部中也還是存在不同的派系。因此準確地說，組成日本這個國家、民族整體的其實是由各種派系組成的小團體。

當一個團體存在不同的派系自然就會爲了自身的派系利益（包括名譽信念等精神利益和金錢等物質利益）而鬥爭，直白一點說也就是內鬥。

日本歷史上各諸侯國家之間一直以來不斷發生殘酷的戰爭，其慘烈程度也不下於中國北方民族與中原民族的戰爭。而且有些地區，由於戰國、幕末等歷史時期的激烈戰鬥，至今還保持著相當的敵意。在近代建立的日本軍隊中陸軍和海軍之間也存在數不勝數的明爭暗鬥，當然更進一步說，即便是陸軍海軍自身內部也存在各種派系的鬥爭，從作戰方案到裝備分配都是如此。

另外就企業而言也一樣，不管是幾十萬的跨國企業還是只有十幾人的迷你企業，內鬥無處不在。同一公司內部的不同

部門乃至同一部門之間，也往往產生一定的對抗（**中國包括西方也一樣，這些主要是因為自身思想的侷限**），當然日本企業內部的小團體派系鬥爭雖然頻繁，但很少（**不是沒有**）會去傷害企業的整體利益，比如領導層爲了人事鬥爭而出賣甚至搞跨企業，更多地是因爲思想信念不同而導致其經營管理的策略不同，彼此都認爲自己的方法更準確，對企業更有利。同行企業之間很少（**不是沒有**）通過陰謀陷害來打擊對手，主要是通過正當的競爭，以實力來對決，比較誰更強。

前面的軍隊中的內鬥也是如此，陸軍和海軍的戰略方針往往出現差異，而他們都認爲自己的方法更能取得勝利，對國家更有利。

就地域來說，在日本內部，東日本代表的東京人和西日本代表的大阪人也存在種種明爭暗鬥。另外如二戰時本土的軍人曾在沖繩強迫許多人自殺來抵禦美國，直到現在大多數沖繩居民還對此耿耿於懷，對本土的日本人心存芥蒂。其他還有許多（**不是所有**）日本人歧視回國的日本戰爭遺孤，再比如高橋敷《醜陋的日本人》中從側面所展現的日本出入境官員對回國的日本南美移民的歧視，以及許多早先到南美的日本人對新來的日本人的壓迫等等，這樣的例子不計其數。

下面重點分析一下日本戰爭遺孤來分析日本人的小團體思想（**也可以說排外思想**）。

可以說大多數從中國回日本的戰爭遺孤都受到到歧視，這都是小團體主義和等級觀念等思想綜合作用下所形成的，證明日本人的團結是有前提條件的。

二次大戰戰敗後，日本人在中國遺棄了大量的戰爭孤兒，這些日本人的孩子後來大都被當地中國農民收養，並在中國長大成人。由於中國和日本正式建交，兩國關係好轉，他們當中的一部分人從上世紀80年代初開始陸續回到日本，日本媒體稱這些人爲「中國殘留孤兒」。自從1981年日本政府開始接受認親以來，中國殘留孤兒已經回到日本長期定居。

雖然在認親的同時，日本政府方面約定向他們介紹生活、就業等政策，安排他們參加歸國定居遺孤子女的技術專門學校，學習一定的生存技術，但日本政府許多官僚對戰爭遺孤一直採取漠視甚至冷酷的態度，在這些戰爭遺孤經過複雜的手續和漫長的等待終於回到日本以後，又對他們加以不合理的限制，給他們提供的日語教育和就業幫助等也不夠充分，雖然有一些人已經完全歸化，融入到日本社會，但他們中的大部分人卻仍舊處在邊緣角落，他們的日語水準比較差，有些連基本的交流都不能，當然更不可能參加正常的工作，因此生活相當困窘，只能依靠救濟度日。

自2001年12月以來，已有總數約達2000人的戰爭遺孤向法院提起訴訟，狀告日本政府侵害了他們作爲普通日本人正常生活的權利。這些戰爭遺孤在訴訟書中指出，日本政府戰敗時對原先居住在中國東北地區的日本人採取了遺棄政策，並封鎖他們回國的途徑。在日中恢復邦交後，日本政府也沒有迅速採取措施幫助他們回國，即便在他們回國後也沒有採取充分的措施幫助他們。因此，日本政府應當向他們謝罪，並相應地補償經濟損失。

分析歧視這些遺孤的所謂「本土日本人」，因爲他們心裡覺得這些人是「貪圖」日本的發達才回來的，他們從80年代日本經濟如日中天的時候開始回國，沒有經歷過日本二戰後初期那段極其困難的時期，也沒有用自己的努力奮鬥幫助國家民族重新崛起，不能算真正的日本人。某個本土日本人學者曾指出，我們日本人對自己人的定義很嚴格，不僅僅有日本血統、日本國籍這些表面的東西就可以被認同，只有共同經歷過戰時、戰後的艱苦時期，並爲日本的重新崛起作出自身的努力的人才會被認同爲真正的日本人。

另外他們在思維方式、語言、舉止上，也更像中國人而非日本人，因此種種原因導致了許多本土日本人對這些「中國殘留孤兒」產生歧視，當然也有一部分日本人比較熱心善良地幫助他們。

在小團體內部，領導與成員的團結也是建立在彼此一定的基礎上，領導要有真正的實力，能夠爲了大局整體利益而以身作則地犧牲個人利益（**比如戰爭時衝在最前面、執行最危險的任務，在企業經營中，具備先進的技術或管理經驗等**），同時不過分自大獨裁，尊重團體的成員，這樣才能獲得成員的擁戴，建立協調一致的關係（**也就是團結**），此時下屬成員就會服從領導的正確命令，哪怕是要犧牲自己性命的命令。由於許多作爲團體領導的日本中中階層，在這方面表現得比中國包括西方的中中階層要好，因此被許多學者認爲日本人團結，其實這也是相比較而言的。

因此，那些認爲日本人團結的觀點和前面的現實主義、實用主義以及忠誠等觀點一樣，都存在明顯的片面性。其實團結與排外都是出於自身的認同（**也可以說是一種精神上的自私**），對於自己所認同的彼此團結，對於不認同的就排擠。

如前面所分析的中中階層，日本武士的忠心也是出於認同，而認同的根本，受「強者意識」思想主導，和先秦時期中國的中中階層一樣。西方人的團結也是如此，依靠共同的物質利益（**金錢等**）和精神利益（**榮譽、信念、興趣等**）而聯合在一起。當然日本的中間階層比西方中間階層更注重精神利益，因此他們的團結在面對物質利益的衝擊時，抵抗力更強一些，典型的便是二戰後日本的企業界，有人還下做了「日本株式會社」的比喻，但其實內部（**比如前面所說東日本企業代表之一的索尼與西日本企業代表之一松下**）也存在激烈的競爭，只不過在「強者意識」思想主導下，爲了戰勝西方企業這一更加重要的目標，他們就可以在犧牲彼此一定利益的前提下團結在一起，當然他們的團結也不是絕對牢固，也會爲了物質利益而破碎，但比西方包括中國中間階層好許多。

小團體思想本質上是建立在一定思想開化（**或者說理性**）的基礎上，部分人由於一定時期內共同的物質或精神利益而形成的。在涉及外國時，這種小團體觀念進而發展爲國家、民族意識。就中國人而言，像許多文人和80後青少年，在現實生活中存在明顯的甚至強於西方人的個人主義思想，但在北京奧運、南方雪災、汶川地震中也表現出明顯的國家、民族主義。而大多數西方人也是如此，在國家民族受到明顯的侮辱或者與其他國家民族競爭（**典型的如足球、籃球等世界性的體育競技**）時，即便是強調個人自我的人也會表現出強烈的國家、民族主義。

日本人的「三心」

16世紀，天主教神父約翰羅德利格總結日本人的性格後認爲：「日本人有三種心。第一種是口頭上的，這一眼就可以看出不是真實的，是虛僞的心。第二種是只在關係親密的家人朋友同事之間相互敞開內心的心，第三種是對任何人都不說的只屬於自己的心。」

日本心理學家南亞弘志也有類似的三層論觀點，其理論中提出將日本人的心理劃分爲內部、外部和活性三個方面。其中內部的內容包括懦弱、害羞、謹慎和屈從等特質；外部的內容有考慮別人的感受、溫文爾雅和仁慈善良等特質；而活性的部分包括勤勉、抱負以及工作紀律等特質。

作爲外國人的天主教神父雖然表達地比較直白粗淺，但也能夠保持一定的旁觀者清，而本身就是日本人的心理學家，雖然受自身思想性格的侷限而無法完全認識自己，但也能時刻從自身出發來深入分析和研究日本人的性格，與前者一樣注意到了日本人複雜甚至矛盾的性格。下面就細節性地分析一下「三心論」。

約翰羅德利格所說的第一種心，《武士道》一章中已經有了很好的解釋，至於「只在關係親密的家人朋友同事之間相互敞開的內心」的第二種心其實也很容易理解，可以按照自己的情況，涉身處地思考一下，人總是會有一定的親疏標準，不可能把關係親密的家人朋友同事和泛泛之交的人以及一般的陌生人一視同仁，不可能把自己的許多內心真實想法告訴後兩者。而第三種心確實是深刻之談，說明他經過相當深入地研究，當然這種心也並不是日本人所獨有，其實許多中國人包括西方人也存在，只不過沒有日本人那麼明顯而已，「對任何人都不說的只屬於自己的心」也就是自己最私密的隱私，有可能是一些別人無法理解的想法和情感，比如說某些才智過人的學者的學術想法，只能自己思索而不會告訴別人，再比如說自己兒時的無知言行和青春期的初戀等等。當然也有可能是自己曾經做過的一些極其惡劣的行爲等等。

一般人都會對自己內心的隱私層層設防，日本人自然也是如此，當然還有一個重要原因就是日本人特別是中中階層的日本人認爲輕易地向別人展示自己真實內心是一種幼稚淺薄的舉動，也就是被認爲是思想低下意志不足的「弱者」，因此很少願意把自己完全赤裸地展現在別人面前，當然如果在真心地完全地認同對方，或者說對方首先把自己的全部內心毫無保留地展示給自己後，許多人也還是會同樣完全吐露自己心聲。只是在複雜的現實生活中，要彼此真心地完全地認同不是簡單的幾句話所能做到的，因此這第三種心便深深地埋藏在自己內心深處，直到死也不會告訴別人。

南亞弘志所說的內部的懦弱、害羞、謹慎和屈從等特質；外部的考慮別人的感受、溫文爾雅和仁慈善良等特質；外部的勤勉、抱負以及工作紀律等特質，只不過把以前出現的日本人論觀點進行了一定的歸類，其實完全可以用「強者意識」思想來解釋，其他地方已經有詳細的分析，在此不再重複。

間人主義

有日本學者曾經提出過「間人主義」（referential subject），即行動時要充分考慮他人或所屬部門的立場、心情及相互關係，強調相互間的依存和尊重。雖然名稱有點新奇，但其本質也是由於「強者意識」思想及敏感等性格。

日本人特別是中中階層在受請求拜託後，大多數人會盡自己最大努力完成，哪怕付出生命等一切代價。

比如古代某武士受另一武士之託照顧其兒子，但路上因爲風暴等天災孩子自己不小心掉下河死亡，嚴格地說這並不是其過錯，但其還是認爲自己沒有完成他人的囑託，最後他讓自己的兒子去死，以此來補償對方。這裡不去探討此武士的做法

是否準確，是否爲了自己的名譽而非常自私地不顧及自己孩子的感受以及生命的價值，只是想說明日本人特別是中中階層對待他人拜託請求的思想態度。

這是比較極端的例子，其他許多日常生活中的行爲也如此，比如受主人邀請去做客，即便其飯菜不合自己的口味，也因爲考慮到對方的好意而很少明確提出意見；在明確禁止吸煙的場合很少人吸煙；在日本，外面等電梯的人總是先讓一條道讓電梯裏的人出來；感冒的人往往會主動帶上口罩等等，雖然一般是爲了不給別人添麻煩，但對許多人來說，本質還是不想讓別人蔑視，也就是不想被認爲是弱者。

從上面日本人許多日常生活中的禮節來看，可以說許多日本人對待他人非常文明禮貌，非常通情達理，時刻考慮到對方的感受，美英等西方國家還是中國、韓國等東方國家都不如。但這也是相對的，比如當自己對對方行禮而對方沒有相應地還禮的話，那絕大多數日本人都會非常生氣，面露怒氣而不顧及對方，有許多甚至可能動手打架。

對於中間階層日本人來說，如果對方和自己的等級相差比較大，就很少有這樣的體貼，比如當年侵略佔領中國的許多日本軍人，對待中國百姓就非常嚴酷，完全不在乎對方的感受（**換句話說很少給這些人面子**）；又比如二戰以後包括現在許多企業的中層領導（**科長、部長**），有時候下命令時也不顧對方能否完成，此外某些下屬無法完全任務或者犯錯誤的時候也是嚴厲批評，甚至開除。另一方面，在思想上如對於自身的信念，則又是絲毫不肯退讓的，像當年的「大東亞共榮圈」，大多數原來的日本官兵到現在還堅持其是正確的，像東史郎等真心懺悔戰爭罪責的老兵只是少數。

因此就思想信念方面而言，中中階層的日本人可以說很像「單細胞精神動物」，而就對待他人而言，又很像「鏡子」，你對他善他也會對你善，甚至更善，你對他惡，他也會對你惡，甚至更惡。

這種思想體現在工作上，典型的如服務行業，雖然日本中間階層的「強者意識」思想使其保持著強烈的自尊，但對於顧客都有一定的禮讓，對於許多無禮的顧客也微笑對待，將其放在高於自己的等級（**這從對顧客的敬稱上就可以看得出來**），絕大多數工作人員不會將生活上、工作中遇到的不順心發洩到顧客身上，也不會因爲自己心情不好而對顧客態度惡劣，當然一旦有這樣的情況，大多數人會立刻被解雇。可以肯定的是，大多數服務業工作人員的微笑也和西方服務業工人一樣屬於職業性微笑而非真正發自內心，但中國的服務業特別是如鐵路航空公交、醫院等一些壟斷、半壟斷性質的服務行業，許多工作人員（**大多數屬於中下階層**）對顧客怠慢冷漠、愛理不理，連基本的職業素質都沒有，更不用說發自內心的微笑了，當然許多的乘客也一樣存在許多不文明、不禮貌、冷漠等缺點，這兩部分人大多數都屬於思想層次比較低下的中下階層。另外許多企業的售後服務工作人員對前來維修的用戶愛理不理，相比日本、西方的售後服務工作人員態度差很多，有些人甚至把維修物品中一些好的部件偷換掉了。

雖然日本中間階層的等級觀念甚至比中國中間階層還牢固，但高等級的並不是完全蔑視低等級，當後者的言行符合等級時，前者也會給予一定的尊重，舉個簡單形象的例子，比如古代武士集團以及現在企業中，下級向上級鞠躬一般是90度或者45度，而上級一般會以15度的點頭來回禮。

另外許多人，即便是大明星、大企業家（**大多數屬於中間階層**），也會對沒有地位和財富的普通民眾給予一定的尊重，不像現在中國的許多大明星、大企業家（**大多數屬於中下階層**）對於一般的普通百姓有一種強烈的歧視，不願意說一句話或者看一眼。

日本式的謙虛有時很虛偽

關於謙虛在《武士道》一章中已經有所分析，下面再補充一下。

許多接觸過日本人的人，會因爲其日常的言行而認爲日本人非常謙虛，即便取得了很大的成就也不會大肆張揚，不像西方人那樣一取得一定的成就就表現炫耀自己，但其實這種謙虛也不是真正絕對的謙虛，也是相對的，也可以歸結到「強者意識」思想。

對於許多日本人來說，因爲自大驕傲會被認爲是淺薄無禮（**直白一點說就是「弱者」**），因此才表現得謙虛。而且這種謙虛也是建立在一定的心理平衡上，舉個《武士道》中的例子，許多日本人在日常交往中往往將自己的妻子兒子謙稱爲「賤內、拙妻」、「犬子」，但如果當對方真的用這些詞語來稱呼他的妻子兒子時，絕大多數人往往會氣憤地立刻翻臉。另外其在與同等級（**地位相等**）的人的日常交往中，也常自己謙稱「在下」，但如果對方真的將其看作下一級，那絕大多數也會氣憤地立刻翻臉。這本質也是因爲敏感的性格所導致，不過也並不是絕對，對於相同等級的比較容易執行，但對於下面的等級則在對方遵守一定的等級順序下，才會表現出這種謙虛。

當然這並不是說這些日本人的謙虛完全是虛僞，其實這種情況也存在於許多中國人包括西方人中。但平和中庸地說，和明顯的驕傲一樣，這種「過分的謙虛」也不是思想高尚的表現。

謙虛的另一方面可以表現爲知錯能改。下面簡單論述一下。

孔子說：「知錯能改，善莫大焉」，這句話大多數人都知道，但卻產生了一定的誤解，大多數人都只是按照表面理解爲知錯能改是一種很高尚的品格，但其實這句話應該從反面來解釋才更加確切，那就是說，知錯能改對於大多數人來說是一件非常困難的事情，如果一個人能夠完全無條件地做到知錯能改，那他的品格就已經非常高尚了。

但許多人由於自大輕狂、扭曲的面子、物質利益等因素，即便在自己非常明顯錯誤的時候也不願意承認自己的錯誤，當然更不用說一些似非而是的小錯誤了。

對於大多數日本人來說，許多時候都能夠做到知錯能改，當自己出現明顯的錯誤的時候主動而且誠懇地向別人道歉，以致於「對不起」等詞語成了許多人的口頭禪，動不動就來一句「對不起」。

當然許多人會質疑日本對於侵略戰爭的反省態度，認爲他們是犯了不可原諒的錯誤而仍舊死不悔改，但其實這是因爲許多日本人沒有把侵略戰爭當作錯誤，因此才不承認。

另外比如有些日本漁民捕殺鯨魚海豚等國際保護動物，而且無恥地冠以科學研究名義。有人也會認爲這表明日本人死不悔改，甚至偏激地認爲日本人貪婪、殘暴、變態等等。當然還有些人會產生嚴重的誤解，因爲這和日本其他的文明禮貌的

表現嚴重相悖。

其實深入分析這一現象，是因爲隨著日本的崛起，大多數日本人對於日本自身的各種傳統（**包括捕殺鯨魚海豚也包括女體盛等等其他方面**）都懷有強烈的自信，認爲這些傳統都是正確的、高尚的，因此都竭盡全力地保護維持，而不管其是否有正面意義，也不在乎外國人怎麼批評（**有些甚至還暴力對待那些批評者**），這也可以說是某些日本人頑固的一面，受自身思想的侷限，即便那些是公正的批評也不願意聽取。

當然從整體的一個國家民族和細分的每一個國民來對照，上面的分析還是有點片面，存在一定的不足。

比如俗話說的：一方水土一方人。從地理範疇來劃分，如中國的北方人與南方人，思想性格的差異就比較明顯，如北京人包括東北人的爺們品性、上海人的小男人習性、湖南人血性、蠻霸，廣州人積極、行動力強，再細緻一點到各個省乃至市、縣的中國人都存在一定的不同，比如浙江人中的溫州人明顯比其他的城市精明。

日本也一樣，沖繩的民族性和本土日本存在明顯的差距，就連日本本土中，東日本和西日本也有不小相異，比如典型東京和大阪。如自民黨佔據了東京等大部分東日本地區，但在京都、大阪等西日本地區執政的多非自民黨；東日本企業代表之一的索尼與西日本企業代表之一松下間也存在多種明爭暗鬥。

雖然佔據西方國家主導思想地位的都是物質主義、個人主義等思想，但這也是相對的，比如英美人的實用主義和功利主義最接近，當然這也和歷史有關，因爲當年大量英國盎格魯撒克遜人移民到美國，而德國人的理性主義很大程度上和日本人接近，非常注重精神等主觀能動性，不像英美人注重客觀實務性，另外法國人的崇尚人文思想很大程度上和中國人接近，其他如俄羅斯人、義大利人、西班牙人等也都是大同小異。

同樣再細分下去，和中國日本一樣，每一個西方國家中，不同地區的人的思想性格也有一定的地域性差距。

如本書序言中所說，思想也是個動態變化過程，從縱向的時間來說，不同時代時期，肯定有一定表面的變化。從橫向的各階層來說，中中、中下等階層也在不斷變化，或者進步，或者倒退。以上所舉中中、中下階層的一些思想性格也沒有絕對明確的界限，因此每個階層的思想並不是絕對固定。

如果要完整分析敘述現在近1.3億日本人乃至自古以來各代日本人每個人的思想變化歷程，那實在非人力所堪，因此本書也點到爲止，有興趣的學者或讀者可以進一步細化分析，補充本書的不足之處。

中國中上階層與中中階層的典型代表何新與李敖

在許多人眼中，學術界的何新和文學界的李敖可能是其所處領域最具爭議的人，但從另一方面來說，兩者也可以算是中國中上、中中階層的典型代表。下面詳細分析一下。和前面一樣，在此不加稱謂不是輕視，只是想盡可能地保持中庸的立場。

何新

何新80年代前期活躍在歷史哲學文化、馬克思主義、美學文學等人文科學，中期以後逐漸偏向經濟、政論領域。在80年代至90年代前期曝光率和知名度極高。

因爲思想進一步成熟和政治等方面的因素，90年代中期以來何新選擇了隱居似的生活，很少出現在普通大眾媒體中，按照時間簡單地推算，94年距2014年已經有20年，加上一般接觸學術討論的一般是25歲左右的研究生，所以現在大多數40歲以下的人對其瞭解很少。至於學術界，因爲90年代中後期以來許多人都「一切向錢看」了，對於學術論爭的興趣也小了很多，而且因爲94年以後何新很少大張旗鼓地發表學術觀點，因此彼此的爭論（**或者說「口水仗」**）也少了許多（**其對於許多學者對其學術成果的剽竊也幾乎沒什麼追究**），因此不像現在主流經濟學家那樣因爲受到巨大爭議而具有很高的「知名度」。當然不是說現在沒有影響力，但相比過去還是小了很多。隨著2010年在各種出版的書籍以及網路博客上揭露共濟會這一控制西方的隱秘團體，何新的關注度又大大增強，但由於其不願接受高層政府身份，因此在公共主流媒體的曝光率並不高。

因爲初生牛犢不畏虎思想（**從其自傳中分析，比較早的自信可以說是來自於青少年時期練習摔角，戰勝了一個比較厲害的不良少年**），80年代何新勇敢地挑戰了許多領域的學術權威，這裡先不去具體評論其思想觀點是否正確，但可以肯定的是他與主流思想多次的論鬥引起了「公憤」，被許多人仇視痛恨。

當然與學術界的口誅筆伐相比，何新還是獲得了政界最高層的賞識，而且許多思想和觀點被實際採用。因此有人把何新稱爲中國思想界從80年代較爲幼稚時期過渡到90年代相對較爲成熟時期的代表，也有些人將其稱爲中國「新國家主義」教父，甚至還有些人將其稱爲改革開放以來影響中國的十大人物之一。不管是褒還是貶，其巨大的成就和影響是無法否認的。

以下簡要介紹一下。

因爲認爲讀大學會失去當時難得的歷史機遇，而且大學的那些知識對自己也沒有多少真正的幫助（**確實當時其某些方面的水準已經達到甚至超過了博士的水準**），因此何新未畢業便進入學術研究領域，這樣的出身和那些正統師承的學術大師明顯不同，雖然後來也曾師從著名的歷史學者黎澍，但不久便因爲其不遵守學術界的「潛規則」而脫離師門，其實和何新類似的社會科學領域學者多得是，如錢鐘書等，按照現在的教育規則連大學都上不了，何新至少還考上大學，比他們好地多。但由於其當時年輕缺乏資歷，又到處挑起論爭，因此受到了明顯的歧視，這和企業、政府等其他領域歧視新人的本質一樣。有些學者受等級意識的影響，認爲自己有著博士文憑、教授頭銜，潛意識中就把自己置於高於何新的等級，對他的思想觀點有一種先天的抵觸心理，因此雖然其某些學術成就也足以和社會科學領域許多大師比肩，卻很少被學術界公認（**有學術爭議的不說，許多甚至已經承認引用其多方面的學術觀點，但仍然受情緒影響而無法平和中庸對待他的成就，更不用說奉何新為大師了**）。

學者一定理性嗎？未必，許多時候甚至比一般人還要幼稚、偏激、盲目，學術界許多地方也和商業領域一樣，存在很多的「潛規則」，當然不光中國，西方和日本等也存在這樣的現象，本質都是人性中的一些弱點而已，從社會人文科學界範圍來說可能沒有人比何新體會地更深，當然和日本的井上哲次郎一樣，這與其說是何新的不幸，不如說是中國的不幸。

因爲社會科學相對自然科學缺乏明確的評判依據，只要能自圓其說的觀點理論一般都能存在。而何新的許多觀點雖然

不能說絕對正確，但不可否認是發人深省。當然其早期的觀點也存在明顯的不成熟，其在02年出版的《論中國歷史與國民意識》中也自知地承認，過去許多轟動一時的學術思想觀點也不免幼稚。雖然說過「盛世」這類的話，但從其一貫的謹慎觀點，可以發現是一時失言，或者另有背後的原因。

由於認爲經濟這一學科對整個國家民族的影響太大了，經濟學科的理論爭論遠遠超過其他社會學科的學術爭論，一旦宏觀經濟政策錯誤將導致國亡族滅，而何新自己的格言是張載的「爲天地立心，爲生民立命，爲往聖繼絕學，爲萬世開太平。」因此從80年代後期開始積極介入到了經濟學研究，從馬克思主義經濟理論入手，漸漸遍及整個西方經濟學，其涉及的範圍比現在許多主流經濟學家要全面廣泛深入很多。

何新的經濟學研究對國家政策也產生了巨大的影響力，典型的是在人民日報上對於當時經濟學界「短缺」這一主流思想的批判，提出了生產過剩理論，並建議實行積極出口這一戰略政策，從隨後國家設立的出口退稅政策可以看出受到其一定的影響。

當然當時其經濟學思想還遠未成熟，他的「過剩理論」也不是完全正確，確實有不少方面是出現過剩，但主要是由於計劃經濟體制上的缺陷以及薄弱的企業管理的落後（**本質還是其中當事人的思想幼稚、能力不足**），而許多方面也確實存在明顯的物資短缺現象。至於大力提倡出口的思想在現在看來也很普通，但如果回顧當時那個時代，其這些思想觀點要遠比許多專業經濟學家正確。當然經濟政策沒有絕對完全的正確或者錯誤，出口鼓勵政策雖然很大程度上促進了中國經濟的快速發展，爲許多企業特別是中小民營企業找到了生路，但也導致了後來中國經濟對外依存度過高、內需疲軟，整體經濟的脆弱和不穩固。當然隨著學習的深入，何新的經濟學思想也逐漸成熟，他的《新國家主義經濟觀》一書就是典型代表，就此書及何新90年代中後期以來寫的其他經濟文章，對於西方經濟學歷史的瞭解比西方著名經濟史家熊彼特有過之而無不及，雖然其過分謙虛地自稱自己不是經濟學家，但其在經濟學上的成就遠比許多著名的正統學院派經濟學家要高很多，更不是那些主流經濟學家所能比（**這樣的評價可能導致那些反感何新的人痛恨，本人也會被冠以各種惡名，赤心自照**）。更值得指出的是其分析了亞洲金融危機的本質，點出了美英等金融戰爭與國際金融資本家的險惡，最近大熱的《貨幣戰爭》更是詳細的敘述了歐洲包括美國的一些幕後金融資本家，當然說早一點，馬克思把西方國家定義爲資本主義國家時，就早已指出其本質。

平和中庸地說，80年代的經濟學界（**也包括其他社會、自然學科的許多領域**）確實比較幼稚，脫離馬克思經濟學反而把一些幼稚的西方經濟學理論捧爲聖經，而何新的可貴之處是在當時能夠不被那些幼稚的西方經濟學理論迷惑，這些思想也幫助中國度過了那段幼稚期。

雖然何新在經濟方面提出了比主流經濟學家多得多的真知灼見，並且大大影響中國的發展，但由於在經濟領域的主要行業（**也包括自然、社會科學和政府等領域**）缺乏足夠思想素質的中中階層，中國經濟大多數行業還是無法戰略轉型、真正崛起，趕上或超越西方、日本，這也如本書多次強調，一定數量的高思想素質的中中階層才是一個國家、民族的主導。

雖然何新早年經歷了和當時許多人一樣的不幸，但其能夠拋開自己曾經苦難的經歷，樹立真正爲國爲民的信念，比許多爲了一己私利而誤國害民、損公肥私的主流經濟學家、文人等具有「弱者意識」思想的中中階層要好太多了。90年代後期以來，何新的思想也逐漸成熟，達到了中上層次，無論從文章還是其他的言行中都表現出思想的提升。當然其只是社會科學領域的中上階層典型代表，另外自然科學等其他領域也有少數的中上階層，在此不再詳細介紹。

何新早年在自傳《孤獨與挑戰》中認爲自己是「木秀於林，風必吹之」，不免有點幼稚和委屈。平和中庸地說，主要是因爲其思想超越了自己相同相近年齡層的思想水準，而中國的中中階層「弱者意識」思想的典型弱點之一，就是很難承認，也不願承認同齡（代）人遠超自己的成就，許多人只願意服從年齡比自己大許多的人，即便其思想才能比較有限，當然還有許多人根本沒有什麼自己內心真正尊敬的人，自以爲天下第一。

何新自己表示晚年將歸於佛學，這也應了那句「英雄到老皆歸佛」的箴言，具體地說，首先要是英雄，不管是身處思想學術、政治還是經濟等其他領域，但必須具備相當的思想智慧，但絕大多數人年輕時總有點心高氣傲或者說過分的自信，只有在經歷了一定的滄桑，積累了一定的閱歷，思想逐漸成熟後，才會體會到佛學的許多思想理論的高深，才願意真心皈依於佛。不過從何新對譚嗣同佛學思想的研究，以及在思考系列的《我的哲學與宗教觀》中回答關於佛教思想的提問，特別是對「俱胝一指禪」的理解，顯示了其對佛學思想還遠不如對馬克思主義、西方哲學那樣精深，相信他下精力投身佛學之後，憑其智慧，現在應該有了另一番境界，不知是否已經對那些曾經令自己聲名鵲起的學術思想觀點有了新的理解？

李敖

相對於前者，因為文學的大眾性強於學術，還因為其一些過激的言行，再加上大量媒體的炒作，知道李敖身平的人比知道何新的人要多得多，在此就不再詳細介紹其身平。

和柏楊等一樣，因爲身在臺灣的特殊背景，李敖比較明顯地受到大陸國人的關注，但其桀驁偏激的性格（李敖還以此為傲）加上文人們原本相輕、自以爲是的性格，導致後來大多數大陸文人對其產生厭惡的感覺，還一致聲討，就這一點來說，因爲何新思想理論文章的層次比較高，有能力聲討的人比較少，因此「罵聲」也比後者少一些。

平和中庸地說，李敖是中中階層文人的典型，李敖的言行和小說等集中體現了自大輕狂、幼稚偏激等文人典型的「弱者意識」思想，因爲很多人都已經瞭解，具體事例就不再列舉。雖然其自稱是千古奇才、天下第一，但其思想水準比於以何新爲代表的中上階層還明顯差了一個檔次。

當然在國家民族主義方面典型如對美國的態度，比許多崇洋媚外的中下階層文人要好很多。另外，不可否認其知識也比大多數中中、中下階層的作家要豐富許多。

近代和現代日本中中階層典型代表——福澤諭吉和石原慎太郎

縱觀近代和現代的日本，福澤諭吉和石原慎太郎可以說是日本兩個時代中中階層的典型代表。雖然兩人表面上非日本人典型代表的武士，而更偏向中國人典型代表的文人，但從關鍵的思想上來看，兩人的思想屬於典型的「強者意識」思想，因此在此詳細評價一番。

福澤諭吉

福澤諭吉作為現在日本最大單張貨幣一萬日元的人物頭像，其在大多數日本人（準確地說是近代以來的日本人）中的地位可想而知，可以說幾乎到了和古代的日本聖人「聖德太子」等同的地位。

福澤諭吉生於一個下級武士家庭，他的父親是一位漢學家。受父親影響，福澤諭吉早年長期學習孔孟等儒家名著和中國歷史，青年時代在長崎學習荷蘭文。曾在大阪師從著名蘭學家緒方洪庵，並成爲優秀的蘭學學生。福澤諭吉在26—34歲的時候，三次出訪歐洲和美國，並將在歐美的所見所聞寫成《西洋事情》、《西洋導遊》和《西洋衣食住》等書。這三本書轟動一時，對當時的日本人影響很大。

雖然福澤諭吉自認爲比當時許多傳統日本學者開明，但在被歐美國家強大的軍事、工商業等實力迷惑，同時由於對西方人思想文化、國家本質缺乏本質瞭解的情形下，產生了盲目崇拜西方的思想。明顯證據如其在《文明論概略》中說：「如果想使日本文明進步，就必須以歐洲文明爲目標，確定它爲一切議論的標準，以這個標準來衡量事物的利害得失」。

平和中庸地說，和大多數中中階層一樣，福澤的思想明顯受等級意識（**本質是「強者意識」**）的侷限，因爲其認爲日本、日本人的語言、風俗等和當時已經因爲戰敗而淪爲劣等國家的中國、劣等種族的中國人相似，會被強大的西方列強（**西方人**）等同爲劣等國家、種族（**直白一點說就是弱者**）而輕視、蔑視，因此其本質的「強者意識」思想導致其仇視中國、中國人乃至亞洲、亞洲人，不想被認同爲低劣的弱者，而希望被認同爲和西方列強一樣的強者。

他又在《脫亞論》中主張日本「所奉行的主義，惟在脫亞二字。我日本之國土雖居於亞細亞之東部，然其國民精神卻已脫離亞細亞之固陋，而轉向西洋文明」。他還呼籲說：「我國不可狐疑，與其坐等鄰邦之進，退而與之共同復興東亞，不如脫離其行伍，而與西洋各文明國家共進退。」同時他還大肆貶斥以中國爲主的亞洲落後國家，認爲日本和這些國家同稱亞洲國家，日本人和這些人同爲黃色人種，導致西方人輕視日本、日本人，嚴重損傷了日本人的名譽（**當然更重要的是也包括他自己**），而日本所取得的成就足和歐洲列強並列文明強國，因此爲了維護提升日本的名譽要脫離亞洲。（**80年代末也有類似的「脫亞論」，主要思想沒有本質區別，只是前者是主要從日本人依靠軍事成就為主，而後者主要依靠經濟成就為主。**）

雖然福澤模仿西方的人權平等思想提出「天不生人上之人，也不生人下之人，天生萬人皆平等，貴賤上下無區別。」等觀點，表面上所表達的思想比較高尚，但他前面的例子表明他內心的真實思想還是和中間階層特別是中中一樣存在明顯的等級意識，對中國人等其他亞洲人存在明顯的歧視。

當然與其說他天生輕視中國人、亞洲人，不如說這是其「強者意識」思想中輕視弱者思想的表現。福澤對於日本國內那些落後（**準確地說是福澤自己認為的落後**）的國民也提出了嚴厲的批判。如其認爲：「愚民之上有暴政」、「暴政不只是暴君和貪官施暴的產物，它也是無知的人民自己養育出的暴政……假如人民想要擺脫暴政，他們就應立即致力於學術並提高自己的知識和道德修養。」這表明福澤對那些不願學習提高自身，不願主動文明開化，也就是甘願淪爲弱者的民眾（**大多數屬於中下、下層**）的反感。這代表了當時日本中中階層的思

想，對於那些不肯努力的民眾非但不會有憐憫關懷反而是痛恨厭惡。而現在大多數的中中階層也一樣，比如對流浪漢（**日語是「浮浪人」或者直接用「homeless」表示**）的態度也和福澤對當時的「愚民」的態度一樣，認爲這些人自身不願努力工作而甘願過這樣的生活，對他們非但沒有同情反而是厭惡。日本政府中的大多數官員也一樣是這些中中階層中的一部分，因此在制定政策的時候，僅僅保障這些人基本的食物需求，不像西歐國家那樣有非常高的社會保障，有些地方工作者的工資在扣除高額稅金後甚至不如那些不工作領救濟金的人，當然這很大程度上助長了許多西歐人好逸惡勞的思想，同樣也影響到西歐國家的競爭力，導致其在許多方面不如美國、日本、中國等國家。

福澤諭吉還發表了「在西方國家中，知識在人民群眾中傳播，而在我們日本，知識的增長牢牢的控制在官方範圍之內」、「在日本只有官方政治，而沒有人民國家」、「一般地說，我們並沒有日本民族國家的歷史，有的只是日本帝王統治者的歷史。」等許多批評政府的觀點，雖然一定程度上表明了其學術自主精神，但這導致其一度受到當時官方的壓制，另外其激進的思想觀點也受到了當時日本社會許多學者的批判，這在其自傳《福翁自傳》有詳細的描述。

福澤的主要成就是讓許多中中、中下階層的日本人在思想上擺脫以往認爲儒學爲主的漢學是最高尙（**也就是最強**）學問的觀念，宣導大力學習西方思想哲學、自然科學等知識，如他寫到：「受教育就是學習生僻的詞，鑽研艱難晦澀的古代文獻，欣賞和創作詩詞，以及諸如此類毫無用處的才藝」、「這種沒用的的知識應該留到以後去學，現在應該致力於那種與實際生活有關的教育，即學習地理、歷史、經濟、倫理，而首先是自然哲學」、「推翻漢學的保守主義和剛愎自用」等觀點，這對當時日本人學習西方起到了重要的促進作用。

不過雖然其和近代其他許多宣傳西方思想的學者一同大力提倡西學的思想，也產生了巨大的作用，大大地扭轉了中中、中下階層日本人的傳統思想觀念，但另一方面也導致了之後大部分日本人對西方、西方人的極端崇拜以及對於中國、中國人等亞洲人的極端蔑視。

就福澤諭吉的作用，平和中庸地說，與其說福澤開啓了日本民族的啓蒙精神，不如說其激發催化了日本民族特別是「中間階層」本性中一直沒有磨滅的「強者意識」。福澤所闡述的思想觀點，遠不如中國戰國時的荀子，而且許多方面就相比幾乎同時代的梁啓超等中國學者也未必占優（**在文詞修飾上更是明顯不如**）。但在主導日本民族的「強者意識」思想的中中階層的奮鬥下，日本成功地崛起，而主導中國的「弱者意識」思想的中中階層則由於思想低下，無法避免西方列強包括日本的侵略，即便荀子、梁啓超等古代和近代中國學者的思想並不比福澤諭吉差，假如福澤處在當時的中國，肯定也無法產生在日本那樣的巨大影響，甚至他的學問反而會被許多文人輕視嘲笑。

幾乎處於相同時代，學習德國當時流行的哈特曼形而上學和黑格爾哲學，被認爲是國體保衛論者、國家至上主義代表的井上哲次郎，深刻地發覺了福澤流的「獨立自尊」如不由「服從」的觀念加以補充，則有在下層階級引起「破壞性運動」的危險。

相對於偏重英美典型的功利主義、物質主義思想的福澤，井上強調德國的理想主義、精神主義，因為井上的出身背景和對政府的維護而受政府的支持，井上大大促進了日本民眾「天皇崇拜」和「大和魂」思想的形成，同時井上還在西方哲學、日本國學、中國儒學（**朱子學派、陽明學派等**）以及教育等領域有巨大的成就，思想深度和學術成就遠遠超過福澤。

當然井上的國家至上主義等思想也受到大西祝等其他日本學者的批判，就像其他許多領域思想觀點的論爭一樣，而並不像某些幼稚的西方包括中國學者認為日本人好像性都一樣，認為其思想信念都一樣。其實即便像絕大多數日本人根深蒂固的民族國家主義思想在軍國主義盛行時期也發生過爭論，如《瘋狂的島國》就簡要介紹了日本政府內部的爭論。

這其中也反映了許多西方學者的幼稚，像《瘋狂的島國》就敘述日本人存在不同的思想信念，但卻仍要發表所有日本人都思想一致、萬眾一心的觀點。其實一個人自己的思想許多時候都有矛盾反覆，更何況一個民族、一個國家那麼多的人。

相比較而言，由於井上有幸學習西方思想哲學高峰的德國思想哲學，其思想層次要比福澤等中中階層高出一層，可以說是日本少數中上階層的典型代表。當然和其他許多事物一樣，大多數的中中、中下、下層日本人由於思想的侷限，反而更容易理解認同福澤的思想，因此即便到了現在，日本社會中崇拜敬佩福澤諭吉的人比崇拜井上哲次郎要多得多，這與其說是井上的不幸，不如說是日本民族的不幸。

石原慎太郎

由於從1999年以來長期擔當東京這個近代以來日本最重要城市的知事，小說家出身的石原慎太郎在日本的影響力甚至在某些方面超過了日本首相，深入分析其思想層次，本質和近代福澤諭吉沒有什麼差別。

當然客觀地說，比起日本許多的暗箱操作的選舉，石原確實是民主選舉產生的，在許多東京人中有相當高的支持率（當然小泉純一郎也差不多，雖然其強硬的立場使得許多中國人等亞洲人對其沒有什麼好感，但即便現在辭去了首相職務，在國民中的支持率仍然很高），因此其在日本政界也特別強勢。至於其當選的原因，關鍵是因爲石原的思想和東京這一日本最典型代表城市（近代以來的京都只能代表表面的日本）裡大多數中中階層的「強者意識」思想一致，因此得到了他們的認同。

在中國，石原被大多數人認爲是典型的「右翼」（當然這個名詞太絕對極端，存在明顯的不足，在歷史政治部分將詳細論述），但在日本，真正樹立石原的強硬形象，還是要算其對美國的強硬態度。二戰以來日本的政府高層幾乎都擺脫不了敬畏、屈服美國的侷限，20世紀80年代，憑藉著經濟上的優勢中，曾根內閣曾強硬許多，但本質還是沒有改變，只不過屈服程度比之前減輕了一點而已。而石原則不同，他的許多言行直接激烈地批評美國，典型的就是和著名的索尼公司總裁盛田昭夫合寫了《日本可以說「不」》，之後不久又兩次對美國說「不」，繼續強硬地寫了《日本還是可以說「不」——美日關係的根本問題》（それでも「NO」と言える日本-日米間の根本問題）（與渡部升一、小川和久合著）、《日本可以堅決說「不」》（斷固「NO」と言える日本）（與江藤淳合著），對美國的許多行爲進行嚴厲指責，這些文章在日本產生了極大的反響，一出版就成爲日本最暢銷的書，發行達上百萬冊，特別是其中「日本第一」的觀點迎合了中中、中下階層的「強者意識」思想。當然由於當時日本在軍事等方面還處於較弱的地位，而美國在這些方面處於絕對強者地位，因此石原才在書中沒有完全對美國翻臉。

後來石原還發表對美國主導的金融勢力引發亞洲金融危機的指責，認爲美國人爲了自身的利益，及爲了挽回不斷衰退的經濟，不顧亞洲國家而進行金融侵略，並借機再度「敲打」日本，導致日本多年來在亞洲的經營一敗塗地，日本經濟遭受了比股市、房市泡沫破裂還要大的損失。**（其他各種指責還有許多，篇幅有限這裡就不再介紹）**

仔細分析石原的成長歷程，其「抗美」思想可以說在幼年時便已出現，他在書中敘述自己還是小孩子時就不給美國兵讓路**（在二戰結束後初期，美國人比政府官員還要有權勢，一般日本人見了都要讓路，沒多少人敢這樣做）**，雖然挨了美國兵的打，但其覺得很開心，認爲精神上戰勝了美國兵。如果以中上層思想來看，石原的行爲有點像自欺欺人的孔乙已，非但不值得敬佩反而覺得其無知幼稚，但在日本許多中中、中下、下層看來，就覺得其那麼小就有許多成年日本人也沒有的勇氣，十分了不起。這也明顯反映了日本中中、中下、下層思想的侷限。

其實福澤和石原之所以受到許多**（不是所有）**日本人尊敬，雖然本質是因爲他們的「強者意識」思想受到大多數中中、中下、下層的認同，但另外很大程度上也主要是因爲他們所處的日本兩次崛起的時代背景，具體地說，前者是基於日本近代軍事崛起的背景，後者是基於日本二戰後經濟崛起的背景。而日本兩次崛起的關鍵主力分別是「軍人武士」和「社員武士」。

就兩者的作用而言，雖然他們對於各自時代的中中、中下階層有一定的鼓勵作用，但並非關鍵。

就福澤而言，如前所說，其鼓勵西學的思想也十分一般，並沒有多少高明之處。文采上更是遠落後於荀子的《勸學篇》和幾乎同時期的中國維新人士的著作，真正促進日本中間階層瘋狂學習西方的是歷代傳承、原本就根植於心中、未曾泯沒的「強者意識」思想，福澤只不過進行了一定的催化引導而已。

就石原而言，其早期的小說無法幫助那些企業員工掌握各種世界先進技術，不能為日本賺取什麼外匯。而之後從政，也無力避免日本在軍事以及石油等戰略資源被美國壓制，更無力避免日本被美英等西方金融勢力打擊，使日本遭受到泡沫經濟破滅，特別是金融危機時期的巨大經濟損失。即便成為東京都知事後，對於美國等西方列強的金融掠奪最多只能斥責一下，圖個口快、博個喝彩而已，日本現在包括將來相當時期仍然會受到不斷的金融襲擊。

第七章　日本動漫與「強者意識」思想

一個民族的民族思想性格與民族文化是相輔相成的（**當然再深入一點說，「思想」和「文化」之間許多地方都是相互重疊的，沒有嚴格的區分**），要瞭解日本民族的民族性，必然也要瞭解日本民族的文化。由於日本文化多是在引進外來先進文化的基礎上，再加以吸收、創新的，因此想要真正瞭解日本民族的性格自然還是要首先選擇日本的本土文化，而綜合比較而言，在目前日本極其盛行的漫畫文化無疑是其本土文化的典型代表之一。雖然漫畫並非日本首創，但日本動漫的區別於其他國家動漫的特殊性，使之成爲研究日本文化、瞭解日本民族性格的絕佳對象。

由於思想和時代等方面的侷限，動漫在許多成年人眼中是幼稚和低俗的代名詞，當然不得不承認許多中國和西方的動漫作品的確如此，但日本動漫在早期的60、70年代就比中國、西方的動漫更具現實主義色彩，特別是發展到今天，作品內容的寫實程度以及對於人物的思想精神的描述已經達到了另一個境界，而能從不同的角度反映著日本社會各個階層的思想，其中人物幾乎都可以從現實中找到原型。因此，日本動漫完全可以成爲瞭解日本的一種重要手段。

就日本二戰後崛起關鍵的經濟而言，90年代以來日本許多行業經歷了重大的坎坷，股市泡沫打擊了大量的投資者，房市泡沫嚴重打擊了金融、建築等行業，亞洲金融危機更是使得日本經濟支柱的製造業搖搖欲墜，但就在這段不景氣時期，動漫行業（**包括遊戲等周邊行業**）卻逆勢崛起，06年日本的動漫內容產業市場的總體規模，包括動漫衍生的遊戲及周邊產品市場，估計已經達到2萬多億日元。雖然動漫行業中的主要公司在產值利潤等方面，無法和豐田、松下等傳統製造業企業相比，但目前在世界上同樣佔據著統治地位，相比後者包括其他國際領先的企業有過之而無不及，根據日本貿易振興會公佈的資料，2003年推銷到美國的日本動畫片（**絕大部分是漫畫改編**）以及相關的產品總收入爲43億5911萬美元，是日本出口到美國的鋼鐵總收入的四倍。因此從這一方面來說，動漫行業反而顯得更具代表意義。

在觀眾基礎、社會觀念上，據日本三菱研究所的調查，日本有87%的人喜歡漫畫、有84%的人擁有與漫畫人物形象相關的物品。2001年度日本漫畫發行總量達22億6001萬冊，其中漫畫圖書占7億1763萬冊，漫畫雜誌15億5835冊，而日本2001年底全部出版物的發行總量是66億3040萬冊，漫畫占了其中的三分之一強，日本人年均消費漫畫圖書和漫畫雜誌的總量達到驚人的近20冊。

到2010年日本著名的出版社—集英社所出版的五部漫畫累計銷量更是突破了驚人的一億冊，其中《這裏是葛飾區龜有公園前派出所》（こちら葛飾區亀有公園前派出所　秋本治）1億4200萬冊、《七龍珠》（DRAGON BALL鳥山明）1 億5000萬冊、《灌籃高手》（SLAM DUNK井上雄彥）1億1700萬冊、《海賊王》（ONE PIECE尾田榮一郎）1億8900萬冊，《火影忍者》（NARUTO 岸本齊史）1億冊，由於時間因素，數據還在不斷地變化中，其中許多作品還在連載，數量也必然將大大

增加。而且需要說明的是，這些還只是在日本國內的銷量，如果加上海外銷量數目更加驚人，即便連村上春樹這樣的頂級暢銷小說家的作品也望塵莫及。

甚至有日本思想哲學學者、經濟學家等為了引起普通特別是青少年日本人的關注，想把自己的作品內容用動漫的形式表現出來，近來《資本論》就被改編成了漫畫，而且非常暢銷。

此外不少人所熟悉的《聖鬥士星矢》已正式被日本官方列為向國外介紹日本文化的十大必讀作品之一，與那些嚴肅文學（《源氏物語》以及川端康成、三島由紀夫的作品）共濟一堂。不久前，鳥山明的作品在日本9個公眾藝術博物館和其他公共場所進行了巡迴展出，吸引了超過300萬的參觀者。一名漫畫家的作品能達到如此受人矚目的程度，這在歷史上僅是第二次（第一次是手塚治虫）。東京的國家西方藝術博物館破例展出鳥山明的漫畫作品，同莫奈、米勒等畫家的作品擺在了一起。

榮獲2005年日本電影年度票房排行冠軍的《神奇寶貝劇場版——結晶塔之帝王》（ポケットモンスター—結晶塔の帝王）、2004年日本電影年度票房排行亞軍《名偵探柯南》（名探偵コナン劇場版）、日本本土票房收入最高193億日圓的《魔法公主》（もののけ姫）都是動畫片。宮崎駿的三部作品不但成為日本動畫史上，還是整個日本映畫史上最賣座的作品，《神隱少女》304億日元《霍爾的移動城堡》196億日元《魔法公主》193億日元。

這些例子都足可見動漫在日本的地位和影響。

相對於中國、西方等國家，真人表演的影視作品佔據了絕對的主流，日本則不然，隨著80年代以來動漫行業逐漸成熟、各種製作逐漸完善，出現了大量的動漫類影視作品，雖然現實中的地位還是相對不如一些歷史類影視作品，但就作品的思想內容等方面而言，可以說反而更勝一籌，許多現實類的影視作品（**包括近來許多美國大片**）還往往根據熱門的動漫作品改編而來，而且許多作品相比較，動漫形式表現得更加深刻充分。比如：

武士題材中《神劍闖江湖》（るろうに剣心）、《琉球武士瘋雲錄》（サムライチャンプルー）、《甲賀忍法帖》（バジリスク ～甲賀忍法帖～）、《新選組異聞錄.鐵》（新選組異聞Peace Maker鐵）等作品塑造的武士人物，無論思想氣質還是表演技藝等方面也都比NHK真人表演的大河劇要更勝一籌。

勵志題材的《灌籃高手》（SLAM DUNK）、《棋靈王》（ヒカルの碁）等作品並不遜於《排球女將》、《姿三四郎》。

情感系列的《永遠盼望你》（君が望む永遠）、《青出於藍》（藍より青し）、《美鳥的日記》（美鳥の日記）、《NANA》、《純情房客俏房東》（ラブひな）、《後天的方向》（あさっての方向）、《電影少女》（Denei shoujo Ai）、《我們的存在》（僕等がいた）、《秒速五釐米》（秒速5センチメートル）等優秀的作品比《東京愛情故事》、《情書》等頂級現實題材的愛情劇作有過之而無不及。其中《庫拉烏》（KURAU）、《夢幻妖子》（妖しのセレス）《xxxHOLIC》等科幻情感系列將虛幻的想像和真實的感情結合起來，也十分優秀。

校園題材的《女子高生》真實深入地描述一群女子高中生，愛情、友情等許多方面的心理思想，遠勝於絕大多數現實的校園題材影視作品。

此外《絕愛》（絕愛1989）、《妹妹戀人》（僕は妹に戀をする）分別代表了同志、不倫題材的頂峰，無論立意還是內容都高於同類現實題材的影視作品。而且哪怕一些成人動漫作品也比一般真人表演的要唯美很多。

此外還有許多方面，如就作品中的配樂而言，雖然由於不同人的品位不同，對於歌曲的喜好也會不同，不過就本人覺得，《moonlight》、《藍染》等許多動漫作品乃至一些成人遊戲的歌曲都要比日本紅白歌會上的許多歌曲好多了。

下面深入分析動漫作品的幾個主要方面：

日本動漫反映的思想

日本動漫作品中永遠不變的主題思想

與西方動漫內容以動作爲主相比，日本動漫中存在大量的對白，這典型反映了各種人物的思想信念。雖然並不是說所有日本動漫所表達的信念都是正確的，但動漫之所以在日本如此發達，正是因爲作品中人物的思想信念、性格愛好等往往能夠與讀者產生心靈上的共鳴。作品主人公的信念有時候爲許多讀者解除內心的困頓與迷茫，他們的精神信念主導了許多讀者，使其變得意志堅定，對生活充滿希望。

從年齡層上來劃分，現在日本動漫作品的作者大多是60年代以來出生的新人類，而動漫作品的主要市場是學生或者說

80、90年代出生的新新人類，因此從動漫思想內容的轉變也可以瞭解這兩大部分日本人的思想，當然中間階層（包括部分新人類、新新人類也包括所謂的傳統日本人）特別是中上、中中階層的「強者意識」主導思想不變，只是某些表層思想發生了變化。下面先分析日本動漫作品中永遠不變的主題思想。

「強者意識」思想

大部分日本動漫作品都貫穿了同一主題──主人公（多為以某一主角為中心的小團體）常常通過艱苦的「修行」（實力和思想等各方面）不斷變得強大，最後通過堅定的意志和頑強的精神，戰勝強大的敵人，實現自己的信念。

如武士類作品代表的《聖鬥士星矢》，主要講述了以星矢爲主角的一個小團體，爲了拯救和保護他們的雅典娜女神，歷經重重磨難，憑藉自己的信念和意志戰勝許多原本比自己強大的聖鬥士，最終實現了自己的信念。在《浪客行》中許多「浪客」爲了「天下無雙」這一稱號而浪跡天涯不斷修行，不斷向強者挑戰從而使自己變得最強大。在其他勵志類代表，如《灌籃高手》中也同樣講述了以櫻木花道爲主角的湘北籃球隊，懷著「稱霸全國」的信念，通過不斷的「修行」，使自身從一個弱隊變成強隊，並最終戰勝眾多強隊，打入了全國總決賽。此外還有許多都極其類似，由於篇幅有限在此就不再列舉了。

永恆的主題──鬥爭[1]

大部分日本動漫作品都描述主人公爲了各自的信念而進行的鬥爭，中間階層的日本人明白爲了實現自己的思想信念必

1　對於國家或大團體來說是戰爭，對於個人或小團體則是鬥爭。

然會進行鬥爭，也必然要付出一定的代價，就像近代暗殺組織血盟團的領袖井上日昭信仰的「不流血的革命是不會成功的」，後來左翼赤軍首領—也是他的外孫女赤房重子—也信奉此。

確實綜觀人類的歷史，與其說人之道是「損不足以奉有餘」，不如說是「無止盡的鬥爭」更合適。當然鬥爭的原因正如佛所說是因爲人類自身「無盡的欲望」——金錢資源等物質欲望和名譽地位等精神欲望。

回顧歷史，近代以前中國包括西方等都存在不同民族之間爲了物質利益而進行的侵略，許多民族甚至被完全毀滅。雖然近代以來，某些關鍵的科學技術的發明創造出了巨大的生產力，但自然資源和市場卻畢竟有限，而許多人的欲望卻無止境地增長。西方國家通過對中國等國家的侵略，積累了大量的原始資本，擴展了新興市場，加速了自身經濟等發展，而中國等被侵略國家的民眾的生活水準則大大下降。二戰後日本的經濟崛起，也從西方國家手中搶奪了不少資源和市場，導致原先的西方國家相對落後。同樣90年代以來，美國也通過打擊日本而取得巨大收益，導致日本許多企業倒閉，許多人家破人亡。

雖然中國多年來一直呼籲「和平崛起」[2]互利共贏等口號，但西方包括日本等國家都把這些當作「真實的謊言」，因爲他們的既得利益本身就是依靠鬥爭而獲得的。

至於鬥爭的目的，大多數動漫作品中具體爲「保護」的信念以及與之相反的「破壞」的信念，就保護的內容而言，或

---

2 不同人對「崛起」的定義不同，就本人看來，嚴格意義上來說，現在的中國很難稱得上真正的崛起，或者說相比二戰後日本的崛起差了許多。

是保護人類地球、或是保護朋友家庭。就破壞的目的而言，許多也不是單純的爲了獲得金錢美女等物質利益，也是爲了自己極端的信念。

對強大力量（強者）的崇拜

日本人對強大力量（**強者**）的崇拜在動漫作品中一目了然。動漫中的大部分主人公多擁有一般人沒有的強大實力，而且有些作品中的主人公就是一些神話中或人們心目中的神，遠比現實生活中的一些經濟、體育等領域的精英乃至古代的武士要強大得多，這滿足了許多日本人對強大力量（**強者**）的崇拜心理。

同時這也從側面反映了許多現實生活中的日本人—特別是青少年—對普通的現實生活感覺無聊，渴望有動漫作品中人物那樣強大的力量、刺激的生活、與眾不同的經歷，只要能夠綻放瞬間的、絢爛的光芒，即便其生命如櫻花一般短暫也沒關係。

而以美國爲代表的西方，大多數中間階層沉迷於一般的物質享受，或者是體育運動等比較低層次的精神享受，在爲了實現精神追求而需要付出生命等巨大的物質代價時，往往不像日本的中間階層那樣堅決。

對「強」（**強者**）的崇拜的另一面，也表現出對強者的服從。如日本著名動漫作品《神劍闖江湖》中宗次郎這個人物極形象地表現出部分中中階層就如「單細胞精神動物」，一旦接受一個強者（**老師、父母、前輩等**）信念就會意志堅強，甚至頑固地執行下去，不會輕易因爲虛言改變，要改變其心中已有的信念，單是說理並無多大效果，你必須戰勝他，向他證明你

的強大，然後才能將作爲強者的你的信念灌輸給他。

在兩人交戰前，不管劍心如何勸告，宗次郎還是不改變志志雄（**劇中人物**）向自己灌輸的信念——在這個弱肉強食的時代，只有自身的強大才能生存，弱者沒有存在的價值，爲了達成自己的信念犧牲再多的人也毫不在惜，弱者只能被強者統治。因爲志志雄強大的實力，因此他相信他（**也就是「強者」**）的信念一定是正確的。但當他被劍心擊敗後，才開始醒悟。在作品中劍心可以說是一個另類，當他在經歷自己心愛的人爲救自己後，思想開始成熟。在幫助明治政府成立後，他嚴格遵守不殺人的信念（**和現實人物中的勝海舟一樣**），同時相信弱者也有權利選擇自己的生死，平易近人沒有等級觀念，但這對於佔據日本社會主導的大多數中中階層日本人來說很難接受，和其「瞋」性包括等級思想明顯衝突。

當然其中進一步分析，對於中上、中中階層來說，單是「強大的力量」無法讓人真心服從，還需要高尚的思想（**直白地說就是超越武力的「強」**），如《神劍闖江湖》中的左之助等，在被劍心徹底戰勝之後，體會到了劍心的強大，而劍心非但沒有侮辱他，反而表現得非常體貼，從此左之助便心甘情願地追隨在劍心的身邊。現實生活中，如古時的弁慶（**屬於中中階層**），如果義經對戰敗的弁慶稍有侮辱，弁慶肯定不是以命相拼就是自殺保存名譽，而不會忠誠於他。另外，二戰後駐日美軍司令邁克阿瑟雖然有強大的軍事力量作爲後盾，但他並沒有表現地趾高氣揚，反而在日本許多地方發表演講來安慰日本人，使得許多日本民眾被其感動，不再對美國人產生敵意，當其離開日本時，許多日本民眾都主動去歡送他。

相反地，對弱者的輕視在許多動漫作品中也是多見，和現實生活一樣，一些沒有實力或者實力比較弱的人物往往得不到女性的青睞，失敗者往往被其他人看不起，像古代武士、近代軍人和二戰後的社員在失敗（比如戰敗或者經商破產）後也往往爲了尊嚴而自殺。當然這其中的弱者又要有所區分，雖然剛開始因爲年齡幼小、經驗不足等原因而尙處弱者，但通過不斷努力，成長爲強者後，也會被敬佩。日本人真正輕視厭惡的是本身實力很弱，又沒有上進心，自甘墮落，而且還自大，不願努力奮鬥的人。

在現實日本社會，在日本美國和西歐的白種人常常受到大多數中下、下層、部分中中階層日本人的尊敬，在日常生活中常常受到日本人的關照，有些日本人甚至主動去幫助他們，而且還表現的一副奴才樣；而對中國等亞非國家的人則表現的比較傲慢，甚至蔑視，許多人常常會受到故意刁難，因爲前者所屬的國家是強國，而後者所屬的國家是弱國。

當然對於中上、部分中中階層的日本人來說，雖然沒有這種偏見，比較中庸地對待中國人，但因爲近代以來的歷史，只有少數的日本人還從內心真正地敬重中國人。

另外，一些留日的中國人爲了得到日本人的認同尊重而不惜數典忘祖的討好日本人，但其實這些人反而更被日本人蔑視。

鬼神信仰

動漫作品中眾多的神怪科幻（SF）內容佔據了大量的比重，雖然不排除有些作者自己本身沒這樣的信仰，而是從商業角度考慮，爲了迎合消費者，但就整體而言並不是完全如此，和許多現實題材的影視作品一樣，是建立在日本大多數民眾的

鬼神、靈魂信仰基礎之上的，比如現在許多日本人特別是女人相信血型、占卜、星座等。鬼神信仰在第一章已經詳細論述，這裡不再重複。

「契約」思想

動漫作品（**也包括其他小說、影視作品**）中廣泛出現的「契約」思想，典型代表作品是《命運守護夜》（Fate/stay night）、《Code Geass 反叛的魯魯修》、《風之聖痕》等。以《命運守護夜》爲例，主角魔術師劍士賽貝（Saber）由於偶然被衛宮士郎召喚出來並與其建立了契約，兩個原來毫無關係的陌生人開始在日常的接觸中和與對手的戰鬥中，逐漸相互瞭解並逐漸相互信任，爲了自身的信念（**奪取聖杯**）而生死與共地一起努力奮鬥和強大的對手戰鬥。現實生活中，許多日本人也存在這樣的現象，最典型的就是男女愛情，許多日本男女青年開始不認識，但發生某些偶然事件（**比如下雨天一方沒有帶雨傘，而另一方將自己的雨傘借給對方，比如一方摔倒而另一方攙扶並關心地詢問，日語中叫「絆」**）後彼此開始接觸，在逐漸深入地接觸瞭解後最終成爲戀人真心相愛生死相依。

這種契約精神一方面一定程度上體現了日本中間階層特別是中上、中中階層的誠信，另一方面也體現出中中、中下階層一種幼稚的倔強。就前一點來說，大多數日本中間階層特別是中上、中中階層一旦訂立了「契約」，無論口頭上還是書面上的，寧可不顧自身的性命乃至付出一切代價也堅持遵守，比許多中國人、西方人都要做得徹底實在，讓人尊敬欽佩。就後一點來說，因爲自身思想層次的限制，在實際執行前，沒有深入思考所訂的「契約」的前提和內容是否正確，因此在上層看來，其許多不顧自身的性命乃至一切代價遵守「契約」的行為，反而覺得可憐可歎。

日本動漫作品中隨著時代的變化的主題思想

當然隨著時代的變化，隨著受眾思想、興趣的變化，動漫作品在某些主題內容也隨之發生了明顯的變化。以下便分析動漫中反映出來的幾個明顯方面。

個人主義、自我主義重點加強

本書在前面闡述，日本60年代以來個人、自我主義思想開始快速發展，經過幾十年的滲透，到80年代已經開始盛行，到了90年代中後期特別是2000年以來，更是佔據了主流地位。雖然個人、自我主義提倡自我價值，宣揚個性等內容，但和理性主義、物質主義、功利主義、團隊主義等一樣，本質上也歸屬於「強者意識」思想。

反映在動漫作品上，雖然90年代以來大多數作品的主角仍是為自己的信念（**保護愛人、朋友而不斷增強自己的力量**）而戰鬥，但是個人主義的影響十分嚴重，自我的存在、自我的人生意義的刻畫成了重點，劇中人物的個性越來越鮮明，而且不光主角，對一些配角的心理、情感、經歷的描述內容也大篇幅增加。

不但動漫行業，就是在一般的傳統製造業中，個人、自我主義等思想大大流行，而且向許多老一輩的所謂「傳統日本人」滲透，有些人離開自己從事了幾十年的公司，選擇自己獨立創業，當然不是說忠心改變或者向西方人那樣為了更大的物質利益，更主要是為了實現自己的理想信念，體現出自己的人生價值，尋找自己存在的意義。

當然從本質上來說，90年代以前的許多動漫作品對英勇的主人公的刻畫，乃至古代現實生活中武士的忠義的故事，也可以說是一種個人、自我主義思想，並不是像許多日本學者所說的，這種思想是隨著新人類、新新人類的出現而新出現的思想，老一代的日本人的團結以及以團隊主義爲主的思想，也是建立在一定的個人、自我主義思想基礎之上，只不過這是一種高層次的個人、自我主義思想，而不是自私自利的低層次個人、自我主義思想，本質都歸屬於「強者意識」思想。

體現個人、自我主義思想的另一個方面，就是能力主義思想。傳統日本社會刻意壓制個性、淡化能力，過分強調努力，不能正視個人的才能，90年代以前的許多動漫作品也受此影響。

但泡沫經濟破裂特別是亞洲金融危機以後，能力主義也開始在企業中盛行，論資排輩現象大大減少，許多大型國際企業普遍實行工資和能力掛鉤，以及其他績效制度等。反映在動漫領域，許多動漫作品也結合這一思想，大力宣揚作品中各種人物獨特的能力，典型的像一些武士神怪題材，每個人有每個人的能力，當然主人公的能力自然是最強的，最後通過大家團結合作利用所有人的能力打敗對手，實現自己的信念。

團隊主義和友情相對化

雖然大多數動漫作品還是強調團體重於個人，強調每個人的作用，而不是一個人（當然主要還是主人公），但團體成員彼此間的團結並不是幼稚單純的團結，更多是相互認同，在共同的信念下，爲了共同的目的才組成一個團體。當信念目的改變，爲了不同的思想信念，朋友也會戰鬥。

如以武士題材的《Get backers》（中文譯名《閃靈二人組》）爲例，雷帝、馬克貝斯（makubex）等人原來是友情很好的朋友，他們組成的團體爲了共同的信念而團結在一起戰鬥，但後來雷帝離開了這個團體，馬克貝斯爲了讓他從前的夥伴雷帝重新回到他們的團體（**他認為是雷帝拋棄了他們的團體**），而策劃引爆原子彈，毀滅包括雷帝以及自己在內的所有人，天野銀次（從前的雷帝）則極力阻止他，雖然他告訴馬克貝斯，他離開他們是爲了忘記從前的自己，尋找一種新的生活，但馬克貝斯仍堅持自己的信念，最終天野銀次通過戰勝他才改變了他的錯誤信念。

雖然這種相對的團隊主義和友情都是個人、自我主義思想（**本質是「強者意識」思想**），但後者更偏重物質利益，而對前者來說，朋友間只有在信念相反衝突時才會戰鬥，爲了友情可以比後者放棄更大的物質利益，有時甚至可以放棄生命。這和先秦時期的中間階層中國人差不多。

美英爲代表的西方人的友情，可以以體育領域中的球員（**絕大多數為中中、中下階層**）爲例。即便是朋友之間也保持著明確的界限，在同一隊伍時並肩戰鬥，但換了隊伍，原來的隊友也各爲其主地盡全力戰鬥。爲了冠軍、勝利，朋友之間不會手下留情。當然不像一些「弱者意識」的中國人那樣，實力相對比較弱勢的一方也很少會要求對方憐憫（**比如說在比賽中故意放水**），其個人主義中保持了一定的自信自尊。當然失敗後也很少記仇，認爲對方傷害了自己的「面子」。

日本人對知心朋友的要求也非常嚴格，真正可以完全袒露內心，可以兩肋插刀的摯友很少，許多日本人甚至一生都沒有真正的朋友。當然許多西方人、中國人也一樣。

雖然日本人生活中也無法避免各種應酬，但因爲自身敏感和意志力等影響，很少像許多中國人這樣明顯地「虛僞」，一杯酒下肚就稱兄道弟，當然這些中國人也知道自己包括對方，都沒有把彼此當作真心的朋友，因爲他們隨時會爲了一點利益矛盾就翻臉不認人。

另外「弱者意識」思想的中國中中、中下階層對朋友，與其說友好不如說是縱容，朋友犯了錯誤幫助其隱瞞開脫，如政府或者國有企業等，許多時候爲了不傷和氣，即便犯了嚴重錯誤或者沒有完全預定的任務，從而影響了單位，乃至國家民族的整體利益，也不會嚴格地追究責任。其實這種都不是真正的朋友。

部分作品主人公形象平民化

90年代以來不少動漫作品爲了適應時代的變化和讀者的需求，甚至將「不良少年」似的人物作爲主角，當然本質還是具備「強者意識」的武士，爲了前進，爲了自身更強，勇於打破傳統。

另外不少作品的主人公也不再完全是超凡之人，而是極其普通甚至更爲低下的小人物，當然其並不是一無是處，還是具備了一定的優點，如比較溫柔體貼，不像那些有才能的人，具體如許多中中階層那樣，個性過於強硬、固執，不願意牽就順從別人（**比如說女性**）。

「努力的天才」

雖然動漫產業被許多學者歸爲文化產業，但其興盛的本質也和日本傳統製造業一樣，從作品主題思想內容設定到具體製作，最主要競爭力來源於高素質的中間階層—特別是中中階層。

在經濟快速發展時期，西方人對日本人「工作狂」的形容早已人盡皆知，感歎日本人工作的努力，但相比較而言，動漫行業從業人員的整體工作強度比其他日本傳統製造行業還要高許多，因此甚至許多日本人也對其敬而遠之，不少父母擔心孩子太苦太累（**另外收入也相對比較少**）而反對其從事動漫行業，從這一點來說，動漫行業從業人員更典型地代表了大多數日本人「努力、勤奮」的優秀品質。

當然如本書前面所說，許多事物只有相互比較才能明確區分高低，「努力」便是其中之一。舉個例子，比如對於大多數西方人包括中國人來說一天工作9、10個小時已經可以獲得「努力」的稱讚了，但對於日本人來說這可能就很平常，只有工作11、12乃至更長時間才能算得上「努力」，因此同樣的「努力」但彼此的程度卻不相同，因此用「努力的天才」來形容並不為過。「努力的天才」出自著名動漫作品《火影忍者》（NARUTO）中的忍者凱，其讚揚天賦很差但通過努力奮鬥而獲得相當高實力的徒弟李。

雖然不排除存在極少數的天才，但日本民族整體民眾的先天智力條件，相比於中國、西方等世界其他民族，並不佔據明顯的優勢，但由於日本存在的「努力的天才」比其他國家多得多，依靠這種比其他國家民族更努力的「努力」，所以無論是在一般的傳統製造業還是動漫行業，二戰後日本的許多企業在許多方面都超越了其他國家的企業，成為了最強者、領先者。

就具體製造過程而言，動漫行業所謂的高技術很大程度上是建立在努力的基礎上。動畫與漫畫的最大區別：首先自然是在「動」上，日本動畫的主要優勢即在於流暢的動作過程，而只有畫出足夠多的圖片才能形成流暢的動作。如《新世紀EVANGELION》在每秒三十二張的限制下，達到震撼性的動感效果。就中國而言，如香港也存在《天子傳奇》、《神兵玄奇》、《龍神》、《風雲》等十分優秀和暢銷流行的漫畫作品，但由於缺乏日本那樣「努力的天才」，而無法動畫化。當然這裡還和投入資金有關，如美國動畫製作人員只要能獲得足夠多的報酬，還是可以製造出好的動畫片，比如《遺失的亞特蘭帝斯》等[3]。但日本動漫行業的工作人員對於報酬等物質要求比較低，許多人即便從事這種行業而生活水準不高，但仍然盡自己全部的精力和努力去完成自己的工作，確實值得尊敬。

當然相關的遊戲產業也一樣，Nintendo、Square Enix、Capcom、Konami、Sega等優秀日本遊戲製作公司的遊戲，其之所以具有競爭力，也是依靠大量「努力的天才」。因爲遊戲畫面的逼真和動作的流暢主要是依靠耗費大量時間和金錢製作的精密完善的程式。同時和其他傳統製造業產品一樣，日本遊戲企業的產品也是不斷進行改進，如著名的kof系列格鬥遊戲，製作者不斷努力改進，每年都製造出新版本。就像以前日本企業的冰箱電視等產品，每年都有一定的改進，雖然許多時候改進的程度很小，但五年十年積累下來，產品的性能就提高了一個層次，超越了其他的競爭者。而且這種改進並不是單純爲了應對競爭而被動進行，大多數日本企業是在「強者意識」思想主導下，主動使自己的產品不斷改進（**直白一點說就是變強**）。

---

3 當然近來部分美國動畫片動作部分水準大大提升，但深入觀察其製作人員，負責動畫部分的主要都是努力程度勝於美國人的日本人。

動漫行業的潛規則

雖然本書前面讚揚了日本動漫行業包括其他傳統製造業，但深入分析，由於人性的弱點，或者說日本人思想並沒有達到完美的程度，日本動漫行業也和其他傳統製造業一樣，存在著一些隱暗的「潛規則」。

相對於繁重的工作量，動漫行業的平均工資要比其他行業低不少，不少底層的工作人員特別是在東京等高物價城市的，甚至要靠吃泡麵撐日子。而某些作者一旦作品（**如本文列舉的許多近年來的作品**）大熱，就如找到金礦一般，其收入也是幾何般的增長，以億爲單位。由此該行業的貧富差距也超過大多數行業。

另外和中國許多國企差不多，部分企業上、中層的領導工作相對輕鬆，但工資要比原畫、動畫、上色等工作繁重的下層員工高得多，但和許多其他行業的日本企業一樣，因爲工作人員的「強者意識」思想和實力，大多數人忍耐著這種不公平，仍然盡職盡責地對待工作，很少出現消極怠工，甚至故意損害企業利益的行爲。

因爲等級思想等因素，日本的動漫界也存在一些名過於實的作者，有些早期成名的作者雖然目前的實力已經明顯衰弱，但還是有很高的地位，像某些著名漫畫家的作品不經過詳細討論就可以很容易地動畫化，而許多年輕的漫畫家即便作品很優秀，可能也無法動畫化。

另外許多時候爲了刻意顯示監督的作用，動畫版相對漫畫版往往進行一定的改編創新，而不僅僅是照搬照抄，雖然大多數都符合原作的思想，但也有少數改編失敗的作品，如《鬼眼狂刀》（《SAMURAI DEEPER KYO》），其動畫版的思想、內容等都比漫畫版低了一個檔次。

此外出於商業化考慮，一些熱門的動畫片如近年來的《NARUTO》、《死神》等，會在作品中臨時增加大篇幅新的劇情（有點類似於西方電影的續集，但是穿插在第一版中，而不是第一版結束後再重新拍攝，這也體現日本工作人員工作比西方更加有效率、更加努力），但由於時間倉促，許多內容的品質無法像原來的劇情那樣精彩，這也是變相的侵害了消費者的利益，有些人甚至因爲這些冗雜的新劇情而喪失了原來的興趣，不再觀看這些動畫片。

同樣地，動漫作品也存在一定「曲高和寡」現象，因爲大多數受眾的思想無法體會，一些涵義比較深刻的作品卻沒有像某些相對較低的作品那樣大熱，比如武士題材中典型的是《SUMRAI CHAMPLUOO》[4]；愛情題材典型的是《君が望む永遠》[5]等。當然也不能排除市場運作等因素，如美國的許多影視作品，包括其他行業的產品，與其說是本身品質優秀，不如說是在美國式的市場運作下才取得成功。這裡也不得不承認美國式的市場運作的優秀，遠勝於日本、中國包括其他西方國家，典型的像《哈利波特》系列作品，平和中庸地說，其中的魔幻情節遠不如日本的許多動漫作品，主要就是依靠美國式的市場運作才「轟動一時」。

---

4 中文名《混沌武士》，三個主人公一個是本質為武士的不良少年，一個傳統的武士，一個是青春期的少女。

5 作品雖然也講述了一個男人和兩個女人之間的故事，而且車禍的情節也沒有多少新意，但其中的語言、心理等細節刻畫還是讓人受到感動，可以說此作品非但不遜於經典電視劇《東京愛情故事》和著名小說《挪威的森林》。

近年來主要動漫作品分析

和現實的影視作品差不多，就動漫中的作品題材內容而言，武士類（很大程度上和勵志類重合）和情感類無疑是兩大主流，這也主要是爲了針對中學生、青少年，這一動漫作品主要消費群體。以下便來分析一下近年來在日本流行的主要作品，有興趣的讀者也可以將以下內容和影視部分內容相對照。

武士科幻神怪類

目前日本本土包括中國最主流的武士科幻神怪類動漫作品無疑是《火影忍者》（《NARUTO》）和《死神》（BLEACH）。

前者雖然講述忍者的故事，但和日本歷史上的忍者原型有很大差別，其本質與其說是忍者不如說是武士。當然兩者的思想都屬於「強者意識」思想。作品中的忍者村子和現實生活中的國家差不多，爲各種利益相互戰爭或者合作。忍者們就像現實生活中的國家軍人，冒著付出生命的代價來執行各種任務。各種主要人物甚至配角人物的個性和能力也非常鮮明，代表了現實生活中的日本社會各種人群。此外還採用大量的篇幅來詳細介紹各種小團體的朋友友情，男女之間的愛情以及豐富的校園生活等。

作品吸引人的地方，與其說是各種科幻的充滿想像力的打鬥，不如說是因爲描述了許多少年的孤獨內心而引起讀者的共鳴，從主人公鳴人到佐助到我愛羅，各自悲慘（佐助早年遭遇父母、族人被殺的經歷）、不幸（鳴人父母早滅亡，同時由於體內寄宿著九尾怪獸而被村人隔離；我愛羅同樣因為體內寄宿著怪獸而被父母、村人疏遠）、寂寞（寧次由於身在分家，被主家歧

視壓迫；李因為才能低下被同學嘲笑挖苦）的童年，幾乎都可以在現實生活的日本少年中找到對應點。

當然和傳統武士類作品一樣，主題也是其中的主人公爲了各自的理想信念而修行，使自己不斷變強，通過激烈的戰鬥來實現理想信念。由於篇幅有限，這裡不詳細介紹故事內容，而是列舉分析一些反映作品中忍者（**也就是中間階層**）的思想性格的一些內容。

1、 主人公鳴人和佐助保持著亦友亦敵的關係，是朋友但保持著強烈的競爭關係，是敵人但又不是極端仇恨對方，體現了現在許多日本青少年的個人、自我主義思想。雖然鳴人爲了拯救佐助而不惜生命地進行戰鬥，但佐助爲了報仇不顧一切，可以背叛自己的村子投靠敵人，甚至殺死朋友鳴人，體現了「強者意識」思想中極端的缺陷。

2、 佐助的哥哥爲了讓其能快速成長進步，擁有強大的實力（**達到「萬花筒寫輪眼」的境界**），寧可讓其誤解自己殺了自己的家族，用仇恨來激勵自己的弟弟。這是一種極端反面方式，體現爲了變得強大可以採取任何措施，當然現實生活中，日本人大多依靠不斷努力奮鬥這種正面方式來變得強大。

3、 白對再不斬，君麻呂對大蛇丸的誓死忠心，就和古代著名武士弁慶對義經一樣，具體細節前面已經詳細分析。

4、 「曉」成員爲了各自的思想信念而組成團體，有的爲了拯救世界而採取徹底破壞再重建的極端目的，有的是爲了得到強大的力量，甚至不惜殺死自己的父母乃至整個家族，有的是爲了獲得戰鬥殺戮的快樂。他們的團體主義或者友情可以參照前面的分析。

5、　我愛羅因爲小時候被歧視而變得性格冷漠、兇殘暴力，依靠殺死對手來實現自己的存在意義和價值，後來被鳴人打敗，接受了後者（**也就是強者**）的信念，逐漸開始關心別人。他的改變也可以參照前面的分析。

此外還有許多，基本都可以從本書中找到解釋答案。

《死神》的思想內容情節相比前者差了一些，打鬥內容占了絕對比重，其取勝主要是華麗的打鬥畫面，對於人物情感經歷等描述比較差。

當然劇中人物也爲了自己的思想信念而戰鬥，如主人公一護分別爲了拯救保護朋友（**分別為朽木露琪亞和井上織姬**）而聯合其他夥伴一起與強大的對手戰鬥。而反面人物頭領的藍染和狩矢（TV版）及其許多下屬也是爲了自己的信念而進行破壞。兩者爲了自己的信念或者目的，同樣不顧生死，努力修行來提高自身的實力。

其中許多人物性格和事件也可以從現實生活中找到原型，如作品中的人物涅蘭利和薩爾阿波羅屬於極端偏執的研究者，爲了自己的研究可以採取任何方式（**如拿敵人的生命來實驗**），和現實中二戰時候採取人體細菌試驗的石井四郎異曲同工。另外再比如其中的人物朽木白哉，代表了典型的中中階層日本人。

早期經典的《天空戰記》（天空戦記シュラト）、《孔雀王》、《tekkaman 利刃》（中文名《宇宙騎士》）等創造了武士科幻神怪類作品的一個顛峰，2000年以來《犬夜叉》、

《鋼之煉金術師》（鋼の煉金術師）、《獸兵衛忍風貼》（獸兵衛忍風帖）、《十二國記》、《鴉karas》、《黑之契約者》（黑の契約者）等作品包括前面介紹的兩個熱門作品，雖然在畫面上精美不少、動作上流暢許多，但在思想層次上類似，還是沒有明顯得超越前者，本質也是因爲製作者同屬於「強者意識」思想的侷限。

武士歷史類

《浪客劍心》、《陸奧圓明流——修羅之刻》（陸奧圓明流——修羅の刻）等爲典型代表，這些作品虛構了具備完整武士道精神的主人公（**受市場商業因素影響，大多數為中學生年紀的青少年**），他們具備強大的實力、高尙的思想、頑強的意志等，甚至不惜壓低（**當然沒有故意的貶低**）日本現實歷史上的著名人物如宮本武藏、柳生十兵衛等，體現了對強者的崇拜思想。

另外再分析此類作品《新選組異聞錄・鐵》。該作表明日本人對幕末和維新志士相對抗的「新選組」的看法也不盡相同，並不是將其作爲明治新政府的反抗者而一味抹殺，許多的小說、影視文化作品反而將其作爲正面人物歌頌，讚揚他們誠、忠等高尙品質和強大力量。將其描述爲爲了自身的信念，亦即保護德川幕府、日本普通民眾而刻苦努力不惜生命戰鬥，和那些同樣以自身創立新政府的志士一樣，而不是爲了功名利祿等個人利益。這也反映在大多數普通日本人思想中，沒有絕對的是非觀念，日本人崇敬的英雄，都是實力強大、精神崇高，只不過由於自己的信念不同而奮鬥的人。像新選組的某些成員和某些維新志士原本是親密的朋友，但爲了自己的信念（**當然都是為了拯救保護國家民族，只不過方法方式相反而已**），走到了對立面，展開了殊死搏鬥。

勵志類

從許多方面來說，武士題材很大部分也屬於勵志類，這裡再介紹一下描述除了武士身份之外的其他領域的人群的作品。

從早一點的《灌籃高手》到《棋魂》、《頭文字D》、《網球王子》（テニスの王子様）等都是勵志類的典型。雖然和真人表演的《排球女將》等相比，在內容上表現得有點誇張，但本質並沒有區別。

其中《灌籃高手》幾乎影響了日本、中國的80後一代人，在青年中的影響到現在還沒有消失，而且甚至超過了現實社會的NBA。後兩者中，前者講述一個圍棋少年的故事，後者講述一個賽車少年的故事，也都產生了巨大影響。雖然故事情節截然不同，但反映的思想和表現的過程基本一致，篇幅有限具體內容不再詳細介紹。

如前所述，大部分日本漫畫的主題都是主人公（**多為以某一主角為中心的一個小團體**）常常通過艱苦的「修行」或者戰鬥提升思想、力量等各方面的實力，不斷變強，最後通過堅定的意志和頑強的精神，戰勝強大的對手，實現自己的信念。勵志類可以說是這方面最典型的例子。

情感類

《永遠盼望你》（君が望む永遠）、《青出於藍》（藍より青し）、《美鳥的日記》（美鳥の日記）、《NANA》、《純情房客俏房東》（ラブひな）、《後天的方向》（あさっての方向）、《電影少女》（Denei shoujo Ai）、《我們的存在》（僕等がいた）《波子汽水》（Lamune）、《彼氏彼女的故事》（彼氏彼女の事情）、《盼望半月之空》（半分の月がのぼる空）、《秋之回憶》（Memories Off）等是優秀情感類動漫作品的代表。

篇幅有限不再詳細分析其中的內容，具體可以參照前面「日本人的情愛思想」和後面對愛情題材現實影視作品的分析。

簡要地說，雖然明知道這些作品中的人物虛幻，而且人物間過多的偶然與現實生活相差很大，但因爲作品對人物情感刻畫地非常細膩，人物表情和動作也非常逼真，也會被深深感動，而一些真人表演的愛情影視作品，由於其作品思想主題淺薄、演員演技低下等因素，反而無法讓人產生虛假做作的感覺。

批判類

和其他小說等作品一樣，近年來出現了大量批判類動漫作品，主要是受日本社會變動的影響，80年代末日本泡沫經濟破滅，導致經濟大受打擊，經濟高速增長時期掩蓋著的各種問題也隨之暴露出來，尤其是亞洲金融危機後，許多企業爲了扭轉頹勢，大量裁減職員，嚴重打擊了作爲二戰後日本社會主導思想的「會社信念」。在許多人心中，以前被稱作「家」的企業，爲了應對虧損而背叛、拋棄了自己，再加上變質的西方個人主義思想滲透，因此許多日本人（**特別是中下階層**）做出了各種劣等行爲。在如此的大背景下，才使得批判類作品流行，其中《地獄少女》、《死亡筆記》（デスノート）、《再見，絕望先生》（さよなら絶望先生）是典型代表。

《地獄少女》反映了現在日本社會的種種醜惡，受害者以自己的生命靈魂進入地獄爲代價來極端報復曾經迫害、欺騙、欺負過自己的人。

《死亡筆記》反映了一個天才少年對種種罪犯的極端報復，對那些犯過罪的人一律處殺，以此來淨化社會。同時爲了自己的這個理想而不惜減少自己的壽命、殺死反對者，包括自己身爲員警的父親等。

這兩部作品都體現了中間階層特別是中中階層日本人思想中的瞋性和極端的缺陷，前面已經詳細分析，不再重複。

《再見，絕望先生》描述了一個對日本人、社會各種言行極端絕望的、迂腐的學究教師，雖然此作很大篇幅都是搞笑內容而非前兩者那樣嚴肅現實，但主要還是批判現在日本人、日本社會存在的種種問題，和周星馳的電影作品非常接近，或許也可以說是日本後現代主義力作吧。

犯罪推理類

這類作品以《名偵探柯南》、《金田一少年事件簿》（金田一少年の事件簿）等爲典型代表。

《名偵探柯南》已經連載到500多集，與《金田一少年事件簿》等同類動漫作品一樣，至今仍獲得相當的喜愛。當然這並不是說日本的犯罪行爲太多，才導致讀者喜歡這類動漫作品，其取勝的主要原因是其中的邏輯推理魅力，當然平和中庸地說，這種邏輯推理表面上十分的嚴密精彩，但本質和「鱷魚悖論」等古希臘悖論一樣，存在思想侷限，陷入了「自說自話」的窠臼。

不過這裡需要重點指出的是，作者在許多作品中描述的

罪犯並不是窮兇極惡、利慾薰心，許多罪犯也同樣有著悲慘的經歷和正面的優點，之所以殺人犯罪是因爲先受到了不公的待遇，於是才極端報復，許多日本人對這類殺人犯罪比較同情和寬容，這和以前那些同情血盟團的日本人一樣。

暴力類

可能在大多數中國人包括西方人眼中，絕大多數武士題材的動漫作品都可以算是暴力的，因爲裏面存在大量的打鬥情節，這裡再特別列舉一些真正暴力的作品。

《寒蟬鳴泣之時》（ひぐらしのなく頃に）、《薔薇少女》（ローゼンメイデン・トロイメント）、《claymore》、《劍豪生死鬥》（シグルイ）是其中代表。

其中前兩者都描述表面極其單純可愛的小姑娘（**注：《薔薇少女》中是人偶，但也可以算是小姑娘**）殘暴地打鬥、殺戮。和其他的一些「不同尋常的」作品一樣，許多中國人、西方人（**包括一般觀眾也包括許多的學者**）受其表面迷惑而認爲日本人變態，但其實準確地說其創作者很大程度受到禪宗（**當然更多是日本式禪宗**）的影響，與西方那種表面窮兇極惡、滿臉橫肉的惡棍實施的暴行相比，這種外表單純可愛、美麗柔弱的孩子實施的暴行，給人更加極度強烈的反差，給人造成更大震撼，像後兩者雖然同樣極端，但主角爲成年人（**前者是女性戰士，後者是男性武士**）讓許多人容易接受一點。而作者認爲越是震撼越能體現作品的深刻（**直白一點就是強**），因此這也體現了其「強者意識」思想，不過雖然這種思想存在侷限，但相比西方人要深刻（**直白一點就是強**）許多。

戰爭類

《Gundam》（《高達》）系列

自1979年以來的全部作品，高達0079到最近的高達00。

這一系列可以說體現了部分日本人（**作者也包括讀者**）的戰爭觀，當然由於該系列作品並非同一個監督，因此其思想也有一定的差異。

部分作品比較明顯地模仿了司馬遼太郎的思想，此思想將具體在小說文學一節中詳細分析，在此簡單地說明一下，那就是不從正面去討論戰爭的是非，而是通過參與戰爭的主人公的思想品格來側面表現，當然品格高尚的一方自然是正義的，品格低劣的一方自然是反面的。

另一部分雖然也是不從正面去討論戰爭的是非，但同樣不明顯地把戰爭雙方刻畫成正反兩面，而是把雙方都描述成爲了自己高尚的思想信念而戰的「真正的武士」，只是彼此對於和平的理解不同，有的從正面出發，相信可以依靠人類的友愛、善良等優點來維持和平；有的從反面出發，認爲人類存在無法改變的劣根性，會爲了自身利益而不斷戰爭，因此必須依靠絕對強大的力量來維持和平，通過嚴格懲罰來制止戰爭的爆發。

至於具體內容篇幅有限，不再詳細分析，有興趣的讀者可以參看《機動戰士高達全系列動畫簡述》一文，少數觀點保留意見。

2000年以來日本動漫作品兩大創新系列

2000年以來，日本動漫作品中明顯增加了大量情色、搞笑情節，甚至出現了兩大系列作品——情色系列和搞笑系列，但這不是表示日本人好色變態、幼稚愚蠢，在此深入分析一下。

1、情色系列（專業點的術語叫「後宮系」）

大多數中國人對這類動漫作品引起注意，可以說主要是因爲日本動畫片《一騎當千》，該作品改編三國歷史，但把三國人物關羽、劉備、孫權、張飛、呂布等都「創新」成了性感美少女，同時把背景從戰亂的三國「創新」成日本高中學校。雖然從本質上來說，這部作品更多屬於武士題材，各個美少女所表現出來的思想和品格與男性武士一樣，體現了「強者意識」，但對於大多數中國人來說，他們把主要的關注放在了其中的情色內容上。

此外《天上天下》、《下級生》、《草莓100%》（いちご100%）、《藍華》（Aika）、《極樂天師》（あまえないでよっ!!）、《健康全裸游泳社》（全裸系水泳部）、《禮武戰奇潭》、《美女近鄰》（となグラ！）、《女生萬歲》（ガールズ ブラボー）、《拜託了老師》（おねがい☆ティーチャー）、《花右京女傭隊》（花右京メイド隊）、《歡樂課程》（HAPPY★LESSON）等也都是典型。

這類作品一般分兩類，一類是主流，主要針對男性消費者，同時爲了滿足不同消費者的不同需求，作品中的美少女基本包括了各種類型，如性感型、可愛型（**現在多稱「萌」，Moe**）、蘿莉型（**如六七歲大小的幼女**）、女王型等等。另外還有按照各種服裝分類如女僕類等等。

另外一類是針對女性消費者，也有少量的美少年題材作品，如《櫻蘭高校男公關部》（桜蘭高校ホスト部）、《水果籃子》（フルーツバスケット）等。當然其中的內容和前者相似，眾多各種類型的帥哥喜歡一個女主角。

深入分析，這類題材的流行並不是說日本人淫蕩好色，其實情色題材影視作品在美國、韓國等其他國家也大量存在，只不過用真人表演而已，而日本人在動漫領域將這類題材提升到了另一個層次，這和日本發展製造業的過程類似，先學習模仿，再融會貫通，最後進一步發展提升，超越先前的學習對象。

而且之所以說「情色」而不是「色情」，是因爲這類作品其中的內容並沒有出現成人作品中露骨的畫面，最多只出現乳房而已（**而且一旦出現這種畫面，會被限定15歲以上才能觀看**）。這類作品大多通過一些曖昧的情節來吸引觀眾，「情色」之中也攙雜了大量的搞笑內容。而且出於觀眾需求、商業因素的考慮，其他題材的作品中也大都加入了一點情色內容。

許多中國人特別是一些40、50後的年齡比較大的中國人無法接受日本人蘿莉（**幼女**）偏好、女僕偏好這種與普通人不同的性愛觀，因此簡單地作出日本人變態的判斷。

就劇中人物而言，雖然這類後宮題材作品的主人公大多是普通的學生，沒有強大的實力，特殊的能力，但各種美少女之所以會喜歡他，是因爲男主人公非常的溫柔、善解人意。劇情中都會安排一段情節，描述其做出感動各種美少女的故事，一般是一個人一集，在受其感動後，美少女愛上了男主人公。

另外一種類型中，有些主人公雖然有點小的性格缺陷，如「大條」（**也就是粗心、幼稚的意思**）、好勝、倔強等，但本質還是好的，和古代那些中中階層的武士一樣，雖然有時候瞋性、殺氣過甚，但爲了忠、誠、義等會不惜自己的性命，不像大多數中國包括西方的中中、中下階層那樣貪生怕死。

2、搞笑系列

雖然80、90年代的《城市獵人》（シティーハンター）、《灌籃高手》、《蠟筆小新》（クレヨンしんちゃん）、《麻辣教師GTO》等許多動漫作品中都存在搞笑的內容，但和前者不同，2000年以來的《全金屬狂潮》（フルメタル・パニック! Full Metal Panic!）、《瀨戶之花嫁》（瀨戶の花嫁）、《旋風管家》（ハヤテのごとく！）、《銀魂》等作品的主要篇幅都是搞笑情節，因此將他們劃分爲搞笑系列。

這些作品的搞笑方式主要是將日本社會上的一些問題和人性一些陰暗面等方面特殊誇張地表現出來，從而達到取悅觀眾的效果，和香港的幽默影視作品類似，具體內容不再詳細描述，《銀魂》是其中的典型。當然此作品和前面情色系列的典型《一騎當千》一樣，從本質上來說，更多屬於武士題材，主人公雖然表面言行舉止和傳統的高尚武士有巨大的差別，甚至還有貪圖小便宜等缺點，但本質上仍然和傳統的高尚武士一樣。

當然和情色系列一樣，搞笑系列的出現主要也是爲了迎合、吸引消費者，而且現在幾乎所有題材的動漫作品中都會增加一定的搞笑、情色內容。

日本動漫作品也遭遇到「透明的天花板」

現在日本的動漫行業競爭十分激烈，出於商業的考慮，因爲動畫化的成本比較高，爲了降低風險，首先由個人或個體創作者的連載漫畫來試探市場，受歡迎人氣高的再進行動畫化（其中劇場版比TV版成本更大）、遊戲化。而且現在的動漫作品也不是像以前那樣先全部製作完成再一集集放映，而是邊製作邊看市場反映，一般製作13集以內，如果收視率高的，適當增加集數。有些收視率差的，就立刻改變結局迅速結束（**真人表演的一般的電視劇也基本如此**）。而且許多作品一般一個星期製作出一集連載播出，遇到特別時期也會製作相應的內容，如在耶誕節或者新年的大節日，就會在當日播放的作品中增加許多相應的情節。

這些都表明日本動漫行業在許多方面遠遠領先於中國包括美國等國家，但和許多行業一樣，因為許多重要資源有限，以及關鍵科學技術的創新更新乏力等因素，自身發展往往會遭遇到「透明的天花板」或者「增長的極限」，不光經濟領域這樣，像小說即便是學術較強的社會科學等也如此，日本的動漫行業也無法避免。

雖然比現在中國動漫吃西遊記的老本要好很多，而且表面的人物形象、故事情節也有所不同，但目前日本動漫在人物思想、故事主題等方面缺乏創新，比如說人物體現的「強者意識」思想，比如不簡單地將對立雙方劃分為善惡，彼此都是為了自己的信念而戰鬥等，現在的大多數作品和幾十年前的作品並沒有明顯區別。從本質上來說，還是因為作者自身思想沒有多少的變化，沒有明顯的進步也沒有明顯的倒退，現在的大多數作者和許多老一輩作者一樣都屬於中中階層。

而且受到自身思想的明顯侷限，和其他許多領域一樣，在動漫領域，許多作品中對中國、歐美都存在誤讀（**當然從反面來說，中國、歐美等等國家也都是如此，也侷限於自身的思維而存在許多對日本人的誤讀**），像中國佛道儒思想理論和《三國志》、《西遊記》等一些古代作品，再到西方的基督教、吸血鬼都如此。而且作品中中國人、歐美人的性格也出現了變化，差不多都日本人化了，即具有日本人的思想觀念、思維習慣、言行舉止等。

日本和中國動畫片發展簡史

與上述近年來的作品相比，再來回顧一下2000年以前日本動畫和中國動畫的發展簡史。由於日本的動畫片絕大多數由高人氣的漫畫改編，所以日本動畫片發展簡史基本也可以看作日本漫畫發展簡史。

日本動畫片發展簡史

一、初創期：1917年—1945年

由1917年日本開始有動畫到1945年日本戰敗爲止。這段時期的前期主要是以世界名著爲題材，而後期則完全受軍國主義控制，如1942年的《海之神兵》（桃太郎海の神兵）等。

二、第一次發展高潮：1950年—1970年

1950—1970年的日本動漫畫是確立特色的時代，被稱爲日本動漫之父的手塚治虫也曾自稱受到《大鬧天宮》等中國動畫的影響，認爲這才是東方的漫畫。此後由手塚發展起的新類型動漫作品，逐漸向題材的多元化延伸。1958年東映動畫製作並公映了第一部彩色動畫電影《白蛇伝》，當時在日本本土和海外都得到很好的評價。這一時期是手塚治虫的顛峰時期，他的大多數作品都佔據了主導地位，主要作品包括《原子小金剛》（鉄腕アトム）、《森林大帝》（ジャングル大帝）、《怪醫黑傑克》（ブラック・ジャック）、《火鳥》（火の鳥）、《佛陀》（ブッダ）、《海王子》（海のトリトン/青いトリトン）、《三目神童》（三つ目がとおる）等等。

三、第一個繁榮時期1970—1980年

由於60年代奠定的基礎，70年代湧現出大批技術成熟的漫畫家，如宮崎駿、永井豪、松元零士、藤子不二雄、石森章太郎、安彥良和、赤塚不二夫等，他們創作出了大量經典的動漫作品：《阿爾卑斯山的少女》（アルプスの少女ハイジ）、《疾風鐵拳霸》（あしたのジョー）、《魯邦三世》（ルパン三世）、《大魔神》（大魔神カノン）、《惡魔人》（魔王ダンテ）、《宇宙戰艦大和號》（宇宙戦艦ヤマト）、《小雙俠》（ヤッターマン）、《銀河鐵道999》、《機動戰士高達》（gundam）、《機器貓》（哆啦A夢）等。這些作品所掀起的人氣和造成的影響至今也未消失。

四、強盛期：1980年—2000年

80年代也出現了許多的精品，高橋留美子《福星小子》（うる星やつら），美樹本晴彥《超時空要塞》系列，高橋楊一《足球小將》（キャプテン翼），鳥山明的《IQ博士》（Dr. Slump）、《龍珠》（Dragon Ball）、另外還有《聖鬥士星矢》、《GUNDAM Z》及《GUNDAM ZZ》、《城市獵人》、《機動員警》（機動員警パトレイバー）、《相聚一刻》（めぞん一刻）、《魔神英雄傳》（魔神英雄伝ワタル）、《天空戰記》、《天空之城》（天空の城ラピュタ）《龍貓》（となりのトトロ）、《魔女宅急便》（魔女の宅急便）、《風之谷》（風の穀のナウシカ）、《螢火蟲之墓》（蛍の墓）等動畫電影都是這個時期的代表作。

90年代後，雖然商業化傾向日益明顯，但還是出現了大量的好作品，進一步鞏固了霸主地位：《灌籃高手》、《浪客劍

心》、《幽遊白書》、《我的女神》（ああっ女神さまっ）、《東京巴比倫》（東京Babylon）、《美少女戦士》、《亂馬1／2》（らんま1/2）、《蠟筆小新》、《櫻桃小丸子》（ちびまる子ちゃん）、《機動戰艦》（機動戦艦ナデシコ）、《羅德島戰記》（ロードス島戰記）、《攻擊機動隊》（攻殻機動隊）、《寵物小精靈》、《側耳傾聽》（耳をすませば）、《金田一少年記事本》、《GUNDAM 0083、V、G、W、A、x》系列、《新世紀EVANGELION》（新世紀エヴァンゲリオン）、《青之六號》（青の６號）、《幽靈公主》、《名偵探柯南》、《獵人X獵人》等等。

許多事物都是相對的，這一時期日本動漫行業取得了巨大成功，佔領大部分的國際市場，達到了強盛期，而相反，中國包括美國等西方國家的動漫行業則出現了明顯的衰退。

2000年以後的日本動漫仍舊佔據著世界主導地位，具體內容已經分散在各節中詳細分析，在此不再專門分析。

中國動畫片發展簡史

一、萌芽和探索時期1922—1945年

1918年《從墨水瓶裏跳出來》等美國動畫片陸續在上海登陸，使處於半殖民地半封建社會的中國人對神奇的動畫片著迷。以萬籟鳴、萬古蟾、萬超塵爲代表的第一代中國動畫人應運而生。1922年出現了中國第一部廣告動畫《舒振東華文打字機》。1924年出現了動畫片《狗請客》、《過年》，這兩部影片是中國最早的動畫片。1926年萬氏兄弟繪製了著名的《大鬧畫室》，1935年，萬氏兄弟推出了中國第一部有聲動畫片《駱駝獻舞》，1941年又推出中國第一部長篇動畫片《鐵扇公主》。

可以說這一時期是中國動漫的萌芽和探索時期。

二、發展成熟時期1946—1956年

新中國成立以前，東北電影製片廠生產了木偶片《皇帝夢》（1947年）、動畫片《甕中捉鱉》（1948年），爲新中國的動畫片生產奠定了基礎。

1950至1956年，中國動畫片的中國傳統特色創作手法和技術逐漸成熟，題材也逐漸豐富，主要代表作品有：《小貓釣魚》（1952）、《小小英雄》（1953）、《神筆》（1955）、《烏鴉爲什麼是黑的》（1955）、《驕傲的將軍》（1956）等。

三、第一個繁榮時期1957—1965年

1957年，上海美術電影製片廠建立，使中國有了第一家專業、獨立的美術片廠，1958年創作出第一部中國風格的剪紙片《豬八戒吃西瓜》，1960年創作出第一部折紙片《聰明的鴨子》，1961年創作出第一部水墨動畫片《小蝌蚪找媽媽》，中國動畫片生產進入第一個繁榮時期，不僅產量大幅度上升，在藝術上和技術品質上都達到了國際水準，《大鬧天宮》（上下集，1961、1964）等作品在國際電影節獲獎，形成了中國動畫學派。

四、文化大革命時期1966—1976年

文革時期和許多領域一樣，動畫片生產也一度中止。1972年，上海美術電影製片廠率先恢復生產，到1976年文化大革命

結束爲止，共攝製動畫片17部。這一時期的動畫片體現了當時時代特色，大都描寫建國前的革命戰爭，描寫社會主義社會的階級鬥爭、路線鬥爭和思想鬥爭，歌頌工農兵。雖然1976年攝製的水墨剪紙片《長在屋裏的竹筍》，將中國的水墨畫與民間剪紙巧妙結合，體現了一定的進步，但不可否認，文革的動亂結束了中國動畫片第一個繁榮時期，造成整體發展停滯，而日本動畫片則取得了快速發展。

五、最後的輝煌期1976—1989年

從1978年底開始，中國進入改革開放年代。這一時期是中國動畫片最後的輝煌期，湧現出多家新的動畫片生產廠家，改變了上海美術電影製片廠一枝獨秀的局面；全國共生產電影動畫片219部，產生了一批代表中國動畫片最高水準的優秀影片，如《哪吒鬧海》(1979)、《三個和尚》(1980)、《雪孩子》(1980)、《猴子撈月》(1981)、《南郭先生》(1981)、《天書奇譚》(1983)、《鷸蚌相爭》(1983)、《葫蘆兄弟》(1987)、《邋遢大王歷險記》(1987)、《黑貓警長》(1984～1987)、《阿凡提的故事》(1981～1988)等。

六、幼稚模仿期1990—2000

20世紀90年代開始，和其他許多行業和領域一樣，絕大多數中國動畫片拋棄了自己的傳統特色和優勢，開始走上幼稚模仿西方和日本的道路。此外1995年起中國電影放映公司對動畫片不再實行統購統銷的計劃經濟政策，確定了市場化方針，許多廠家由於經營觀念和方式比較落後而倒閉消失。20世紀90年代也成爲中國動畫片的轉折時期，錯誤的定位和策略使得中國

動畫片幾乎全面落後於日本（**具體原因和其中問題後面將詳細分析**）。

這一時期代表性的作品有：《舒克和貝塔》、《自古英雄出少年》、《霹靂貝貝》、《大頭兒子小頭爸爸》、《海爾兄弟》、《寶蓮燈》等。

2000年以後又出現了大量數字動畫片如《藍貓淘氣三千問》、《魔比斯環》、《紅孩兒》、《濟工》、《精靈世紀》等，雖然使用了先進的數字技術，但絕大多數仍屬於幼稚模仿類型，國際競爭力原不如那些傳統特色的動畫片。

附：香港地區

香港漫畫代表人物：黃玉郎、牛佬、馬榮成

代表作：黃玉郎：《龍虎門》、《天子傳奇》、《如來神掌》；牛佬：《古惑仔》；馬榮成：《風雲》

香港漫畫的主流：格鬥暴力

中國動漫——「扶不起的阿斗」

2004年，中國廣電總局出臺了《關於開辦少兒頻道的通知》、《關於發展我國影視動畫產業的若干意見》、《關於做好上星動畫頻道落地工作的通知》等一系列政策，體現了政府對於國產動畫發展的重視。到2004年12月26日爲止，北京、湖南、上海3個動畫頻道相繼開通，標誌著我國動畫產業的發展進入了一個新的階段。2005年6月首屆中國國際動漫節在杭州召開，直接參加各項活動的人數達到120萬人次，參觀動漫產業博覽會的人數達到12萬人次，總成交額3億多元。這又反映了巨大的市場潛力。

在建立幾個國家動畫產業基地，並要求各地電視臺建立動畫頻道及規定播出內容的比例後，爲了進一步扶持國產動漫產業，廣電總局對動畫片的播出作出新的規定，在動畫片收視黃金時段必須播出國產動畫節目。最近更是規定延長國外動畫片禁播時間1小時，從18：00到21：00各地電視臺都不得播放。

種種形勢都表明我國的動漫產業具有廣闊的前景，而且也得到了政府的大力扶持，此外就自身發展而言，專案投資也不斷擴大，人才待遇也大大提升，CG技術也取得了巨大的進步，但直到目前爲止，中國動漫在不少有識之士眼中卻仍然擺脫不了「扶不起的阿斗」的形象。按照目前這種趨勢發展，中國動畫片超越日美的希望極其渺茫。

回顧歷史，《小蝌蚪找媽媽》、《大鬧天宮》、《驕傲的將軍》、《不射之射》、《葫蘆兄弟》、《九色鹿》、《老狼請客》、《鷸蚌相爭》、《南郭先生》、《阿凡提》（系列）、《哪吒鬧海》、《曹沖稱象》、《眉門尺》、《女媧補天》、《神筆馬良》、《三個和尚》、《天書奇譚》、《山水情》、《蝴蝶泉》、《草人》、《老鼠嫁女》、《鷸蚌相爭》等中國早期優秀動畫片，不僅主題思想不落後於同時期的日本、西方動漫作品（**當然由於創作手法和風格的不同，所以很難判斷技術的高低，雖然美國等的畫法中國沒有掌握，但同樣地中國的水墨、剪紙、布偶動畫技術美國人、日本人也不會。而且衡量技術，高低的主要標準之一就是畫面的品質、觀賞性，從這方面相比較，中國早期動畫片並不比美國、日本的差**），即便和現在國產的「僞3D」動畫作品相比，在主題立意、畫面流暢性、配音上仍不處下風，後者雖然看起來技術高了一點，但在主題思想、觀賞效果和國際競爭力上還遠遠落後。而且和日本、西方現在的動畫片相比，也因爲具有民族風味而不遜色，如果進入日本市場完全有可能產生很好的反映。

可喜的是，近年來也出現了極少數優秀作品，在2006中國國際動漫影視作品「美猴獎」**（該獎項被業界稱為中國動漫影視界的「奧斯卡」）**大賽上就已經獲得最佳短片大獎的《桃花源記》，同時也獲得了日本東京廣播電視公司（ＴＢＳ）舉辦第八屆亞洲數碼內容大賽的唯一金獎，這也是中國的數字動畫作品首次在國外比賽中獲得大獎。當然更早一點，03年一部更短的動畫短片《夏》也一樣，利用數字技術復古早期中國代表之一的「水墨」風格動畫片而取得了成功，當年還入選電腦圖像技術盛會「SIGGRAPH 2003」，這也是中國大陸作品第一次入選這樣的頂級CG盛會。

其實兩者的成功與其說是因爲先進的CG技術，不如說是因爲重拾了幾十年前民族動畫的精髓，前者著重是剪紙，後者著重是水墨，分別與上海美術電影製片廠的《牧童》、《山水情》等類似。

中國動漫產業的落後是思想層次倒退的一個縮影

從某種角度來說，50、60年代中國動漫的崛起也可以說是當時中國經濟、政治、文化等整體崛起的縮影，其根本原因並不是什麼制度優勢也不是什麼高報酬，反而是以那種被當時西方經濟學家以及現在的主流經濟學家公認爲是落後、無效的計畫經濟制度，報酬也比其他國家同行業工作人員低很多，崛起的關鍵是當時大多數工作人員那種爲新中國而奮鬥的高尚思想精神。

雖然改革開放前大多數中國人由於缺乏對世界特別是發達國家的瞭解，而存在中國第一，中國人要拯救資本主義國家的人民的極端幼稚，但改革開放後卻轉向了另一個極端幼稚，認爲美國等西方國家什麼都比中國好，從思想哲學到經濟理論，從生活條件到個人素質，乃至認爲西方的月亮比中國圓。

這反映了80年代包括許多高層領導、專家學者、工人農民（**歸屬於中中、中下階層**）在內的大多數中國人，其思想太過幼稚單純，明顯體現了自身「弱者意識」思想，再加上片面的西方物質功利主義、個人主義的影響，以及許多西方學者的誤導，使許多人花大筆精力盲目地發展輕紡等能快速賺錢的行業，而不將重點放在工業等重點行業（**具體在經濟部分描述**）。動漫產業的發展和其他許多產業如重工業一樣，拋棄了原本的民族特色和優勢，轉而學習西方、日本，這一戰略性錯誤導致了中國動漫行業包括其他許多產業的倒退。而到了90年代中後期，許多人的思想層次又進一步倒退，自私功利等思想甚至比西方人還要嚴重，心中已經沒有什麼國家、民族的概念。

如前所說，80年代中後期是中國動漫和日本動漫的一個分水嶺，因爲許多管理者的「弱者意識」思想，中國動漫主動放棄了自己的民族特色和傳統優勢，幼稚地學習模仿日本美國，直到現在仍然遠遠落在後面。而因爲許多管理者的「強者意識」思想，日本動漫不屈不撓地堅持自己的民族特色和傳統優勢，同時不斷努力奮鬥以及頑強忍受工資低下等各種困難，最終成爲世界最強的動漫大國。

其實當時中國的許多優秀動畫製作企業（廠）和其他許多行業的優秀企業（廠）一樣，只是缺少先進經營經驗和市場運作，實力完全是一流，只要思想稍微開放一點，在行銷方面花點精力，就可以創作出巨大的經濟效益。不像現在即便中央和各地政府政策支持，即便已經熟悉了日本動漫的商業運作模式，即便所謂的數字技術不斷進步，但按照目前的發展趨勢來看，仍然缺乏國際競爭力，是個「扶不起的阿斗」。當然其他許多行業也一樣，思想層次倒退這一關鍵因素導致轉型升級舉步維艱，成效很小。

現在中國動漫落後的根本原因和出路——人的思想

許多人認爲現在中國動漫行業落後主要是因爲發展環境、市場運作等方面比日本差，但其實這只是表層因素，並非關鍵。

具體而言，就外部發展環境而言，基本類似，中日兩國政府都採取了一定的扶持策略，而且扶持力度（**如扶持資金等**）也差不多。日本動漫行業在80、90年代以來的快速發展主要也並非政府扶持等外部因素，而且日本政府直到近些年來才制定了具體的扶持政策，如設立發展基金、保障最低收入等。

就內部發展環境而言，如主要部分的員工工資，雖然那些著名的大公司條件較好一些，但也和大多數中小動畫企業差不多，而且大多數企業對於普通員工（**不詳細論述高層領導**）一般採取的是計件工資形式，畫一張圖一般平均在200日元左右，熟練職工平均每月能夠繪製600、700張左右，而新職工大概在400、500張左右。因此年工資加上其他獎金福利總數一般不到200萬日元（約13萬人民幣），而中國同級別（**不詳細論述高層領導**）的動漫工作人員平均年收入也有4萬人民幣左右，再加上總體物價比日本要低6倍左右，因此雖然工資在絕對數量上落後，但相對的待遇和生活條件差不多，那些生活在東京日本動漫行業的低層工作人員（**背景、上色**）工作人員，甚至要兼職打工或者吃泡麵才能維持日常生活。

漫畫領域也一樣。就日本來說，漫畫的創作者大多數是一人或幾人的私人畫室，條件並不富裕。因爲考慮市場商業因素，漫畫要面世，一般需先通過一些漫畫雜誌編輯審核，認爲有市場潛力後才進行連載，好一點可以上《週刊少年JUMP》、《週刊少年Sunday》等著名雜誌，差一些則只能上一些名不見經傳的三流雜誌，而且人氣不高的立刻就會停載，市場反映好的才能動畫化及開發周邊產品。因此大多數沒有成名的漫畫創作者生活比較艱苦，當然一旦作品大熱之後，作者也是鯉魚躍龍門、麻雀變鳳凰，名利雙收了，收入起碼以億來計算。

而就中國來說，漫畫創作的主流也是一些小公司以及一人或幾人的私人畫室，條件與日本相比非常類似，也比較艱苦。

因此就發展環境來說，中國動畫企業並不比日本企業落後很多。

就市場運作而言，除了自身行銷能力（**當然這又和產品的品質相關**）外，購買方也是制約現在中國動漫產業發展的因素，大多數電視臺部門負責人、電影院業主等買方自身思想落後，誤解動漫作品而大大壓低購買價，導致動漫作品的價格遠低於一般的影視作品，比如有品質的國產動畫片的成本一般爲1萬元/分鐘，但在許多電視臺購買的價格低於成本，每分鐘只有幾千元甚至幾百元。

本來好的動漫作品就極少，因爲買方的無理壓價，製造公司也通過粗製濫造來降低成本獲得利潤，這種惡性循環的後果，影響的不僅僅是個別的電視臺或者動漫製作公司的商業效益，更使中國動漫產業整體落後，缺乏國際競爭力。

另外大多數的個人投資方老闆，因爲其自身思想素質低落，缺乏高明的眼光，因爲《紅孩兒》等作品的失敗就不願再投資，而不去尋找《桃花源記》、《夏》等優秀作品，導致這類好作品因爲經費不足而無法面向普通大眾，無法產生巨大的經濟效益，也無法引導中國動漫行業走上正確的發展軌道。

而日本的動畫行業也存在這樣的問題，日本的動畫製作公司的經營模式和中國差不多，還是按照老辦法，將他們的產品一次性出售，相比西方仍然比較落後，並沒有和播放商形成利益分成的制度。此外也常常被買方如電視臺等無理地壓價，這很大程度上也導致他們製作的許多動畫片都虧損，並像「隱性毒藥」一樣慢慢侵蝕著這些公司，他們爲了盈利不得不把一些低端的工作外包給中國、韓國的一些公司，自己親手培養、壯大了自己的競爭對手，在不久的將來也必將影響到自身的利益。如果日本的動畫製作公司能夠團結起來和買家談判，形成利益分成的制度，那將是日本動畫行業的一個歷史性跨越。

平和中庸地說，現在中國的動漫產業之所以落後於日本，和中國其他大多數產業差不多，關鍵問題還是在於人，也就是產業內部大多數從業人員（**管理層和普通員工**）的思想以及管理技術水準的不足。

就前者而言，絕大多數中國公司的管理層和普通員工的關係也不如日本那樣和諧團結，管理層由於思想侷限，爲了降低成本很少主動改善職工待遇，這導致員工工作熱情不高，創作不出優秀的產品，進而導致企業效益低下甚至虧損，這樣又反過來導致員工收入低下，形成了惡性循環。而不是通過鼓勵員工努力創作出好作品，從而獲得更大的利潤這種良性發展。而且由於大多數管理層經營思想落後（包括購買方、消費者等其他外部因素），即便出現少數優秀作品（如前面所提到的），但商業開發不足，導致企業利潤比較少，部分的關鍵人才也無法留住，因此企業很難有強勢的持續發展能力。另外許多的企業管理層主動做日本的動漫外包工，靠繪製一些工作量大、技術要求低的工作來勉強糊口，很少有精力來製作優秀自主的作品。

就後者而言，大多數普通員工也是功利思想嚴重，沒有多少對公司的忠心或者爲動漫產業而奮鬥的理想，亦無趕超最強者—日本—的信念，只要別的企業提供稍微高一點的工資，就立刻跳槽。

思想層次低下導致絕大多數作品幼稚化嚴重，就連許多10歲以下的小學生也不願意看。而且題材單一，創新的作品很少，許多還在吃「孫悟空」的老本。另外雖然現在已經處於明顯的落後，但大多數人員還是不願主動努力學習最先進的技術知識，只有爲了生計才去被動學習，因此別說超越，這種形勢只會導致永遠落後。

日本60、70、80年代的動漫發展環境也比較差，像日本知名的Production IG、GAINAX、京都動畫、xebec、GONZO等動畫製作公司都經歷過極其艱苦的時期，政策支持力度不夠、資金嚴重不足、工作人員的平均工資大大低於其他行業（現在仍落後）。

此外許多原先成名的漫畫家，雖然得到了與之前相比完全不同的物質條件，但由於自身思想無法突破原來的侷限，因此也很難創作出更好的作品，典型的如《北斗神拳》作者的後作《蒼天的拳》，《聖鬥士星矢》作者的續作《冥王篇》、《天界篇》（開頭）；《浪客劍心》作者的《武裝煉金》；《灌籃高手》作者的《零秒出手》等都沒有產生原來的影響，有些甚至嚴重虧損。當然這其中也是因爲消費者的思想變化導致興趣改變，20年前的讀者和現在的讀者在個人意識、對幽默、情色內容的興趣等方面，存在明顯的不同。

和日本的同行一樣，中國動漫行業大多數從業人員（**管理層和普通員工**）屬於中中、中下階層，因此中國動漫行業（**也包括其他大多數行業**）的落後又從另一個方面反映出中國中中、中下階層主導思想的落後，因此要提升中國動漫行業（**也包括其他大多數行業**）的實力或者國際競爭力，首要關鍵是提升思想層次。

人想生活得舒適，希望滿足所需的物質需求，這無可厚非，但有時候爲了自身的人生信念，實現自己的人生價値，不得不克制這些物質欲望，同時踏踏實實地努力奮鬥，提升自己的實力。但他們正是依靠自己的「強者意識」思想和意志力堅持了下來，最終成爲最強者。而現在中國的動漫行業已經明顯落後，工作人員更應該像當年的日本同行那樣，提高自身的思想層次和技術能力，普通工作人員不要幼稚盲目地要求很高的工資和待遇，管理者也應該把員工當作同志、夥伴、家人，而不是隨意剝削的廉價勞動力。

以上的評論並不是爲了體現自己的水準，而是從事實出發，希望中國動漫行業乃至中國其他許多行業能夠真正認識自己的問題，下決心改正克服「弱者意識」思想，真正的實現動漫等眾多產業的崛起，最終實現整個國家的崛起。有人說中國的崛起首先需要「文化崛起」，但說得比較模糊和片面，就中國自古以來的文化並不落後於西方、日本等國家，主要差距是在思想劣根性上，當然準確地說是晉以來的大多數中國人的思想劣根性。當然日本、西方人也存在類似的思想劣根性，但中國的核心階層在關鍵時期的重點方面上，表現出了比日本、西方更嚴重的思想劣根性，因此也造成了中國的落後。

以動漫為代表的日本「文化外交」適得其反

百年前日本接納許多中國留學生，實施「培植親日學生戰略」，希望在今後的中國政權高層形成強大的親日勢力，爲主導支配中國減少阻力；百年後日本又開展「動漫外交」（**日本外務省任命卡通人物「哆啦A夢」為日本首位卡通大使**），希望通過中國青少年喜愛的日本動漫作品，使得這些人能夠產生親日心理。

但平和中庸地說，兩者都不成功，其本質原因與其說是中國人天性反日，不如說是出在日本人自己身上。當年去日本的留學生雖然有著官方的名義，但在現實的生活中，時刻感受到當時大多數日本人強烈極端的民族主義，以及對他們這些中國人的輕蔑和歧視，這些親身經歷對其影響遠比日本官員鼓吹的「日中友好」的空論大得多，因此導致絕大多數留日的中國學生非但不親日，反而比一般的沒去日本留學的普通中國人更反日。

而作爲現在日本文化代表的動漫，雖然也嚴重影響中國青少年的思想和言行（**當然許多人被表面的一些暴力、情色、搞笑所迷惑**），但日本動漫本質絕大多數（**少數色情暴力動漫除外**）體現了「強者意識」思想，爲自身的思想信念而努力奮鬥不惜生命，以及宣導民族主義、愛國主義等，而由於近代以來中日歷史上的經歷，哪怕自身早先沒有強烈民族國家觀念，受日本動漫作品的影響，這些青少年面對日本也會表現出愛國主義，而且因爲自身思想還不成熟，再加上某些挑撥，許多人就表現出網路上那種極端反日言行（**當然也存在羨慕日本物質條件豐富而盲目崇拜日本的青少年**）。

如本書前面所說，大多數青少年屬於中下階層，因爲自身思想的侷限，中下階層的理解程度比較低下，無法理解佛、菩薩之類的高尙思想，要教育引導這部分人，只能依靠比較極端的國家、民族主義，單純幼稚地教導他們大善大愛並沒有多少的實際作用，甚至反而被輕視嘲笑。日本動漫就是一個很好的例子。

第八章　日本小說文學影視作品與「強者意識」

小說文學

小說典型反映中間階層特別是中中階層思想

縱觀中日文學發展歷史，可以說詩歌代表了近代以前文學的主流，而隨著西方國家佔據世界主導地位，其文學思想也隨之成了主導，因此小說取代詩歌成爲近代以來文學領域的主流。當然如前所說，西方文學包括哲學等方面的思想在近代之所以能夠佔據主導地位，主要是由於其在軍事、工業等方面的強大實力。

雖然近代以來受西方文學思想的影響，小說被比作了文學領域的皇冠，但平和中庸地說，在文采辭藻上小說遠不如近代以前作爲文學主流的詩歌，在思想領域也無法超越哲學等其他更高等思想學科的深度，雖然許多小說家，特別是以民族性批判和歷史爲題材的作家，其自認爲小說處於文學乃至一切學科中的最高層領域，這明顯有點自欺欺人，不過確實可以說小說典型反映了中間階層特別是中中階層的思想（**其他動漫、影視作品等也是代表之一**）。

就中國而言，小說家典型地代表了近代以來的中間階層特別是中中階層，而詩人則典型地代表了晉以來，亦即近代以前的中間階層特別是中中階層。雖然現在的大部分的詩人藝術家仍然比大多數小說家更極端，表現出更強烈的「弱者意識」，但因爲數量太少已經缺乏代表性。

就日本而言，雖然日本大多數小說家也屬於中間階層特別是中中階層的一部分，但近代以來日本的小說家還是不如「軍人武士」和「社員武士」那樣具有主導性，雖然他們的收入和地位甚至比後兩者更高，但其對國家和民族的貢獻還是無法和後兩者相比，比如近代日本依靠軍人武士的英勇作戰而崛起，二戰後依靠社員武士的努力拼搏而崛起，這兩次崛起和日本的文人小說家的關係十分有限。

雖然名義上同屬於「文人」，但相比中國大多數小說家，日本大多數小說家主導思想還是「強者意識」，在敏感（**自知之明和知人之智**）、堅強的意志力包括瞋性等主要方面更接近「武士」。

本書前面不斷重複，在先秦時期，中國也明顯的受「強者意識」思想主導，而且是高於日本中層「強者意識」和西方下層「強者意識」的上層「強者意識」。

在當時，個別著名學者、縱橫家等文士除外，「士」的整體地位比文人（**普通的學者**）的地位要高得多，和日本武士一樣處於關鍵性的中間階層。像孔子的父親，因爲作戰勇敢而得到「士」級，生活待遇比早期講學爲生的孔子（**代表了當時一般的學者文人**）要好得多。

而魏晉特別是宋朝以來，文人逐漸取代「士」成爲了中間階層特別是中中階層的代表，雖然大多數文人表面上寫的和說的非常高尚，但真實的思想層次（**具體表現為實際的所作所為**）則明顯不如「士」，這也導致中國不斷遭受北方遊牧民族等外來民族的侵略，近代後又遭受西方日本等列強的侵略。

雖然小說典型反映中間階層特別是中中階層思想，但不可否認的是，小說（**包括電影、電視作品等**）對於大多數人（**中下、下層**）的綜合影響力遠遠超過了思想層次更高的思想哲學類書籍。當然小說之所以能產生巨大的影響力，不是因爲其思想最高深，只是因爲其容易被大多數中中、中下、下層人接受，相對於「曲高和寡」的思想哲學書籍來說「曲中和眾」。

就中國而言，比如一部《西遊記》造成大多數中下、下層中國人對佛教、玄奘法師多少的誤解，一部《三國演義》又讓一般儒家傳統代表的劉備受到多少的同情和讚揚，讓曹操遭受了多少的仇視和批判。無論佛法有多麼高深的教義，玄奘法師有多麼高尚的人格，無論中上層學者揭示劉備也有許多自私自利、實不符名的言行，曹操也有部分正義和智慧的舉動，但很難改變大多數中下、下層的觀念。

一些思想哲學等領域研究者，沒有注意到小說對大多數的中中、中下層中國人思想的重要影響，一方面對小說不屑一顧，另一方面又氣憤絕大多數人被一些小說低俗極端的思想所主導。自己覺得自己的思想理論遠遠超越那些名氣大於自己的小說家，對整個國家民族的發展更具指導意義，但卻不被大多數人瞭解和接受，而自己也不願屈身去寫小說，從而也無力影響這些絕大部分的國民，進而無力影響整個國家民族的發展命運。其實深入分析，也是由於這些學者自身的思想沒有達到一定的層次，自知之明和知人之智的程度都不夠，換句話說，正是存在文人爲代表的中中階層典型的幼稚、自大、迂腐等「弱者意識」思想。

就日本而言，司馬遼太郎、井上靖等歷史小說家的思想觀點甚至反過來主導了許多的歷史學家，同時在大多數中中、中下、下層民眾的影響力也超過了權威的專業歷史學者。此外和中國一樣，由於大多數中下、下層自身思想侷限，閱讀購買愛情等題材的通俗小說的時間數量也遠遠超過了許多高深的思想哲學類書籍，因此許多小說家的知名度包括收入等遠遠超越思想哲學領域的學者。

日本近現代的兩位「國民作家」夏目漱石與司馬遼太郎

日本著名精神分析學者河合隼雄以及文化學者茅賀徹等把夏目漱石與司馬遼太郎並列爲日本兩個時代的兩大國民作家，縱觀近現代的日本小說史，可以說大多數的日本學者和民眾都認同此種觀點。

夏目漱石身在近代，既是英文學者，又精擅俳句、漢詩和書法。他的門下出了不少大家名士，如日本文壇著名的作家芥川龍之介也曾受他提攜。代表作《我是貓》、《心》等作品中，對日本明治中後期、大正時代受西方物質文化思想嚴重腐蝕而一度盛行的「拜金主義」進行了鞭笞，大致思想和90年代以來出現的大量批判小說類似，具體內容不再詳述。而《公子哥兒》則塑造了一個武士階層取締後近代版的武士，主人公剛正不阿、愛恨分明、重視名譽鄙視金錢，可以說是作者自身的一個翻版，從思想層次上來劃分，屬於典型的中中階層。

當然夏目漱石的批判也存在以偏概全的侷限，沒有對日本人進行區分，其實中上、中中階層（包括他自己）始終保持較高的思想素質，並沒有盲目「拜金」，而中下階層中有相當一部分「拜金者」也與大多數西方人和現在的中國人的不同，擁有大量的金錢不是爲了物質享受這一最終目的，而是爲了得

到別人的尊崇，只不過其表現手段比中上、中中階層用自己的忠誠信勇和實力贏得民眾的尊崇低下許多而已。

夏目漱石小說的主要手法是被不少中國小說家所不屑的「私小說」創作手法，內容以少數幾個人物的對話和心理等細節描述爲主，通過其行動和語言等來體現人物的高尚品格，並批判主人公所貶斥的社會陰暗面。其作品中的人物也都有著自己的思想性格影子，因此在許多幼稚自大的中國小說家眼裏，夏目漱石被認爲是缺乏想像力，過於侷限於自身的思想，但其實是這些人本身缺乏基本的自知之明，他們的作品內容也蒼白做作。另外夏目漱石刻苦學習、努力創作的精神和意志力也值得許多自以爲天才而不願努力的中國文人學習。

司馬遼太郎1923年出生，1996年逝世。從1956年發表小說到1988年發表最後一篇小說，他共出版小說57部，其中長篇36部。他幾乎獲得過日本所有著名的文學獎，還獲得日本「文化功勞者」的稱號（1991年）和「日本文化勳章」（1993年）。

司馬遼太郎作品的題材比較廣泛，雖然不是歷史學家，但使他成名的無疑是他的歷史小說。其中主要有《坡上的雲》、《豐臣家的人們》、《龍馬奔走》、《新撰組血風錄》等，其最大的特色就是不著力探討所刻畫人物所爲的歷史事件的對錯，而更注重刻畫人物的人性美、高尚品格，並以此來弱化人物行爲的是非，誘導讀者把主要的注意力集中在人物本身，在敬佩其品格的同時，對其所爲對於歷史、民族來說是否有進步意義不再重視，甚至哪怕其是反歷史、社會發展潮流的。

他的歷史小說中，關於戰爭和歷史的觀點在日本影響非常大，日本許多政府官員、大公司的經理和職員以及許多普通日本人都明顯受到了他的歷史小說的影響，此外雖然沒有明確地表示，但目前許多動漫作品的主力作家當然包括其作品的觀點，也十分接近司馬遼太郎的思想。近年來日本出現的一種主張重新認識日本歷史的所謂「自由史觀」也與司馬的歷史小說有關。例如新自由史觀的代表人物東京大學教授藤岡信勝就坦言，司馬作品對於重新構築歷史教育具有不可估量的意義，並呼籲用司馬史觀修改教科書的日本近代史部分。

比較典型地概括司馬遼太郎思想的，可以說是藤岡信勝概括的「司馬史觀」四個特點：1、健康的民族主義2、以國家與民族的生存和繁榮爲最高目的的「現實主義」3、不迷信任何意識形態（因爲其看到20世紀的日本深受左右兩翼的意識形態的危害）4、對官僚主義的批判。

平和中庸地說，和夏目漱石小說中的主人公一樣，司馬遼太郎作品中大多數主人公的思想也明顯地代表了中中階層的「強者意識」思想，當然也代表了司馬自己的思想。仔細分析司馬遼太郎的手法，簡要地舉個例子，雖然即便一個人對東西方哲學再怎樣瞭解，口若懸河，會背再多哲理名言，會分析再多哲學理論，但實際行爲中做出許多和自己言論不一的事情，或者過分要求別人都尊敬他，對他的言論絕對相信，無法寬容地對待公正的批評和意見，那此人真正的思想水準也高不到哪裡。因此司馬遼太郎的這種手法確實有高明深刻之處，但其反論並不一定成立。比如，如果某人是個卑鄙陰險虛僞惡毒的小人，其所做所爲肯定很少會是爲了國家民族，但並不能簡單地說以國家民族利益爲重的人，其所作所爲就一定是正確的。

因此所謂的司馬史觀離佛教的「中觀」和道、儒家的中庸思想有著本質的差別，更像是一種「模糊觀」，模糊是非對

錯，單純以人格魅力來決定一切，而並不是不偏不倚地用「中性眼光來看待問題。當然再深入一點，所謂的「中觀」也「非中」，即「中已非中」，因爲有「中」概念的同時，就表明已經有「不中」的概念，所以已經不是完全絕對純粹的「中」了，真正絕對的「中」是只有成佛後才能感知的那種境界。

對於日本民族劣根性的批判，二戰後日本著名作家三島由紀夫表現地更極端，其在20世紀70年代發動的暴動檄文中寫道：「我們看到，戰後的日本受經濟繁榮所陶醉，忘記了國家的基礎，喪失了國民精神，捨本求末，陷入敷衍和僞善，自動地跳進了靈魂空虛的深淵。……戰敗的屈辱未雪而只是蒙受欺騙，日本人自己在褻瀆日本的歷史和傳統。」

可以說這種思想和言行，與三島由紀夫所經歷的戰前那種「和魂」、一億玉碎保衛日本、建立大東亞共榮圈等信念有關，但其鼓動的那些自衛隊青年官兵多是戰後出生，心中已沒有多少「天皇崇拜」、也沒有把「武運長久」的皇國信仰作爲自己的信念，最終三島近乎絕望的剖腹自殺，即便其想以自己的死來喚醒日本人的傳統武士道精神，但從後來日本的發展來看，也只是其幼稚的一廂情願，而且雖然當時日本也出現不少的「文明病」（**三島作為中中階層比一般人更敏感極端地感受**），但在主導的「會社信念」（**本質是「強者意識」思想**）作用下，日本經濟高速發展這一主要層面把許多的問題掩蓋掉了，直到經歷泡沫破裂以及更嚴重的金融危機後，許多問題才爆發出來。

總而言之，夏目漱石通過反面地批判日本近代的「拜金主義」（**「成金主義」**）來糾正當時日本人的缺點，而司馬遼太郎則通過正面的人性讚美來指導日本人改正自己的缺點，雖然方式和手法相反，但目的卻一樣。兩者也因爲對國家民族的愛而受到大多數日本人的尊敬，成爲「國民作家」。

不過雖然兩者都是「國民作家」，而三島由紀夫也是個知名作家，但如前所分析的，日本中間階層特別是中上、中中階層主要還是依靠本身沒有消失的「強者意識」思想來克制自身的劣根性，而並不是因爲受這些小說家的教導，就像近代以來的日本中間階層，其大力學習西方知識技術的關鍵原因，關鍵原因也並不是福澤諭吉的教育。當然平和中庸地說，這三人包括福澤諭吉以及日本其他絕大多數文人學者，本身就屬於中間階層特別是中中階層。雖然比許多（**不是所有**）日本人包括中國人以及西方人高尚，但也遠沒有達到佛、菩薩的思想高度。

中國的「國民作家」魯迅

和日本一樣，中國的「國民作家」必然也見仁見智，不過魯迅可以說是具有典型代表性的一位。

魯迅的生平經歷、主要著作等已經不必介紹，魯迅在中國無疑產生了巨大的影響（**當然真正的作用也比較有限，後面將詳細敘述**）。不過雖然魯迅和日本有很深的淵源（**他年輕時曾求學日本，後來許多作品中也都涉及到日本**），但他生前在日本沒有產生很大的影響，這主要是由於當時日本強盛中國衰退的大背景。由於日本學者竹內好等人的介紹，20世紀80年代以來魯迅在日本的地位大大上升，現在已經被不少日本人視爲等同於夏目漱石、司馬遼太郎一樣的「國民作家」，相反在中國卻受到了許多無知文人的攻擊，比如某些小說家指出魯迅沒有代表性的長篇小說，因此認爲魯迅沒有多少水準。

人都有個成長積累過程，哪怕佛教中的佛、菩薩，道家中的神人、仙人，儒家中的聖人、偉人，也都有過幼稚的時期。就魯迅的思想，平和中庸地說，他早期作品中所體現的思想觀點確實比較極端片面，如代表作《狂人日記》，把中國歷史看作「吃人歷史」，把中國文化看作「吃人文化」。[1]隨著學習研究的不斷深入，魯迅中後期的思想層次有了明顯的提高，看待問題不再那麼地極端片面，有些思想觀點與早期相比甚至有了很大的轉變，對中國人、中國也不再完全否定悲觀，有了「始自於絕望的希望」。

魯迅自身的經歷和中國整體的局勢發展表明，雖然其文章深刻犀利，指出了中國人的許多劣根性，但對於當時其所處時代的現實社會的主導作用還是十分有限，以大多數文人爲代表的中中階層「弱者意識」思想並沒有本質改變，同時代的許多文人幼稚自大地猛烈攻擊魯迅就是證據。部分中中、中下階層雖然接觸了魯迅的文章，但由於自身主導思想和意志力的薄弱，很少能夠改正。而下層更是因爲思想素質太低而沒有能力去學習魯迅的文章，連魯迅是誰也不知道，自然更不會接受魯迅的批判去克服自身的思想劣根性。其實大多數中下、下層由於自身思想層次比較低下，理解領悟（**也就是「根性」**）不強，只有依靠一定數量的高思想素質的中中階層長時期的「身教」和監督，才能克制自身的劣根性。

相反地，侵華日軍的殘暴行經倒是從反面提升了下層和

---

1 當然回顧當時的現實，雖然魯迅的《狂人日記》等早期作品好評如潮，但也被一些評論家批評，不是說他們的評價完全錯誤，亦不是無理、無知的重傷，但絕大多數評論家也無法跳出「弱者意識」思想的侷限，和現在那些輕視魯迅沒有長篇小說的文人一樣，體現了明顯的幼稚極端，相輕自大等缺點。

相當部分中下階層中國人的思想，從而造就了建國初期那種融洽的社會氛圍，大多數人都能真誠待人、樂於助人，當時社會氣氛相比以往古代任何朝代的開國初期都不遜色，更比90年代以來特別是現在的中國人要純樸高尙許多。

這又反過來證明了小說思想的侷限性，因爲即便現在出版了比當時多得多的魯迅全集，在語文課本中強制學習許多魯迅的作品，現在的大多數中國人（**中中、中下、下層**）的思想卻出現更加明顯的滑坡，當然其本質和魯迅那個時代一樣，仍是關鍵性的中中階層的思想被「弱者意識」所主導。比如改革開放以來，中國憑藉經濟巨大進步而大大地提升了國力，但深入分析中國的經濟奇蹟，大多數（**不是所有**）行業領域還是憑藉賣廉價勞動力、賣資源、賣環境等才取得了成功，和二戰後日本、德國真正的經濟崛起還相去甚遠。而且隨著經濟發展，結構性瓶頸已經成爲中國經濟繼續前進的巨大阻力，其實深入細節地分析，各行業的大多數人—準確地說，是這些人的思想落後（**也就是「弱者意識思想」**）—導致中國經濟無法成功轉型升級，中國也無法真正崛起（**這在經濟部分中將詳細分析**）。

平和中庸地說，雖然和孔子一樣，魯迅現實生活中也有一定的缺陷不足，並不是完全絕對地能克制自己所批判的那些劣根性（**如和林語堂等人的交往就是例子**），但和孔子一樣，魯迅的偉大不是那些無知幼稚、自大相輕的文人所能否定的。而且進一步來說，設身處地地思考一下，有多少人能夠完全言行合一，有多少人有資格來要求其言行一定完全符合呢？己所不欲，勿施於人；己所不能，勿加於人。

同獲諾貝爾文學獎的川端康成與大江健三郎

這兩位日本二戰後的著名作家可以說是兩種相反的類型，正如兩人獲諾貝爾文學獎時的發言那樣，川端描述讚揚了日本人的感性多情、日本國土的美麗，而大江則批判了日本人的曖昧、陰暗。

雖然兩人都得了中國文人夢寐以求的諾貝爾文學獎，但兩人的境遇卻明顯不同。

和因爲左傾思想而不入主流的大江健三郎不同，川端康成在國內也十分知名，擁有很高的地位。大江健三郎雖然成名比較早，但因爲其所謂的「左翼」思想而受到日本國內文學界的壓制，就像他自己說的，他在日本是一個差點被讀者遺忘的作家。不過大江在中國的知名度要比川端大得多，特別是在中國的文人圈子中。

簡要評價一下兩者。

川端康成的《雪國》和《伊豆舞女》等代表作品可以說和大多數成功的日本小說一樣，不是因爲深刻的思想主題，而是因爲人物感情心理、語言等細節細膩地描述，引起許多讀者的共鳴。這和村上春樹（**後面將專門論述**）等作家類似，當然村上春樹在日本文壇的地位和遭遇卻和大江健三郎差不多，屬於典型的非主流，村上春樹的小說對於日本人劣根性的批判方面和大江比較接近，絕望多於希望。

大江健三郎的作品和這些傳統小說的區別就比較明顯，雖然相對中國、西方等其他國家作者的小說，其語言、心理等細節內容的描寫也佔據很大篇幅，但主要的思想明顯是站在批判的角度，而且是徹底的批判，這是其在西方、中國知名的原因，但也正是在日本不入主流的原因。

大江之所以被疏遠，時代背景也有著重要的影響。其主要作品的發表年代，正處於日本經濟高速發展的時期，當時無論在經濟還是文化、日本民族都自認爲是「世界第一」，因此給予川端康成、司馬遼太郎等作家高度的地位，但很難認同大江和高橋之類抹黑偉大日本民族的「異己」。

當然至於對日本人劣根性的批判，不僅大江、高橋等，如夏目、司馬、三島、石原等主流作家學者也都有過，特別是對於明治中後期以及90年代以來到現在兩段時期的日本人。但與前者不同的是，後者雖然有批判，但最終都描述了另一些高尚的日本人（**中上、部分中中階層**）用自己的行動（**不惜生命等一切代價**）糾正那些劣根性的日本人（**下層、中下層**），而這些人最後也被感動，認識到自己的錯誤，並開始真正改正，說明日本民族是充滿希望的。像2000年以來的大多數動漫作品一樣，表面雖然上是批判性的，但結局也大都如此，因此即便把以武士爲代表的傳統的日本人的表層形象給顛覆得一無是處，但還是被那些政府管理官員認可而允許播放。這不是徹底的批判貶低，更多的是教育鼓勵。因此與前者產生了本質的區別。

如本書前面多次提到，90年代特別是2000年以來日本社會出現的多種弊病，主要是因爲經濟泡沫破裂和亞洲金融危機，作爲二戰後大多數日本人精神載體的企業大量破產倒閉，於是經濟高速發展時期被掩蓋的各種人性的弱點一度集中暴露出來。這也導致了日本批判小說（**包括批判動漫、影視作品等**）的「蓬勃發展」，和一百年前出現大量批判當時許多日本人盲目崇拜西方的小說一樣。但和中國的小說差不多，大量的批判作品並沒有對許多思想倒退的日本中下、下層起到多少的促進、警戒作用。

改革開放以來，隨著創作環境逐漸寬鬆，中國又出現了大量批判小說。但這些批判小說也沒有對一般民眾起多少鞭策警醒作用，90年代中後期以來，大多數國民思想素質更是進一步下降，一提到批判小說非但不自醒反而立刻就反感，當然絕大多數的批判小說作者自身思想不高（**絕大多數屬於中中、中下階層**），其所寫的內容自然沒有多少說服力。

同樣日本90年代中期以後，批判小說的數量也伴隨著整個社會經濟、政治、社會文化混亂而大幅度增加，但也並沒有產生多少積極的作用。中下、下層的思想素質還是在墮落，不過由於一定的中上、中中階層的存在，維持著日本的競爭力，整個國家民族的形勢要比中國好不少。

平和中庸地說，無論是以大江健三郎、村上春樹爲代表的徹底批判思想還是以司馬遼太郎、石原慎太郎爲代表的肯定多於否定思想，都一樣存在不足。作者本人也大多數屬於中中階層（**當然這些人思想還是有一定的區別，這裡不再細分**），兩者之間的差別只不過是表面方式不同，另外兩者敏感的性格、堅持自己的信念和不懈的努力等等，都與古代少數高尚武士、近代少數高尚的軍人武士以及二戰後少數高尚社員武士爲典型的中中階層日本人一樣。

從村上春樹探討日本人的「物哀」情緒

說起村上春樹，可能在現在許多中國的青年文學愛好者包括許多80後作家的眼中，其地位超越了川端康成、大江健三郎甚至魯迅，在此也簡要地分析一下。

村上春樹著作頗豐，當然最著名的莫過於《挪威的森林》，其書中那股「淡淡的憂傷」感動了無數人，有的研究者甚至將其與日本經典的小說《源氏物語》相比，被認爲是日本「物哀」精神的標誌。

如前面介紹，雖然村上春樹在中國的名氣甚至比川端康成與大江健三郎還要知名，但在日本國內的文學界（**換句話說也就是「文人圈子」**）反倒是褒少貶多，這主要因爲其作品中傷感頽廢的思想和日本傳統小說中宣揚的奮鬥努力精神相違背。當然村上對許多國內評論家包括同行也不怎麼理睬，甚至非常極端評價日本文學評論界是「一堆馬糞」，雙方可謂「針尖對麥芒」，有點類似中國的「文人相輕」。

雖然許多人覺得村上春樹的作品高深莫測，但平和中庸地說，其小說也無法和佛、道、儒等許多東方經典以及馬克思主義等西方經典相媲美。與其說其作品深刻地批判了日本人的劣根性，不如說其作品深刻地刻畫了日本人內心情感。而且其作品在某些方面也有點明顯的缺陷，如《挪威的森林》中的時代背景是6、70年代，但有些場景卻是村上創作時的80年代才有的；再比如人物的語言行爲也有自相矛盾、莫名其妙的地方，當然或許這就是村上作品的特色之一。另外，此作最大的亮點，也就是彌漫在整本書中那種淡淡的憂傷，其實和村上寫此書時身在異鄉有直接關係（**也就是許多小說家所謂親身體驗而產生靈感**），像其他許多愛情小說就因爲缺乏這樣的背景而沒有這樣的憂傷韻味。

雖然村上春樹標榜自己的小說和日本傳統小說不同，但其寫作方式手法也和傳統的日本小說家類似，採取以對話、心理等細節描寫爲主，以這樣的細節刻畫來表現人物的思想、感情等，讓讀者容易感同身受。

從思想層次上來劃分，村上也可以歸爲中中階層，相比以佐久間象山、井上哲次郎爲典型代表的日本中上階層還是有一定的思想差距，當然他和傳統的武士爲代表的中中階層也有一定的區別，篇幅有限，不再詳細介紹。

本書前面指出日本中間階層敏感性格的另一方面表現爲多愁善感（**也就是上面所說的「物哀」**），比如許多日本人看到春天逝去的櫻花、夏天飛舞的螢火蟲、秋天飄落的枯葉、冬天灑落的雪花等都會產生無限的感慨。這讓許多中國人包括西方人認爲這些日本人有點消極，其實這種看法存在一定的片面，雖然許多日本中間階層確實存在多愁善感的現象，但在「強者意識」思想和堅強的意志力作用下，中間階層特別是中上、中中階層要比大多數中國、西方人積極、努力很多。

中日情愛小說二三言

因爲是「二三言」，所以下面的內容寫得比較隨意，不深入分析。

不可否認，日本情愛小說是日本小說中的佼佼者，在中國包括西方最知名的日本小說大多數屬於情愛小說，而在這些情愛小說中悲劇類又佔據了主導地位，因爲對於一般人來說，悲劇往往比喜劇更容易感動讀者。當然與其說是日本人喜歡悲劇，不如說是日本人喜歡悲劇帶來的強烈的情感衝擊。其他如許多日本人喜歡櫻花散落時的瞬間之美，讚歎鯉魚被殺時一動不動的堅強，敬仰武士爲主君而戰死在沙場。

與影視、動漫作品一樣，日本的愛情小說雖然達到了相當高的層次，但也存在「增長的極限」，因爲雖然愛情故事千差萬別，但表達方式大都類似，而且「愛情」終究不是最高層次的思想，所以再如何描述也存在不足。

近幾年日本大熱的愛情小說《在世界中心大聲呼喚愛》，被許多人認爲達到了和《挪威的森林》那樣的水準，但其無論在人物語言、心理刻畫還是在結構上都無法與後者相比，這也一定程度上反映了日本愛情小說的「窮途末路」，現在只能靠「手機小說」這種新方式，利用便於閱讀的優點來挽回一點頹勢。

相比較而言，中國的情愛小說在各種題材中處於明顯的弱勢，雖然90年代中後期特別是2000年以來大大進步，但還是顯得很「做作、粗糙」，因爲作者本身就沒有投入多少真情實感，自然無法感動讀者。前些年衛慧等作家在日本的流行，與其說是書中內容的思想高尚，不如說是讀者出於對上海以及情色方面內容的興趣。

雖然許多中國情感小說作家也在學習日本，但還停留表面上，劇情中只是「死了幾個人」或者添加了「絕症、車禍」之類的表面性悲劇元素，思想上的差距並沒有多少改善。另外便是敏感不足，對內自知不足導致自己創作的人物刻畫蒼白，對外知人不足導致很少體會到讀者的心理需求，當然這些對於那些自大的文人來說，根本不會承認，反而自大地認爲是別人智商低下，理解不了自己作品的偉大。

當然就文采措辭方面，中國情感小說有過之而無不及，但在缺乏真情實感的前提下，只會讓人覺得虛假做作。

日本小說和中國小說幾個重大不同點簡要比較

從標題來看，這是個很大的題目，光是此就可以寫幾本書，但本書不想詳細介紹近代中日兩國小說，只是就其中幾個主要方面做個簡要的比較評述。

首先就主流學習對象而言，日本的小說文學與經濟、政治等其他領域的發展歷程一樣，近代以前主要受中國的影響，近代以後又主要受英、法、德等西方列強的影響，二戰後又主要受美國的影響，當然其本質還是受日本人自身主導「強者意識」思想的影響，因爲中國、西歐列強、美國的變換只是表面，本質是在大多數日本文人小說家眼中將近代以前的中國、近代的西歐列強、二戰後的美國看作「最強者」，因此他們向「最強者」學習的本質並沒有變換。

而由於時代因素，近代中國小說除了受到西方影響外，還明顯受到日本的影響，許多地方甚至日本的影響超越了西方的影響。

日本戰勝俄國而在世界崛起後，大量國家、學校著力培養的中國青年留學日本，而這些青年回國後一部分的人成爲了中國的小說、新詩歌、新戲劇等文學領域的主力，因此中國近代小說自然而然受到了日本小說的影響。像郭沫若的第一本詩集《女神》、鬱達夫的《沉淪》都是如此，另外周作人的散文明顯帶有日本風味，乃至魯迅的雜文中也有許多關於日本的篇幅。

從本質上來說，兩者都是向「強者」學習（**而由於軍事、經濟、科技等方面的優勢，西方人盲目地自以為西方文明包括文學是世界最高水準，因此很少願意學習東方，其實這也表現其幼稚自大，只不過在前面幾個主要的優勢下被掩蓋掉了**），即便是清末

「弱者意識」思想佔據主導地位的中國，也因爲殘酷的現狀而放下面子向曾經一直輕視的日本學習，因此正如本書開始說的，其實「強者意識」思想和「弱者意識」思想也並不是如字面上那樣完全相反，都可以歸結到幾個思想原點。但由於「弱者意識」思想的影響，導致許多中國留學生學習的目的不是爲了振興中國，而爲了個人的名利；另外部分人也沒有強烈的國家民族主義，學習的努力程度不足，學不到真正的本領，當然更不用說去超越了。

其次就主題內容而言，日本的小說或者其他影視、動漫等作品，大都（**不是所有**）是以正面勵志爲主，而中國的小說則是反面批判佔據了主流（**新中國建國初期有大量正面勵志小說**）。前者內容多強調其中人物通過不懈努力，取得成功。而中國近現代小說則一開始受西方小說的影響，認爲對人性中劣根性的徹底批判才是最深刻的，換句話說，也就是最能體現作者的水準，所以正面勵志小說很少。

改革開放後，中國的批判小說大多是以農村爲背景（**不知道是因為在他們眼裡農村人有這麼多的劣根性，還是農村題材沿襲近現代以來主流批判小說，更能被認為深刻**），而考慮過去包括現在的農民思想素質，幾乎沒有人會去讀這些批判小說（**不管其是否真的深刻**），因此其對這些農民起不了多少作用。而對於接觸這些小說的讀者（**多為都市人，年輕幼稚的學生**）來說，與自己生活環境相差太大的農村也沒有多少的興趣，因此這類批判題材小說的銷售情況不理想，出版社出於商業因素考慮也減少了這類小說的出版。

當然九十年代後期特別是2000年以來都市愛情小說的崛起，使之後的校園青春小說成爲主力，造就了80後的一代文人。之後官場小說、玄幻小說、恐怖小說、推理小說等此起彼伏，甚至部分的情色、同志題材也因爲有市場而蓬勃發展，比那些所謂深刻的民族性批判類小說要暢銷得多。

而70年代以來日本小說的題材並沒有多少變化，雖然各種題材都有，但情感勵志小說始終佔據了主流。

篇幅有限，只簡單提及，不詳細闡述70年代以前的小說情況。

第三就寫作手法而言，凡是看過一點中國和日本小說的人，都會明顯感覺到，日本小說的寫作方式也主要以心理、語言等細節描寫爲主，而中國小說則和西方小說差不多，主要以敘述爲主。

深入分析的話，日本作家的這種寫作方式是日本小說相對於中國、西方小說最重要的區別和優勢之處，但其實關鍵也是受敏感等主要性格影響。大多數日本小說作者都對人物思想性格進行了詳細刻畫，當然不是平鋪直敘，而是用語言、行動等來表現。簡單地說，作者頭腦中首先構思幾個主要人物，然後再思考各種人物會怎樣想、怎樣說，因爲一定的敏感（**對內自知之明，對外知人之智**），可以身臨其境地想像出這些內容，而且像村上春樹等很多日本作家寫作並不設定框架和結局，而是隨著思考而臨時決定。

而大多數中國小說、西方小說往往一兩句話就把主要人物性格這一關鍵內容給一筆帶過了，之後就開始幼稚簡單地設定其中人物是善良、真誠或是奸邪、狡詐，然後再自顧自的編起故事來，人物的思想性格很少有進步倒退、矛盾衝突，這些都反映了作者自身思想層次的侷限。其實小說吸引讀者的主要因素就是作品中的人物能夠和讀者產生共鳴，讓讀者有感同身受的感覺，這樣讀者才會有興趣去購買閱讀，而大多數當代中國小說家卻忽視了這一點。當然中國也有極少數採用日本作家那樣的寫作手法，比如70後的愛情小說作家趙趙等，相比較許多敘述體的小說非常容易被模仿，這種寫作手法一般人（包括許多專業的寫手）很難模仿。

第四就文采辭藻而言，從近代以前的《萬葉集》、《懷風藻》、《古今和歌集》到《土佐日記》、《竹取物語》、《源氏物語》、《枕草子》再到《新古今集》、《徒然草》和井原西鶴、松尾芭蕉等俳諧大師以及「日本莎士比亞」的近松門左衛門的作品，在文采辭藻的修飾雕琢上明顯比中國的「詩詞曲賦」和明清的小說要遜色很多。當然日本創作也是根據自身的思想文化環境，像俳句用心讀所體會的意境和中國的差不多，甚至還要突出。

近代以來的「紅露逍鷗」、夏目漱石等作家，包括現當代的司馬遼太郎、村上春樹等相比同時代的中國作家，在文采辭藻上也並不佔優勢，即便後者的文學修養、文字內涵相比近代以前的文人要差了許多（另外經濟、政治等領域也是如此）。另外中國武俠小說對於動作等情節地刻畫和想像，明顯勝於日本同類武士題材小說。

而近代以來的日本小說的最大優勢和以前的俳句一樣，在於作者能深入細膩真實地刻畫人物的內心，並不是在於華麗的辭藻。

其他還有許多，比如日本小說在宏觀架構的塑造以及宏觀場面的描寫方面存在明顯的欠缺（當然不僅小說，許多新聞評論乃至經濟政治等方面的專業著作方面也是如此），而這些方面西方小說是最具優勢。

說說中國的80後小說家

如前面所說，小說主要的賣點是其中內容能夠引起讀者內心的情感共鳴，而改革開放以後，許多中國批判小說背景絕大多數是農村，而小說消費市場多是城市人，很難引起讀者的共鳴。而且因為自身思想層次不高，其所批判的民族劣根性並沒有多少的深度和新意，幾十年前就已經都提到了，因此沒多少人感興趣。

而80後小說家所寫的暢銷校園青春小說就是個很好的例子，他們的暢銷不是因為其作品思想內涵深刻，平和中庸地說，遠不能和佛道儒等思想相提並論，相比之下也不如老一輩的傳統文人，只不過因為所描述的內容和小說消費主要群體的青年讀者經歷相近，因此引起了其購買與閱讀的興趣。同樣許多70後作家的都市小說、情感小說的暢銷也是如此。雖然有些人對80後小說家「市場下的蛋」的評價有點極端，但也比較貼切。一些高人氣的80後作家與其說是作家，不如說更接近娛樂明星，喜歡他們的讀者也和娛樂明星的粉絲一樣，與其說是喜歡其作品，不如說是喜歡他們本人，不管內容如何只要是他們寫的書就「愛人及書」。至於這種幼稚偏激的思想的反面，那就是對於自己討厭的人極端抨擊，不管是否是自己本身存在問題還是其討厭的人確實存在問題，而且完全也不理會他的優點，完全否定（**甚至包括其親人朋友或者讚賞他的人**），典型就像網路上的各種謾罵中傷。

在物質商業思想流行的現在，許多的出版社追求利潤效益，熱捧80後小說家，加上許多媒體的炒作，把80後小說家推到了風口浪尖。當然由於大量校園題材作品的氾濫，讀者的興趣也下降許多，用經濟學術語來說是因為「可替代品」大量增加，導致邊際效益遞減，再加上出版社的「落井下石」——發覺其作品大量庫存便拋棄了這些人，不像以前那樣出高價購買，因此近年來許多80後小說家也都窮困潦倒，用他們自己的話說是「混得很慘」。

當然80後文人（**乃至以這些人為代表的整個80後一代**）成爲眾矢之的主要原因也是因爲「弱者意識」思想。大多數40、50、60後一代傳統的文人（**說得粗白一點是老鳥**）本來就有自大相輕的習氣，80後文人作爲文學界新人（**說得粗白一點是菜鳥**），自然更會受到特別的輕視，不會被輕易地認同，其他如企業界對新人也都有種輕視的態度。而許多70後作家可以說已經逐漸被認同，當然再向前追溯，40、50、60那一代傳統的文人在剛進入文學領域時也經歷過這樣的遭遇。而這些80後文人自身也具有文人典型的自大思想和叛逆思想（**本質是「弱者意識」思想**），不願意輕易服輸示弱，於是造成了相互輕視、近乎對立的局面。估計只有等一二十年後，資歷輩分更低90後乃至00後作家出現，80後作家才不會成爲眾矢之的，才會像現在許多70後作家那樣被認同接受，當然到時候，和當年40、50、60後作家一樣，這些70、80後作家成爲主流後，也肯定會出現輕視排斥90後乃至00後的情況。

當然這種現象，日本、西方文學界（**包括企業界、體育界等其他領域**）也都一定程度存在，因此平和中庸地說，這些不是中國文人特有的劣根性，也不是中國人特有的劣根性，本質是因爲思想層次沒有達到佛、菩薩那樣的高度，自己的「自強自信」思想變質爲了「自負自大」。

影視作品

影視作品典型反映中間階層特別是中中階層思想

相比一些思想哲學、自然科學等方面的學術著作，影視（包括之前介紹的動漫和小說）這種大眾藝術更能反映中間階層的思想，雖然其也是個別的作者所創作，但那些引起巨大反響的作品必然一定程度上體現了大眾的內心思想，因爲本書並非研究分析影視作品的學術作品，而是將分析影視作品作爲分析民族性的一種新手法，同時因爲動漫中已經詳細介紹了許多作品，因此這裡簡要選擇一些知名的影視作品來進行分析。

日本影視行業的導演、編劇和演員等也基本都屬於中間階層，他們和其他製造業企業員工一樣，其實力（前者是演技後者是技術、管理能力等）也是出於幾個主要的性格因素：一是敏感，能夠比較好地體會劇本人物的內心，從而比較形象地表演。二是憑藉堅強的意志力努力學習各種演技，而不是主要靠臉蛋身材等。由於堅強的意志力而可以做出各種艱難的表演，越是大牌越是如此，因爲名氣大就消極怠工的有一些，但比中國、西方少許多。不過日本2000年以來的許多青年偶像劇演員（80、90年代出生新新人類）的思想和演技明顯比以前倒退了許多。

當然日本影視行業和中國乃至西方一樣，也都存在潛規則，典型的是許多女演員需要「獻身」來獲得機會，這本質是人性中的劣根性所導致。

篇幅有限，不再詳細介紹日本影視作品發展歷史和電影行業的知名導演與演員，而是選擇性地分析一些主流題材的作品。

就性質分類，勵志影視作品可以說是日本電影中數量最多的，而且內容涉及到了各行各業，武士題材自然是其中的主流，NHK拍攝的大河劇可以說是典型。此外《血疑》、《阿信》（おしん）、《排球女將》（燃えろ！アタック）等，也基本可以作爲二戰後到80年代末期以前的早期主流勵志（或者說熱血）影視作品的傑出、典型代表。不過就本質而言，雖然勵志影視作品反映了多種思想，但最主要思想無疑是「自強」，本質是「強者意識」思想。

下面簡要分析一些武士題材的部分作品。

日本武士題材影視作品細節分析

武士題材的作品數以萬計，《影武者》、《七武士》（七人の侍）、《羅生門》、《姿三四郎》等，基本可以作爲80年代末期以前武士題材影視作品的代表，但爲了讓一般讀者有比較直觀形象的感受，不再分析這些早期優秀作品，而特意選擇近年來的一些代表性作品。雖然時間與前面那些影片相差別了幾十年，但這些影視作品所反映的武士精神（**本質是「強者意識」思想**）並沒有發生本質的變化。

篇幅有限，在此只分析幾個典型的作品：《最後的武士》（The Last Samurai）、《百人斬美少女》（あずみ）、《甲賀忍法帖》。由於作品的大致內容許多地方都已經介紹了，在此著重分析許多體現武士思想性格的細節。因爲許多人很難從大致的情節上發覺出日本人的思想性格，但某些不容易發現的細節則明顯地反映了日本的思考方式，價值標準等等。

《最後的武士》

作品的編劇和導演雖然並非日本人，但電影還是相當逼真地體現了武士道精神。

以西鄉隆盛爲原型的反叛領袖藤本，其反抗政府並不是爲了謀取自身的物質利益，而是爲了自身的思想信念，甚至寧願背負不忠這比死代價更大的惡名，希望通過自身反抗所體現出來的武士精神能感動天皇，扭轉日本政府廢除武士的政策，進而使日本強大。這裡不說其信念正確與否，至少比近代中國許多占山爲王、橫徵暴斂、魚肉百姓的軍閥要高出幾個檔次。而且他爲了強大民族、國家，不惜以名譽和生命爲代價，也不像許多中國文人只會喊「精忠報國」的口號，在面臨需求付出生命、家人、錢財等代價的時候，往往出現逃避和猶豫。

另外和現實中最終失敗身死的西鄉隆盛一樣，作品中反叛領袖藤本失敗自殺，但日本政府高層非但沒有因其作爲反叛者而加以醜化，還將其作爲高尚武士來歌頌，並以其精神來激勵軍隊和普通日本人。當然本書在前面已經詳細分析，其實當時廢除的只是「武士」的名號，中間階層的武士精神（**本質是「強者意識」思想**）並沒有消失，只不過不再以武士爲典型代表，取而代之的成了軍人，二戰後又成了社員。

細節一：美國軍官納森・阿格倫在與武士集團的戰鬥中戰敗，但由於其永不放棄的精神感動了藤本，遭俘虜後未被斬殺。同時納森・阿格倫在與這些武士相處時期，通過自身的不斷努力，達到相當高的武藝（**直白一點說就是成為「強者」**）後，終於被其他武士認同，接受其爲團體的一員。

細節二：一些相信明治政府能夠拯救日本，武士時代已經結束的青年人，也爲了自身的信念而刺殺納森・阿格倫。

細節三：在最後的決戰中，許多政府軍隊的將士被藤本那種即便死亡也不改變自己信念的精神和勇氣所感動，紛紛放下手中武器，向其致敬。

《百人斬美少女》

此作品主題本質上也是表達了一些年輕武士（**雖然表面沒有武士的名號，但本質也屬於武士**）為實現自己拯救國家的信念而不惜放棄名譽、親情、生命等進行戰鬥，從中體現出其高尚的思想。

細節一：為了鍛鍊「強者意識」思想、意志力和武藝，使其在關鍵時刻能夠不被同情等軟弱的感情阻撓，成功地完成任務，從小養育教導自己的師傅便命令他的弟子殺死自己最要好的朋友，從而證明自己具備執行任務的資格。

細節二：在執行任務中，為了達到目的不惜使用任何手段，哪怕是極其極端殘忍的方式。

細節三：兩個武士（**屬於中中階層**）被無故碰撞了一下，而對方又眼神強硬地與其對視，立刻氣得準備拔刀相向。但在道歉後，便平息了怒火。

《甲賀忍法帖》

此作品描述兩個忍者集團的青年男女相愛，而彼此的家族卻是世仇，但由於為了各自的信念任務，雙方許多實力強大的忍者不顧自己的性命意志堅強地拚死戰鬥，最後甲賀的年輕首領弦之介犧牲自己成全了自己的愛人朧。

細節一：甲賀首領彈正以及雙方的大多數忍者都認為忍者是武器，和武士一樣，不用於戰鬥的話，就沒有自身存在的價值。這就如象徵武士精神的武士刀一樣，只有用於戰鬥

才能發揮最大的魅力，反映了中中階層「強者意識」思想的侷限。

細節二：其中大多數忍者的眼神透露出其瞋性，反映了日本中中階層的典型特徵；而且絕大多數人對於雙方的世仇始終無法忘懷，體現了他們極端偏激的缺點。

細節三：甲賀忍者之一的熒火愛著弦之介，但後者愛的是朧，因此爲了得到心愛的人，熒火極端地想殺死他，然後自己再自殺，從而永遠在一起。這種極端的思想和事件自古以來包括現在的日本社會也都存在。

另外熒火專門用自己有毒的肉體與敵人發生性關係，從而殺死敵人。體現了忍者以及武士爲了完成自己的任務使命，可以不惜犧牲任何代價包括自己的肉體、生命乃至貞操名譽。

以上作品中人物所反映出的思想、性格都可以從本書前面的內容中找到解釋和相應的例子。

下面再說說中國武俠影視作品的缺陷。

中國「武士題材」影視作品的代表無疑是武俠影視作品，作品大多改編自武俠小說，其中的大俠雖然被描寫成有遠高於日本武士的出神入化的武藝，但和日本人讚揚的上等武士（**大多屬於中中、中上階層**）差距最大的便是思想方面，雖然後者思想也遠未如佛、菩薩那樣高尚成熟，但許多中國的大俠被描述地比較淺薄幼稚。當然許多大俠也被描繪得「善、愛、仁、義」，但從自身的實際行爲來看，本質上是「弱善、弱愛、弱仁、弱義」（**當然另一方面也反映作者自身思想水準的不足**），舉個典型例子，比如幼稚地憐憫食草動物（**如牛羊等**），認爲食肉動物（**如獅虎等**）捕獵殘忍，其實這些食肉動物都是在天性本能作用下而捕獵，自己本身並沒有什麼兇殘、冷酷等感情，而且沒有發覺如果食肉動物不捕獵，它們也會死亡。那爲什麼它們得不到理解和憐憫呢？所以就像道家所認爲的，「天生天殺，道之理也」。

另一個顯著特點是許多（**並不是所有**）中國武俠影視作品，往往把主角的對手描繪地極其反面（**和大多數西方影視作品類似**），從而來突出主角的高尚思想，而許多（**並不是所有**）日本武士影視作品並不是如此，主角的對手往往也是思想高尚、武藝高強的武士，只是爲了彼此自身的信念（**比如都想取得「天下無雙」或者都為了對主君盡忠**）才相互戰鬥。

除了極少數幾部作品有深度外，2000年以來絕大多數武俠劇幾乎可以當作蹩腳的搞笑劇來對待，除了在動作方面優於日本武士劇外，作品的主題思想以及演員的演技等基本上是全方位落後。

其背後的本質原因也是在於投資者、編導者、演出者等大多數人的「弱者意識」思想，投資者過分功利性地追求商業化，但由於「弱者意識」思想低下，因此片面地迷惑於明星演員名氣等一些表面的東西，而不去找—當然也沒能力找到—思想高尚的作品和演員。還有一些投資者接受「肉體交易」而刻意去捧某個女演員。

大多數明星導演以及演員的報酬過高，因而不得不壓縮其他開支，比如關鍵性的劇本開支等。而且由於「弱者意識」思想，大多數導演演員名過於實，自身導演和表演能力十分低下，導致即便有好的劇本也不一定能創作出好的作品。另外許多編劇由於報酬大大下降，再加上許多編劇自身「弱者意識」思想（**具體如浮躁不願意花大筆精力去創新對白情節，好逸惡勞**

地稍微改編其他一些作品，另外如自大，不願意學習吸收國外同類作品的優點等），導致其所創作的劇本品質低下。以上種種因素導致中國武俠影視作品整體品質不高。

中日歷史題材影視作品簡單比較

出於成本、市場等商業因素考慮，90年代以來日本的電視劇一般都控制在13集以內，收視率好的再酌情考慮增加集數，只有NHK主力投資的大河劇（**絕大多數多是些歷史武士題材**）集數比較多，中國也類似，許多的大型歷史題材影視作品也以中央電視臺投資爲主。相比而言，日本歷史題材影視作品對語言、感情等細節內容描寫更細膩，還原的人物形象也更真實；而中國歷史題材影視作品在動作打鬥、宏觀場面等方面有一定的優勢。

就中國歷史題材作品來說，2000年以來，中國許多歷史題材影視作品製作水準有了比較大的下降，很多作品甚至存在明顯的歷史常識錯誤。其中的原因和前面武俠影視作品差不多。

早期拍攝的《東周列國》（春秋篇、戰國篇）[2]、《紅樓夢》（86版）、《雍正王朝》（1997版）等作品，遠比後來投入更多人力物力的《水滸傳》、《康熙帝國》、《大明王朝》主題思想深刻。而且前者中的許多中老年演員的表演實力也超越了後者中許多所謂的明星大腕。

此外還要提一下，90年代以來，特別是2000年之後日本出現了大量民族批判性影視作品，具典型代表性的是近來重拍的70年代著名影片《日本的沉沒》，與其說是像西方電影那樣拍

2 本書多次提到這段時期的中國中間階層特別是中上、中中階層，而此劇比較形象直觀地展現了當時這兩個階層的思想，就本人認為其作品思想是中國歷史劇中最高的，有興趣的可以自己去觀看一下。

續集是爲了票房收益，不如說是中上、中中階層對現在許多中下、下層日本人存在的不良現象、劣根性進行批判，和大熱的《國家的品格》、《下流社會》等批判性書籍一樣，希望借此來重新喚醒國民的「大和魂」。

日本暴力題材影視作品分析

暴力題材是日本眾多題材中比較特殊的部分，其中以《殺手阿一》、《終極之戰》、《大逃殺》等爲典型代表。

這些作品中的主人公並不是傳統武士題材中那種思想高尚的武士，在許多中國和西方人看來很類似精神病，當然雖然他們的行爲非常極端，但說他們是精神病或者瘋子並不十分準確。對於這類人群，本書在思想部分中已經簡單提及，在動漫部分中也詳細分析，在此再做個簡單歸納。從思想層次上來劃分，這一階層的日本人思想上處於中中、中下階層之間，現實日本社會中也存在，如許多特別的殺人犯就是如此（**後面將詳細分析**）。

一些日本導演（**大都屬於中中階層**）將其表現在自己的作品中，主要是因爲想通過這些與普通人不同的言行，讓許多人（**大多為中下階層，包括部分中中階層**）覺得自己的作品比一般的影視作品深刻（**直白一點也就是「強」**），也體現了導演的「強者意識」思想。

這些作品的導演有點模仿禪宗的味道，但由於自身思想水準未達到大乘，對禪宗思想產生了誤解，因此表現在自己的作品上也是如此，雖然其中暴力（**包括其他極端的性、愛、友情等**）內容並不表示導演自身思想變態，只是想通過這些極端的內容來深化作品的思想內涵，或者說表達「暴力美學」，但這

些內容從本質上反映出其思想明顯不如上層思想或者更上的菩薩、佛的思想。

一些香港、臺灣導演也模仿這種手法，刻意採用一些自己也不知道明確涵義的異常言行、與普通發展順序顛倒的情節，但由於自身思想並未達到那些日本導演（**屬於中中階層**）的「強者意識」思想，自己本質上沒有完全理解，導致其模仿地有點畫虎類貓，故弄玄虛、做作的成分過大，不過香港、臺灣包括中國大陸許多觀眾（**大多屬於中中、中下階層**）因爲自身思想層次更加低下，還是被其迷惑，覺得這些導演的作品思想內涵深刻，還將其捧爲大師。

「精神病」與日本人

由於二戰後日本的經濟崛起，日本人也受到了廣泛的關注，許多西方人包括中國人一提起日本，就認爲日本人都精明能幹、工作勤奮，當然相反還有許多人認爲日本人呆板、遲鈍，另外還有許多不十分瞭解日本人思想的外國人—特別是中國人，一提起日本人甚至會聯想到其種種的怪異行爲，認爲日本人都是些心理變態的「精神病」。

其實這三種觀點都比較片面，要根據不同思想階層的日本人來說明。一般來說，前者絕大多數屬於中上、中中階層。當然日本企業的員工也並不是都有這樣高的思想能力水準，另外屬於中下、下階層的員工，典型的如前面所說許多「忙碌的女性泡茶工」，這部分人就代表了中者。而就後者而言，用「精神病」來形容並不十分合適。

2005年日本政府所公佈的報告顯示，05年日本全國確診的精神病患者爲302.8萬人，而當年總人口1.27億，數量創了歷史新高。當然這裡先不去評論衡量精神病的標準是否準確，至少說明日本確實存在著相當數量的「行爲異常者」。而且不但現實世界中，在日本的動漫影視作品以及小說中都有很多的體現。

其實許多所謂的「行爲異常者」屬於中中與中下階層之間的一個特殊階層，這一群體並不像許多中下、下層那樣缺少主見或觀點想法，但是相比中上、中中階層來說，自知之明不足，思想信念走向了極端，而且無法控制自己，於是做出了一些與一般人不同的異常行爲。

另一方面，這一階層的一些人因爲極端反而沒有害怕、憐憫等性格侷限，導致其某些方面的實力甚至比許多的中中階層更強，因此許多日本導演爲了體現深刻性、藝術性，在恐怖、暴力、倫理等題材的動漫、影視作品中甚至以這部分人爲主角，日本著名導演北野武許多作品的主人公包括其本人（**在其自傳性的作品《雙面北野武》中有典型反映**）就是其中典型代表。當然還有部分中中階層可以比較好的理解這一階層的思想，典型的如一些演員自身並不處於這一階層，但可以非常形象地模仿表演出類似的言行。

具體形象地舉例，在動漫作品方面，以最近大熱的《NARUTO》爲例，比較典型的人物爲飛段，《死神》中則爲劍八、諾伊特拉（**當然早期許多動漫作品中也有，在此不再舉例**）。這部分人無法從更高端把握戰鬥的意義，只是單純癡迷於戰鬥、享受戰鬥殺戮帶來的快樂，或者希望通過不斷的戰鬥來獲得更強的力量，從而體現自己的人生價值。由於過分追求強大的力量而迷失了自我，導致其行爲非常極端，當然比一般西方影視作品中那種爲了獲得物質利益而追求力量要高尚許多，這類日本人追求強大的力量是爲了享受這種力量帶來心理滿足，爲此甚至可以犧牲生命等一切代價。在現實中，古代日本傳統武士包括近代軍人武士中都存在這樣的人。這部分人大多信奉弱肉強食思想（這和動物的優勝劣汰天性不同，攙雜了明顯的瞋性，而動物則不是，比如食物動物捕獵完全是受天性支配），爲了創造一個自己認爲完美（實際上並非真正完美）的世界而不惜毀滅其他大多數甚至所有人類，包括自己的親人甚至自己本身在內。

這一階層中，還有部分人沒有前面部分人的實力，但自身的思想同樣比較極端，如把生命等物質看得很輕，爲了自己特殊的目的可以輕易毀滅生命（包括他人和自己），日本許多在一般西方人和中國人看來離奇的殺人案件就是如此，比如80年代末殺害並吃掉部分女童屍體的宮崎勤事件以及「酒鬼薔薇」事件；還有爲了讓母親不再因自己學習差而受辱，便殺了母親以及某一家庭成員殘殺其他骨肉親人等等事件；又比如某位女作家因爲對自己的寵物貓愛得極端偏執，每當其生下小貓就將他們扔下懸崖，害怕其會因爲照顧小貓而忽略自己、不再愛自己。

另外如前面所說，一些日本人（包括男性女性）爲了讓自己愛的人不離開自己，而不顧對方的感受將其殺死，當然自己也往往爲了和自己所愛的人在一起而自殺（和中國包括西方許多因為求愛不成而心生怨恨殺死對方的人不同，這些人的愛是真心的，其主動自殺就表明不是單純的自私，只是比較極端而已，不過這種極端的愛情比許多依靠金錢、性而產生的愛情要高尚一點，當然話說回來，後面那種愛情也不能算是愛情）。

另外如一些日本男子爲了滿足自身的性欲以及特殊的心

理方面的需求而綁架虐待少女事件（日本還專門有根據這些綁架事件而改編的《禁室培育》系列電影，並產生了巨大影響）；還有一些中年男子購買年輕女孩剛脫下來的內衣、內褲，而且特別要求上面保留著其體味，有些甚至直接偷盜女性內衣、內褲（並不是為了倒賣獲得物質利益）；另外如一些「戀聲癖」，因爲迷戀某電話語音提示中的女性聲音，就瘋狂撥打電話；某些有在公共場所如電車等地方暴露下體癖好的人也是如此。

這一部分人中大多數人平時也和其他普通日本人一樣行爲舉止彬彬有禮，工作兢兢業業，並不是卑劣之徒，只是由於受思想侷限，過分地偏執於某些特別的興趣愛好才做出了各種極端的行爲。

日本愛情題材影視作品分析

雖然即便是再真實的故事，被以影視作品等形式故意地表現出來後都會有一種虛假做作的感覺（近年來一些真人秀，雖然作品情節很簡單，但依靠簡單的真實，讓觀眾耳目一新，因此受到了熱烈的歡迎），愛情題材尤其如此，但某些影視作品憑藉高尚的主題思想、細膩真誠的內容和演員高超的演技，還是會讓觀眾產生真心的感動，而日本愛情影視作品無疑是其中的佼佼者。

在日本的影視作品中，武士勵志題材和愛情題材可以說是兩大主流，而且相比較而言，後者在世界上的影響甚至比前者還要強，因爲思想文化的差異，許多日本的武士勵志題材並不能得到中國人或者西方人的認同，但愛情題材相對要容易接受許多。

簡要回顧一下歷史，日本電影早期就出現了一些比較優秀的愛情電影。其中1932年，取材於真實故事「阪田山情死」而拍攝的愛情電影，引起全國性的轟動。故事主要講述貧窮的大學生和富商的女兒真心相愛，但遭女方家庭反對，最後兩人爲了證明彼此誠摯純潔的愛情，殉情自殺。這些早期作品包括二戰後不久的《廣島之戀》等優秀作品，雖然在人物言行、拍攝手法、故事情節等方面相比現在的作品要粗糙許多，但在當時卻具有重要的意義。而日本現代愛情影視作品典型代表，在電視劇方面是《東京愛情故事》、《戀愛世紀》、《神啊，請多給我一點時間》等，在電影方面岩井俊二的《情書》等（作品比較多，不一一列舉）。雖然日本愛情影視作品成千上萬，而且像其他製造業生產產品一樣進行了細化，內容涉及到了日本社會大多數不同職業階層，但這些作品基本達到了最高峰；雖然其他不同階層、職業的愛情故事可能各有千秋，但思想水準基本無出其右，當然一些動漫愛情作品甚至更優秀。

如本書前面所提到的，許多的影視（包括動漫）愛情節目主角大都屬於中中階層，許多存在倔強的缺點，很少主動表白自己的內心感情，因此大多數愛情作品中大都會刻意安排一個偶然事件（日文中的相似詞語就是「羈絆」），從而減弱、消除雙方這種扭曲的好勝心，使得雙方能夠進一步接觸瞭解，最終真心相愛。當然現實生活中沒有那麼多的偶然，許多人或許也有過一面之緣，但沒有機會進展，這也導致相當一部分日本人寂寞、孤獨，找不到真正的愛情。當然一些中國人包括西方人也一樣。

愛情系列影視作品最大的市場是年輕人，因此大都選擇一些外表亮麗的年輕演員，但如本書前面所說，90年代中後期特別是2000年以來日本中下階層的思想素質明顯下降，許多屬於中下階層的年輕演員的思想素質也有了比較大的退步，造成演技—也就是實力—明顯下降，當然其中也有年齡低、閱歷少，思想還未成熟的因素。不過日本青年偶像演員的整體思想素質（**不比較個別演員**）還是比大陸港臺的青年偶像演員要高一些。

另外愛情作品也和武士等題材作品，包括動漫作品一樣，遇到「增長的極限」，主題思想深刻的作品越來越少，愛情作品中許多能感動人的「亮點」被反覆採用，觀眾的新鮮感大大減少，甚至一看到一些老套的情節和對白就產生厭惡感。

以上多種原因造成2000以來日本愛情題材影視作品檔次的明顯下降，不過總體（**不比較個別**）上說，比中國愛情題材影視作品要優秀許多，也比代表西方愛情影視作品高峰的美國愛情影視作品要好一點。

近些年來在中國大熱的韓國愛情影視作品，可以說介於中日之間，雖然比中國愛情影視作品更浪漫生動，但不如日本的細膩、真實、緊湊。而中國的大部分青少年由於思想水準的低下很難體會到這種深刻的細膩，另外對於日本人的反感，也對日劇有一定的抵制心理，只有少數人更喜歡日劇。

比如韓國愛情影視作品典型代表的《冬日戀歌》，相比前面提到的一些日本優秀的愛情影視作品還是有一定的差距，當然由於韓國經濟崛起（**三星、現代等企業為代表**）的背景，許多日本人受「強者意識」思想影響，對韓國產生了強烈的興趣，此劇在日本也產生了巨大的影響力，是「韓流」的一個縮影，當然近年來由於日本和韓國在政治、經濟等領域關係緊張，另外許多日本人中也出現了「嫌韓流」。而90年代中後期以來，中國經濟雖然也取得了巨大的發展，但真正的實力還有限，真正「大而強」的企業幾乎沒有，再加上大多數中中、中下階層思想層次的低下，雖然有少數明星在日本比較有人氣，但在日本始終沒有形成「華流」，而且許多日本青少年喜歡的也多是香港臺灣的明星，如成龍、劉德華等。

另外許多外國人可能會因爲日本既存在許多細膩、純真、唯美的愛情影視作品，又存在如前面介紹的許多內容極端的色情影視作品，而感到矛盾、不理解，其實雖然這兩者表明上截然相反，但反映的本質——也就是「強者意識」思想是一致的。導演演員把愛情影視作品塑造得細膩、純真、唯美，是爲了使作品的內容能吸引觀眾，直白一點說就是「強」，而把色情影視作品塑造得極端，也是爲了使作品的內容能吸引觀眾，同樣是爲了使作品變得「強」，因此這兩者都體現了導演、演員以及其他工作人員的「強者意識」思想。其他許多地方也是如此，比如二戰時爲了獲取戰爭的勝利，日本軍隊可以極端地實施各種慘無人道的大屠殺和細菌戰等等。

電影的崛起往往以強大的國力為背景

分析日本電影50、60、70年代在世界的崛起，其實最重要的原因也是在於日本經濟崛起的大背景。

因爲思想、價值觀念、生活習慣等不同，絕大多數西方人（包括許多的影評家）無法完全理解日本電影的「微妙細節」，只是由於日本經濟的飛速發展，產生了對日本、日本人的好奇，因爲新鮮感而對許多日本電影產生了好感，所以不少日本電影獲得了許多西方電影獎項，但隨著新鮮感一過，喜好度自然降低了。同時80年代以來日本經濟的快速發展，與美國等西方國家的衝突矛盾也越來越激烈，西方媒體對日本的負面新聞報導也越來越多，許多西方人對日本人的印象也越來越差，因此日本電影在國際上獲獎次數也大大減少。

像韓國2000年來擺脫金融危機，經濟高速發展，其電影、小說等文藝形式也成爲許多西方人追捧的熱門，04年來中國的經濟的成就也影響了除好萊塢外歐洲電影節評委的心理，除了作品自身實力外，還額外加了很大的分，導致華語片三捧「金獅」，另外還獲得其他許多獎項。

而影視領域最強大的美國，其強大的關鍵原因除了自身作品確實有許多優點，其實更關鍵的是美國強大的國力，美國的奧斯卡金像獎的影響力超過了其他如中國的金雞獎、法國的金棕櫚獎、德國的金熊獎、義大利的金獅獎、日本的金豹獎等，假設美國是一個弱小的國家，那奧斯卡金像獎的影響力肯定不會成爲影響力最大的獎項，再假如中國是世界國力最強大的國家，那中國的金雞獎的影響力也將遠遠超過現在的影響力。

除了影視領域，美國的音樂、時尚文化等方面也依靠美國是目前世界最強國家的背景而佔據世界主流地位，就像當年英國作爲世界最強國家，英國文化也依靠此背景而佔據世界主導地位，英國人喝下午茶、打網球等生活方式也被世界其他國家所崇尚模仿。

國家圖書館出版品預行編目資料

中國人弱者意識與日本人強者意識 / 仁蘇羅 著
--初版-- 臺北市：蘭臺出版社：2013.8

ISBN：978-986-6231-88-9（平裝）
1.民族性 2.比較研究 3.中國 4.日本
535.7 103014245

思想文化系列 01

中國人弱者意識與日本人強者意識

作　　者：仁蘇羅
美　　編：林育雯
封面設計：林育雯
編　　輯：高雅婷、羅佳兒
出 版 者：蘭臺出版社
發　　行：蘭臺出版社
地　　址：台北市中正區重慶南路1段121號8樓之14
電　　話：(02)2331-1675或(02)2331-1691
傳　　真：(02)2382-6225
E—MAIL：books5w@yahoo.com.tw、books5w@gmail.com
網路書店：http://store.pchome.com.tw/yesbooks/
http://www.5w.com.tw、華文網路書店、三民書局
總 經 銷：成信文化事業股份有限公司
劃撥戶名：蘭臺出版社　帳號：18995335
網路書店：博客來網路書店 http://www.books.com.tw
香港代理：香港聯合零售有限公司
地　　址：香港新界大蒲汀麗路36號中華商務印刷大樓
C&C Building, 36,Ting, Lai, Road, Tai,Po, New,Territories
電　　話：(852)2150-2100　傳真：(852)2356-0735
總 經 銷：廈門外圖集團有限公司
地　　址：廈門市湖裡區悅華路8號4樓
電　　話：86-592-2230177　傳 真：86-592-5365089
出版日期：2013年8月 初版
定　　價：新臺幣320元整（平裝）
ISBN：978-986-6231-88-9